本书获上海市高校示范马克思主义学院项目经费资助

| 光明社科文库 |

南昌路

孕育之地的红色文化资源研究与推广

周赟　王豪斌◎著

光明日报出版社

图书在版编目（CIP）数据

南昌路：孕育之地的红色文化资源研究与推广 / 周赟，王豪斌著. --北京：光明日报出版社，2022.9
ISBN 978-7-5194-6802-6

Ⅰ.①南… Ⅱ.①周… ②王… Ⅲ.①革命纪念地—旅游资源开发—研究—上海 Ⅳ.①F592.751

中国版本图书馆 CIP 数据核字（2022）第 170119 号

南昌路：孕育之地的红色文化资源研究与推广
NANCHANG LU：YUNYU ZHI DI DE HONGSE WENHUA ZIYUAN YANJIU YU TUIGUANG

著　　者：周　赟　王豪斌	
责任编辑：鲍鹏飞	责任校对：崔瑞雪
封面设计：中联华文	责任印制：曹　净

出版发行：光明日报出版社
地　　址：北京市西城区永安路 106 号，100050
电　　话：010-63169890（咨询），010-63131930（邮购）
传　　真：010-63131930
网　　址：http：//book.gmw.cn
E - mail：gmrbcbs@ gmw.cn
法律顾问：北京市兰台律师事务所龚柳方律师
印　　刷：三河市华东印刷有限公司
装　　订：三河市华东印刷有限公司
本书如有破损、缺页、装订错误，请与本社联系调换，电话：010-63131930
开　　本：170mm×240mm
字　　数：294 千字　　　　　　印　　张：17
版　　次：2023 年 1 月第 1 版　　印　　次：2023 年 1 月第 1 次印刷
书　　号：ISBN 978-7-5194-6802-6
定　　价：95.00 元

版权所有　　翻印必究

序

说起中国共产党的创建,我们脑海中一般会很自然地冒出兴业路的中共一大会址与南湖的红船。但是所有重大历史都不是一蹴而就的,中国共产党的创建亦然。1921年7月1日是它的生日,而诞生之前,它还有一段孕育的过程;诞生之后,也还有一段成长的初期,这一切都发生在南昌路上。因此,我们在纪念中国共产党百年华诞之际,重提南昌路,同样意义非凡。

南昌路原名环龙路,是法租界时期开辟的一条东西向的路,全长1690米,宽仅14米到15米。1942年,汪伪国民政府时期改名为南昌路,并沿用至今。"环龙"是一位法国"冒险王"的名字,他是第一次在中国上空开飞机的人,但不幸坠机,于飞行表演当天去世,由此也制造了中国上海最早的一起空难。这起空难发生在1911年,恰好是中国革故鼎新的一年。空难发生后,上海的大小报纸争相报道,几乎一边倒地赞颂环龙的冒险精神,"人生在世当如是"这类不分国界的感慨俯拾皆是。次年,法租界公董局便将这条新开的路命名为"环龙路",并在路尽头的法国公园(今复兴公园)中建立了环龙墓,以示纪念。

南昌路起源的这段历史,显然蕴含了一个重要的信息:海派文化具有高度开放的品格,即它面向世界,它敢于冒险,它不惧变革。以"环龙"命名的南昌路,自然而然地成了海派文化的提纯。要知道,徐志摩、巴金、沈尹默、林风眠、梅兰芳等一大批文化名人的旧居都集中在这条路上,这恐怕不是偶然的。笔者认为,这一品格,正是中国共产党必然会在这里得以孕育的根本原因。

《南昌路:孕育之地的红色文化资源研究与推广》一书,以一条马路、两个大党、三位伟人为线索,从历史梳理与评价的角度,剖析了南昌路作为中国共产党孕育之地的根本原因。以往,对南昌路的研究,主要集中在老渔阳里,但南昌路上的革命旧址远非这一处,重要的还有国共合作时期国民党上海执行部、大同幼稚园、中华革命党执行部等。此外,一般的文化旧址达五十多处。然而,诸多涉及南昌路的文字,则主要还是对众多旧址做科普性的简介。因此,把南昌路上的众多革命旧址作为一个整体来考察，进行整体性的历史研究，是这本书的特色所在。

本书作者认为，南昌路的整体性，主要体现在以毛泽东、陈独秀、孙中山为根本代表的早期革命先贤在此地发生的交往活动与思想活动。交往活动属于史实，而思想活动则属于思想史。本书作者认为，毛泽东、陈独秀、孙中山三人恰好都是在这条马路上完成各自思想转变的。因此，中国共产党在这里被孕育，又有思想史角度的必然。自它诞生以后，国共两党又接着在这里完成了最早的交锋，中国共产党在此度过了它的成长初期，也开始走向成熟。正是这前后两段历史，促使这条一千多米的马路成为一个引擎，对推动近代中国历史的发展有着非同凡响的意义。

当然，本书作者并不满足于对这条路仅仅做书面的研究，更希望为推广这条马路做一些力所能及的事。为了推广南昌路红色文化，本书作者专门研究了多伦路红色文化的推广经验，又反复实地考察了环南昌路的现实情况，结合红色旧址间的内在联系，设计了两条现场教学路线，并专门邀请了上海应用技术大学艺术与设计学院的学生绘制了三种手绘地图。此外，还为南昌路红色文化的现场教学开发了几种周边产品，以及开发了面向社会各界的南昌路红色文化"行走的课堂"。

总而言之，南昌路是一段历史，但我们不能让它仅仅是一段历史，我们要研究它，更要推广它。《南昌路：孕育之地的红色文化资源研究与推广》一书正是希望在学术与实践两个方面都能有所作为，笔者认为，这就是历史逻辑、理论逻辑与实践逻辑的整合。

郭庆松

上海市习近平新时代中国特色社会主义思想研究中心副主任

上海应用技术大学党委书记

于奉贤校区

2021 年 7 月 1 日

目　录
CONTENTS

绪论　翻开南昌路这本书 ………………………………………… 1

第一章　家国天下：点悟毛泽东的南昌路 ……………………… **10**
  第一节　毛泽东研究的南昌路视角 …………………………… 10
  第二节　渔阳里：马克思主义者的证成 ……………………… 14
  第三节　国民党上海执行部：中共农民问题的推动 ………… 22
  第四节　大同幼稚园：共克时艰的父子 ……………………… 32

第二章　跌宕起伏：冷对陈独秀的南昌路 ……………………… **42**
  第一节　渔阳里的日常、危机与精神 ………………………… 42
  第二节　在老渔阳里时期的政治信仰转变 …………………… 54
  第三节　在老渔阳里时期的《新青年》转型 ………………… 64
  第四节　在老渔阳里时期的决策转向 ………………………… 104

第三章　闹中取静：沉淀孙中山的南昌路 ……………………… **115**
  第一节　宝昌路行馆：走向共和 ……………………………… 115
  第二节　环龙路63号：再造共和 ……………………………… 122
  第三节　莫利爱路寓所（上）：情满共和 …………………… 133
  第四节　莫利爱路寓所（下）：志在共和 …………………… 147

第四章　偶然与必然：近代上海历史整体中的南昌路 · 168
第一节　文化杂处：多姿多彩的自由地带 · 168
第二节　五方杂处：善恶交织的无序地带 · 181
第三节　华洋杂处：革命潜流的滋养地带 · 194

第五章　多伦路区域红色文化挖掘推广的他山之石 · 205
第一节　红色文化的基石与积淀 · 205
第二节　红色文化的继承与推广 · 212
第三节　现场教学经典路线的启示 · 219

第六章　以南昌路为中心的区域红色文化推广策略 · 225
第一节　南昌路区域内的近代旧址 · 225
第二节　南昌路区域现场教学规划分析 · 230
第三节　南昌路区域现场教学规划设计 · 234

主要参考文献 · 245
附录一　"大同幼稚园"陶尔斐斯路旧址门牌号辨正 · 248
附录二　南昌路红色文化手绘地图 · 259
跋 · 262

绪论

翻开南昌路这本书

一、以南昌路为中心的区域红色文化研究综述

南昌路是上海市跨黄浦区和徐汇区的一条街道，东西走向，东起重庆南路，西至襄阳南路。全长1690米，宽14米到15米。今天的南昌路自东向西由过去的两条马路——陶尔斐斯路和环龙路组成。陶尔斐斯路为今南昌路东端重庆南路与雁荡路之间的一小段路，环龙路为今雁荡路以西的南昌路大部分路段。东西两段在1942年的汪伪国民政府时期合并，并命名为"南昌路"。1990年，南昌路224弄保留了"环龙新村"，南昌路244弄则保留了"环龙里"，两处地名深深烙下了百年前的印记。

南昌路是中国近代史研究、上海地方史研究中绕不开的重要地名，近代历史上的重大事件、国共两党的核心人物，都与这条一千多米长的马路发生过密切的联系。毛泽东在1925年《政治周刊》的发刊词中表露了他的初心，"为了使中华民族得到解放，为了实现人民的统治，为了使人民得到经济的幸福"。南昌路，可以说，就是中国革命先驱、中国共产党人最早用行动表露初心的地方。

当前，研究中共党史，包括新中国史，有其明确的目标，即必须是为"统一全党的思想""确立、巩固和提高执政党的领导地位"和"资政育人"的目标服务的，以及为今后中国共产党的建设、中国共产党领导中国人民进行新民主主义革命和建设、社会主义革命和建设、改革开放的现实服务的。研究南昌路就是实现这一目标的重要组成部分。

国内外对南昌路一带历史文化的研究，目前主要分为两个方面：其一为南昌路总体历史文化叙事，南昌路地处文化中心的核心地带，古今中西的文化都在此处荟萃，因此，南昌路区域可挖掘的文化资源极为丰富。其二为南昌路红色文化研究，陈独秀在此创办了《新青年》，也在此数次被捕；毛泽东在此转变为真正的马克思主义者，也在此参加了国共合作的许多工作；他的三个孩子在这里还受到过保护,孙中山在63号寓所内居住,对面180号就是中华革命党本部,后来180号又作为国民党上海执行部,落实第一次国共合作具体事务。因此,南昌路区域可挖掘的红色资源也极为丰富。然而,科普性的红色文化旧址简介有之,而系统性的学术梳理却付之阙如,这也是本书撰写的初衷。

南昌路红色资源丰富,意义极为重大,但学术研究不宜"面面俱到",若什么都顾及,必定什么都讲不清楚。因此笔者认为,以"南昌路"(原环龙路和陶尔斐斯路)为中心的区域红色文化资源研究与挖掘,必须建构在以"老渔阳里2号"(南昌路100弄2号,即《新青年》编辑部旧址暨陈独秀寓所)、"第一次国共合作时期国民党上海执行部"(南昌路180号,原环龙路44号、46号),以及"大同幼稚园"(南昌路48号,原陶尔斐斯路56号)三处革命旧址为核心,在与邻近革命旧址(孙中山宝昌路行馆与香山路故居)联动研究的基础上,方能有效揭示南昌路的红色底蕴。

以往对南昌路的研究,一方面主要是单纯的历史叙事,以回顾的性质为主要特征。如《顺着南昌路一路向东》(《党史博览》2017年)一文,详细介绍了南昌路的历史形成和发生在南昌路100弄(老渔阳里2号,即《新青年》编辑部旧址)、南昌路180号(环龙路44号,即"第一次国共合作国民党上海执行部"旧址)等几处重要革命旧址里的历史往事,以及南昌路上的这些革命旧址与中共"一大"之间的潜在联系。《南昌路:一条马路的风云际会》(《解放日报》2018年3月9日)一文则简单回顾了南昌路上的国民党上海执行部、老渔阳里2号、大同幼稚园、孙中山临时寓所的历史,以及陈其美、杨杏佛、徐志摩、傅雷、丁玲等一些民主人士和文化名人在此居住的往事。

另一方面,对南昌路的学术性研究则主要集中在老渔阳里2号,如《对党在上海发源地渔阳里研究的述评与思考》《渔阳里2号在中共创建中的历史地位》《马克思主义在中国的早期传播地——上海渔阳里》《从北京箭杆胡同到上海渔阳里——陈独秀由新文化运动主将转变为中共创始人的时空轨迹》《曙光从这里升起——记上海老渔阳里二号寓所》等文章。

其中,《对党在上海发源地渔阳里研究的述评与思考》(2017年)一文对"老渔阳里2号"的考察较为全面,该文考察的"渔阳里",既包括上海法租界环龙路老渔阳里2号(今南昌路100弄2号),也包括霞飞路新渔阳里6号(今淮海中路567弄6号)。杨尧深的《曙光从这里升起——记上海老渔阳里二号寓所》(1994年)认为,老渔阳里2号不仅是陈独秀革命活动的主要地点,同时还是中国共产党的创建地、党中央的办公地,对中国革命做出了巨大的贡献,对老渔阳里 2 号的历史地位与政治地位做了进一步的肯定。钱厚贵《老渔阳里 2 号：一个被遗忘近百年的革命圣地》（2014 年），认为以陈独秀为首的上海发起组，以老渔阳里为基地，大力开拓革命事业。该文把渔阳里的历史贡献总结为：（1）改组《新青年》，创办新刊物，宣传社会主义；（2）筹建革命组织；（3）一大以后，老渔阳里 2 号成了中央局办公地。此外，李珹主编的《渔阳里：红色征程的起点》（2018 年），更多维度地把渔阳里的方方面面都进行了整理与研究，进一步提升了渔阳里在中国革命史上的根本性地位。

相比较而言，对"国民党上海执行部"的研究明显少于"老渔阳里 2 号"。这一研究始于 20 世纪 60 年代初，迄今为止的一些研究成果中，涉及国民党上海执行部的研究更多表现为对其机构部门的引述或对其历史过程的追溯。以国民党上海执行部为主题的专题性著作，仅有中共上海市委党史研究室编撰的《环龙群英会——国民党上海执行部研究》（2017 年）一部。该书从国民党上海执行部的基本史实、主要活动、共产党领袖人物以及执行部内部的国共之争等方面，较为深入和全面地对国民党上海执行部做了历史梳理和研究考察。其余一些研究多为历史记录和资料介绍，可零星见于中共中央党史研究室编著的《中国共产党历史》、茅家琦等编写的《中国国民党史》、熊月之主编的《上海通史》以及中共上海党史办公室编著的《中共中央在上海》等著作。

在研究论文方面，内容多涉及国民党上海执行部机构沿革、旧址考证及其职能探究等。如任武雄的《第一次国共合作时期的上海执行部》（《上海文史资料选辑》1984 年）、古越玖子的《从中华革命党本部事务所到中国国民党上海执行部》（《卢湾史话》1991 年）、陆米强的《国民党上海执行部旧址史实考证》（《上海革命史资料与研究第八辑》2008 年）等。同时，相关论文还涉及探讨参与国民党上海执行部工作的共产党领导人物的研究，如任武雄的《毛泽东在中央政治局和国民党上海执行部》、杨天石的《毛泽东和国民党上海执行部：近世名人未刊函电过眼录》以及叶累的《第一次国共合作时期恽代英在国民党上海执行部》等。

三者之中，对"大同幼稚园"的研究又最为缺乏。徐啸的《革命后代的红色摇篮》（1980 年）、汪志星的《红色摇篮：大同幼稚园》（2014 年）、宋伟的《红色摇篮——大同幼稚园》（2007 年）以及新民网的一篇报道《大同幼稚园："红色摇篮"悉心抚育红色种子》（2008 年）等几篇文章都对大同幼稚园旧址及其历史做了较为完整的介绍，但有些说法前后有些出入，这与史料严重缺乏有关。除此之外，其他研究多是在对"南昌路"几处革命旧址进行研究过程中介绍性地提及大同幼稚园旧址，如沈轶伦的《南昌路：一条马路的风云际会》（2018年）等。同时，相关研究还散见于对一些主要人物的研究和述评中，如刘益涛的《毛岸英、毛岸青、毛岸龙落难上海前后》（1995年）、肖舟的《不应忘记的董健吾》（2001年）等。

总的来说，南昌路上三个重要地点的研究并不缺乏，但都是孤立地对三个地点的研究，缺乏联动性与整体性。比如，毛泽东是在老渔阳里接受了真正的马克思主义的洗礼而转变为真正的马克思主义者，只有以这个为前提，才能理解他为何积极地投身国共合作时期上海执行部的工作；也只有《新青年》的诞生地，才有可能引出国共合作的话题。这就是南昌路区域研究上的整体性。因此，本书将从这个整体性视角出发，来重新审视南昌路区域的红色性质，从而更为深刻地认识南昌路区域在中国近代史上的重大意义。

二、以南昌路为中心的区域红色文化地理范围

在1848年时，法国继英美之后，也划定了自己的租界区域，南昌路即坐落在法租界之中。起初，法租界可分为四界：南至护城河（今人民路），北至洋泾浜，东至广东潮州会馆（今龙潭路附近），西至关帝庙褚家桥（今西藏南路附近），面积达0.66平方千米。随着殖民者野心的不断扩张，1914年，法租界向东延伸至黄浦江，向西扩展到徐家汇，向南扩展至肇嘉浜，向北至爱多亚路（今延安东路）、福煦略（今延安中路）、大西路（今延安西路），与英租界毗邻，面积增至10多平方千米。

法租界的道路，一般以外国人的名字来命名，有驻沪领事、公董局董事或职员、旅沪法侨民，也有不少第一次世界大战中的名人。以"一战"名人命名的，如辣斐德路（今复兴中路）、霞飞路（今淮海中路）、福煦路（今延安中路）、贝当路（今衡山路）；以法国公使命名的，如吕班路（今重庆南路）、康悌路（今建国东路）、葛罗路（今嵩山路）；以法国驻沪领事命名的，如敏体尼荫路（今西藏南路）、白莱尼蒙马浪路（今马当路）、巨籁达路（今巨鹿路）；以法国公董局董事命名的，如萨坡赛路（今淡水路）、白尔路（顺昌路）；以法国公董局职员命名的，如望志路（今兴业路）、蓝维蔼路（肇周路）；以旅沪法侨民命名的，如陶尔斐斯路（今南昌路东段）、西爱咸斯路（今永嘉路）；以宗教元素命名的，如劳神父路（今合肥路）、圣母院路（今瑞金一路）、姚主教路（今天平路）、赵主教路（今五原路）；以法国领事馆所在地（今上海市金陵中

学原址）命名的，如法大马路或公馆马路（今金陵东路）。

南昌路地处法租界内，旧称环龙路。环龙（Rene Vallon）是第一个驾驶飞机翱翔于上海天空的法国人。该路原分两段，西段即环龙路，东边一小段旧称陶尔斐斯路。南昌路以西为瑞金二路，原名金神父路；以北为亚尔培路（今陕西南路），是以比利时国王亚尔培（Albert）的名字命名的。1914年8月4日，德军向中立国比利时入侵，比利时国王亚尔培率军顽强抵抗，给德军以有力打击。南昌路以北为霞飞路（今淮海中路），以法军总司令霞飞（Soffre）的名字命名。1914年9月，法军总司令霞飞指挥了著名的马恩河战役，使德军包抄法军的计划成为泡影，宣告了德军速决战的破产。上海法租界当局之所以要用"一战"中的这些名人功臣的名字来命名马路，是因为战争的胜利进一步巩固了它在上海的殖民统治。"一战"是一场非正义的帝国主义战争，其名人功臣只不过是掠夺者的"马前卒"，以他们的名字来命名旧上海"国中之国"的租界路名，只能更增添其殖民化的色彩。① 因此，第二次世界大战后，中国政府收回租界，对法租界内几乎全部路名都予以更改，从此便以中国地名来命名。此外，与南昌路毗邻交错的重要马路还有思南路，原名马斯南路；香山路，原名莫利爱路；皋兰路，原名高乃依路；雁荡路，原名华龙路；重庆南路，原名吕班路。

这几条路的位置非常规整，由北到南平行的依次是淮海中路、南昌路、皋兰路、香山路、复兴中路，由西向东垂直于南昌路的依次是陕西南路、茂名南路、瑞金二路、雁荡路、重庆南路。这样的规划，称为"棋盘式"网络结构。

南昌路区域的开辟当始于1900年。当时，公董局在顾家宅购买了约101333平方米的土地，用作法国兵营。同年，公董局从太仓路以北开辟出一段长300米的小路直达顾家宅。1902年，又开辟了华龙路（今雁荡路），为法国兵营（后改建为法国公园）至淮海中路（霞飞路）之间的一段长200多米的小路。1902年，自华龙路向西开辟出一条直达金神父路（瑞金二路）的小路。1911年，为了纪念环龙，命名为环龙路（今南昌路）。1907年，随着广慈医院的建立，又推动开辟了马斯南路（今思南路），但垂直于环龙路与辣斐德路之间的一小段，是在1913年打通的。1914年，为了促进土地增值，经公董局批准，南昌路以南，又开辟了莫利爱路（今香山路）和高乃依路（今皋兰路）。

20世纪初，法国人开始按照欧洲通用的模式经营租界了。1914年，法租界第三次扩张后，公董局开始计划对西门地区进行大规模市政改造，包括环境卫

---

① 虞建新. "一战"名人与旧上海法租界路名 [J]. 上海档案，1986 (6)：41.

生与道路改造。在计划改造的区域中，距离南昌路区域最近的是辣斐德路（今复兴中路）和贝勒路（今黄陂南路）附近，那里开始铺设碎石路，铺设下水道，还安装了煤气灯。1915年，辣斐德路开始填浜筑路，原来这是一段名为"南长浜"的淤塞的水浜，后来铺设了宽0.91米、长1200米的下水道。邻近的吕班路（重庆南路）和市场路之间的一小段路上还装了14盏100支光的煤气灯。贝勒路（今黄陂南路）附近的西门路（今自忠路）和康悌路（今建国东路）之间，一半路面铺筑碎石，而康悌路以南路段安装了2盏50支光的煤气灯，至1917年，又铺设了0.7米口径的下水管道。1916年，辣斐德路（复兴中路）以北，始辟筑望志路（今兴业路）和西门路（今自忠路），又延长了萨坡赛路（今淡水路）。同年，在望志路铺设了0.7米口径的下水道196米与0.5米口径的下水道133米。1917年之后，这一现代进程的规划开始向南昌路区域推进。

在中国近代革命史研究中，南昌路区域里的几个点是绕不开的，渔阳里、国民党上海执行部、孙中山故居、大同幼稚园。两党的重要人物、亲属、相关政治人物、文化人物都活跃在这一带。其中，渔阳里又是重中之重，它包揽了中国共产党的整个孕育期，又是中国共产党诞生的"目击证人"。

渔阳里有新老之分，老渔阳里的门开在南昌路上，新渔阳里的门开在淮海中路上，两头之间总长不过500米。在一段时间内，新老两里间修了一堵墙，后来又拆了，但不知什么时候又重修了回去，新老两里再次被隔开。陈独秀曾经寓居老渔阳里2号（今南昌路100弄2号），《新青年》编辑部、社会主义研究社也都在此地，中国共产党的筹划工作也发生在此地；此地还曾是孙中山的中华革命党机关总部所在地，两党的重要人物都曾在这里活动过。1920年前后，陈望道住在老渔阳里2号楼下的统厢房内，李达住在楼上的亭子间里。统楼上则住着陈独秀夫妇，他们曾在此被捕，房间也被搜查得一塌糊涂。

新渔阳里的革命旧址主要在6号（今淮海中路567弄6号），于1916年建成，此后该弄产权几经易手。1919年李汉俊来沪时租住于此，他迁往三益里后，戴季陶就搬了进来。1920年，戴季陶离开后，杨明斋在此开设了中俄通讯社，自任社长；同年8月，上海社会主义青年团在此成立；9月，外国语学社在此创办；11月，上海机器工会又在此成立。至1921年初，这里又成立了中国社会主义青年团所在地，成了团中央机关总部。

渔阳里内的革命活动主要发生在20世纪初至20世纪20年代之间，时间跨度不长。同样地，其他几个重要革命旧址承担早期革命任务的时间跨度也不长，大同幼稚园、国民党上海执行部也都是一年左右便被迫中止了活动。香山路上的孙中山故居，在宋庆龄居住期间，常有社会名流、左派人士往来其中。但由于革命形势的发展，宋庆龄去了北京，这里也便冷清了下来。

说到底，南昌路区域其实很小，上海有句俗话"螺蛳壳里做道场"，意思是虽然空间很小，但功能很强大。小小的南昌路亦然，它不仅承担了孕育中国近代革命的任务，目击了中国革命的整个酝酿时期，我们甚至完全可以将它理解为是推动近代中国革命的重要引擎。

三、以南昌路为中心的区域红色文化研究逻辑

南昌路区域是上海地方史、中国近代史研究中意义相当重大的地方，它以最有限的空间，汇集了最为重要的政治史、近代史元素。因此，以南昌路为中心的区域红色文化研究主要出于以下三个原因：

其一，以南昌路为中心的区域红色文化是党的诞生地。南昌路毗邻兴业路，即望志路，作为中共"一大"会址的所在地，它是党的诞生地的标志性地区，在中国共产党取得革命胜利之后，它几乎被笼罩了一切的光环。然而一个政党、一项成功都不会是一蹴而就的，尤其像中国近代所发起的这样一场对封建传统、帝国主义进行史无前例之颠覆的革命，需要更长久的酝酿与铺垫。南昌路就是这漫长的酝酿与铺垫过程中的核心要素之一。因此，对南昌路历史文化的进一步挖掘与整理，对于认识与强化中国共产党的诞生地文化，认识并强化中国共产党的奋斗精神、中国人民的革命历史具有重要的意义。

其二，以南昌路为中心的区域红色历史文化研究应加强整体性与联动性的思考。以南昌路为中心的区域内的重要革命旧址很多，如新老渔阳里、国民党上海执行部、大同幼稚园、孙中山故居等。在现有的研究中，对这些旧址的单个的研究都已经有了，但问题出在割裂性、孤立性，缺乏整体性、联动性。其实，这些旧址之间都有着千丝万缕的联系，毛泽东在老渔阳里与陈独秀秉烛夜谈，在上海执行部热情工作，把三个儿子托付在大同幼稚园；陈独秀在老渔阳里创办《新青年》，在新渔阳里连线共产国际，又在老渔阳里被捕；孙中山在此倡导国共合作，在香山路（莫利爱路）故居中共商国是，创办上海执行部。可以说，先贤们的足迹是有重叠的，几乎散见在各个旧址中，因此他们的足迹是动态呈现的，如果孤立地对革命旧址进行研究，很容易在无形中割裂先贤们的历史连贯性，更要紧的是割裂了南昌路旧址间的整体性。

南昌路区域的革命旧址有很多，其中最为核心的有四处：新老渔阳里、国

民党上海执行部、孙中山故居、大同幼稚园。这四处旧址都在相距200米的半径范围内，都涉及共产党的一些重要人物，如陈独秀、毛泽东、罗章龙、恽代英、施存统、邓中夏等；涉及的国民党重要人物，如孙中山、蒋介石、邵力子等。四处旧址本身的历史形成与沿革都具有相对独立性，因此它们的共处其实具有一定的偶然性。然而，这四处旧址在地理位置上，所涉人物与历史事件却如此紧密地集中在一起，又展现了其背后的历史必然性。事实上，若再稍微向外拓展一些到临近马路时，刘少奇、任弼时、陶成章、陈其美等近代史重要人物也将被融摄进来，这就绝对不是偶然性了，而是以南昌路为中心区域整体历史的必然性所导致的，因此要认识这种必然性，就必须从整体性出发，把以南昌路为中心区域的红色历史文化作为一个整体，来深入了解这一区域的重大历史意义。

其三，以南昌路为中心区域红色历史文化的研究还应为以南昌路为中心区域文化的推广服务。历史研究，尤其是党史研究，还有更实际的资政育人功能，习近平总书记在中国历史研究院成立贺信中特别强调了这一点。① 资政育人最有效的方式在于依托物质载体激发人的感性认识，从而产生并强化相应的价值观。南昌路区域就是天然的红色文化的物质载体。南昌路的革命旧址中包括共产党和国民党的众多重要机构和人物寓所，加之"环龙路"这一路名特别讨巧，富有精英汇聚之意涵，因此南昌路常被称为"环龙群英会"。身处这条路及周边区域之中，可以极大地激发起参观者内心深处的历史感。

到目前为止，以一条路为中心的区域文化得到充分推广的，当属虹口区的多伦路地区。多伦路修建于1912年，略晚于南昌路，但是和南昌路相似的是，它也是由一段小河浜回填而来。多伦路原本隶属华界，但当时上海公共租界工部局无视华界主权，越界筑路，由此形成了多伦路后来的规模。多伦路全长550米，只有南昌路的一半长，呈L形，东、北两端都与四川北路（旧称北四川路，呈直立的Z形）交会。与南昌路作为中国革命的策源地不同的是，多伦路是20世纪初的文化重地，鲁迅、茅盾、瞿秋白、丁玲、郭沫若、叶圣陶、柔石等文化巨匠都曾在此居住；陈望道、赵世炎、王造时、内山完造等文化名人也都在此活动；此外，孔祥熙公馆、白崇禧公馆、汤恩伯公馆等遗址，也坐落于此。

学术研究必须结合文化推广，而党史研究尤其要带着资政育人的目标。南

---

① 习近平. 充分发挥知古鉴今、资政育人作用——致中国社会科学院中国历史研究院成立的贺信[EB/OL]. 新华网，2019-01-03.

昌路区域文化的推广要怎么做，其实已经有了先导经验。比如以多伦路为中心的区域红色文化资源的推广，目前已经形成了规模。在虹口区委党校张家禾教授的开发、规划与数轮的建设下，当前已形成了一条成熟的"现场教学路线"。开发现场教学，是继名人旧居重塑、历史文化研究之后，又一重要的文化推广环节，直接引导人们身临其境地学习历史、感悟历史、掌握历史。当前，南昌路区域正是缺乏了这一环节。目前，老渔阳里中的《新青年》编辑部已经修整一新，孙中山的香山路寓所、周公馆等早已对外开放，国民党上海执行部与大同幼稚园的建筑物都保存完好；此外，南昌路上的林风眠寓所、思南路上的梅兰芳寓所、淮海路上的孙中山宝昌路行馆，也都保存得非常完善。然而，将这些知名文化旧址、红色旧址串联起来，规划出一条合理的"现场教学路线"，以供红色文化旅游或普通文化旅游之用，却尚未被重视起来。多伦路区域的红色文化推广经验，正可以作为他山之石，为南昌路区域文化的推广，提供重要的启示价值。

  总的来说，在多伦路区域文化推广的启示下，为南昌路的红色区域文化设计相应的"现场教学路线"，是本次南昌路区域红色历史文化研究的重要组成部分，且突出了历史研究为资政育人服务的重要目标。

第一章

家国天下：点悟毛泽东的南昌路

毛泽东在南昌路上没有居住过，但是他在这里学习过、工作过，甚至把他的孩子们也托付在这里。毛泽东在南昌路的老渔阳里（环龙路100号）学习，从而转变为真正的马克思主义者；在南昌路180号（环龙路44号）为国民党上海执行部工作，从而坚定认识到中国革命必须依靠农民，同时意识到国民党的官僚行政制度会妨碍革命；在南昌路48号（陶尔斐斯路56号）把自己的三个儿子托付在此，父子四人分隔两地，共同面对生死的考验。可以说，南昌路深深地烙着毛泽东的印记，同样地，毛泽东的人生也深深地烙着南昌路的印记。

第一节 毛泽东研究的南昌路视角

毛泽东在南昌路上的活动时间总长，前后不足6年，应该说很短。但是这短短的几年，对他的影响是非常大的，而且对中国革命史的意义也极为深远。他在南昌路上成长为真正的马克思主义者，这对中国共产党的诞生、中国革命的成功，又都具有奠基性的影响。近年来，党和国家对历史的重视，促使我们不断充实毛泽东的生平研究，还原毛泽东的历史性存在。同样地，加强毛泽东在南昌路上的历史研究，对于提升南昌路的历史地位，意义十分重大。

一、巩固毛泽东历史地位的重要性

南昌路的历史研究是整个毛泽东研究中的重要环节。当前，毛泽东研究，尤其是毛泽东历史地位的研究，是建构意识形态安全的极端重要的工作。然而，历史地位的研究，离不开对真实人物的认识。以南昌路为中心的区域整体红色历史文化的研究，有助于深入还原真实的毛泽东的形象，巩固毛泽东的历史地位。

当前国内外学界关于毛泽东的研究，总是不自觉地被历史虚无主义思潮所左右。毛泽东研究上的历史虚无主义主要来自两个方面：其一，用毛泽东的错误来否定毛泽东的功绩，这是对历史人物极不客观的评价；其二，对毛泽东不切实际的神化，脱离了现实人的范畴，也是一种历史虚无主义的表现。

前一种关于毛泽东的历史虚无主义认识的本质在于，对毛泽东及其领导的中国革命与实践持全盘否定的态度，对毛泽东及革命先贤的初心缺乏共情。事实上，毛泽东领导的中国革命与建设实践，真正改写了近代以来中国社会历史发展的轨迹，促进一个庞大的半封建半殖民地国家的历史性转型，实现了中国人民站起来了的伟大目标。可以说，毛泽东及其时代是贯通中国以往历史发展逻辑与未来中国社会历史发展走向的关键环节。[①] 因此，毛泽东的历史地位是历史发展的必然结果，是唯物史观的必然结论，是不容虚化的。其实也应该看到，毛泽东研究领域上的虚无主义，并非对毛泽东个人的否定，也并非一个单纯的理论性或学术性问题，而是蕴含着特定的政治诉求。也就是说，历史虚无主义者的醉翁之意在于，通过对毛泽东历史地位的否定，进而否定中国共产党实践的历史性根基。邓小平说："否定了毛泽东的历史地位，其实就否定了中国共产党的光辉历史。"[②] 也就是说，只有捍卫毛泽东的历史地位，才能捍卫中国共产党发展史、中国人民解放军发展史、中华人民共和国发展史和中国特色社会主义发展史的合法性。后一种关于毛泽东的历史虚无主义，主要是一种不负责任的、缺乏独立性的研究态度。随意夸大人性，神化个人，本质上是对历史人物的亵渎，是落后历史观的反映，也是对历史科学的伤害。

习近平总书记说："对历史人物的评价，应该放在其所处时代和社会的历史条件下去分析，不能离开对历史条件、历史过程的全面认识和对历史规律的科学把握，不能忽略历史必然性和历史偶然性的关系。不能把历史顺境中的成功简单归功于个人，也不能把历史逆境中的挫折简单归咎于个人。不能用今天的时代条件、发展水平、认识水平去衡量和要求前人，不能苛求前人干出只有后人才能干出的业绩来。革命领袖是人不是神。尽管他们拥有很高的理论水平、丰富的斗争经验、卓越的领导才能，但这并不意味着他们的认识和行动可以不受时代条件限制。不能因为他们伟大就把他们像神那样顶礼膜拜，不容许提出并纠正他们的失误和错误；也不能因为他们有失误和错误就全盘否定，抹杀他

---

① 尚庆飞. 新时代背景下深化毛泽东研究的若干重大问题[J]. 东岳论丛, 2019 (3): 14-23.
② 邓小平. 邓小平文选：第2卷[M]. 北京：人民出版社, 1994: 298.

们的历史功绩，陷入虚无主义的泥潭。"① 毛泽东作为重要历史人物、政治人物，对其进行全面、公平、公正、客观的评价尤为重要，尤其需要坚持实事求是的原则，因为这直接涉及中国近现代历史的评价问题。

以南昌路为中心的区域红色历史文化整体研究，对于毛泽东真实历史形象的还原具有极为重要的意义。南昌路在毛泽东早期的革命生涯中奠定了极为重要的基础，作为毛泽东思想的重要转折点，他在这里遇到了陈独秀与《新青年》；此后一年的时间里，他在这条路上工作，国民党上海执行部的经历成为他深入了解国民党的重要契机，也促使他更积极地投入农民运动中去；后来这里又成为毛泽东最牵挂的地方，因为这里有收养他三个儿子的大同幼稚园。因此，以南昌路为中心的区域整体历史研究，旨在还原一个真实的南昌路，也只有一个真实的南昌路，才能还原一个生动的毛泽东，这是反驳历史虚无主义的最有力的武器。习近平总书记指出，必须展开许多具有新的历史特点的伟大斗争，其中之一就是维护主流意识形态的安全，同削弱、否定党的领导与中国特色社会主义事业的行为做坚决斗争。② 可以说，以南昌路为中心的区域整体历史的研究的意义就在这里。

二、巩固南昌路区域历史地位的重要性

毛泽东研究离不开南昌路区域，南昌路区域历史研究同样也离不开毛泽东。事实上，毛泽东研究还关系到巩固南昌路区域历史地位的重要性。

南昌路在上海近代史上始终处于较为核心的位置，因为它处在法租界的中心区域，以文化杂处、五方杂成、华洋杂处为特色，可谓是文化荟萃之地。毛泽东作为中国近代史上最重要的政治人物之一，他在这一区域的活动，使南昌路区域得以成为上海近代史，乃至整个中国近代史、革命史上的标志性区域。所以，毛泽东研究对于巩固南昌路区域历史地位具有极为重要的意义。

毛泽东是个实实在在的人，不搞形式，不空谈爱国。一件发生在少年中国学会组织的讨论会上的小事可以说明这一点，那天，毛泽东非常激动地说："总是坐着空谈没有用处……我们必须行动。把你们的衣服交给我，我来洗……不

---

① 习近平. 在纪念毛泽东同志诞辰120周年座谈会上的讲话［N］. 人民日报, 2013-12-26.
② 习近平. 决胜全面建成小康社会 夺取新时代中国特色社会主义伟大胜利——在中国共产党第十九次全国代表大会上的报告［M］. 北京：人民出版社, 2017: 15.

分大小件，价钱统一一个样。三天以后你们取回衣服付钱就行了。"但大家似乎对这种所谓"实际行动"并不当回事，当时只有一个学生因为怕毛泽东太尴尬，于是说："明天你过来帮忙洗衣服吧。我要看看你是不是做得好。"后来，毛泽东洗了衣服，当然也得到了很满意的报酬。① 洗衣服是为了谋生，但我们要知道，这个关于谋生的呼吁发生在少年中国学会内。少年中国学会是为救国而组建起来的一个理论社团，参与者大多是学生，或者说是知识分子，他们有一个共同的缺点，就是空谈。但是救国又必须落在实际行动中，所以毛泽东宣告要给大家洗衣服，很大程度上是一种隐喻。当然，他最后的确通过帮人洗衣服赚取了一些报酬，但这些钱全被他用作拜访陈独秀的路资了。这件小事时常被人拿来引证毛泽东是一个实实在在的人，但其实还应知道的是，他的这种实在背后，还有更深层次的动力，那就是"初心使命"。

这一点，是他在赴法前临阵变卦，决定留在上海的重要原因。和大多数知识分子一样，毛泽东曾经也希望去法国寻找救国的良方，但最终还是放弃了去马赛的机会，虽然有很多原因，比如路费比较昂贵，但是他在送别赴法的朋友时说道："我觉得我对自己的国家了解得还不够，把我的时间花在中国会更有益处。"特里尔认为，毛泽东的这句话，虽然"有自谦和一本正经两种奇怪的意味"，但是背后却暗含了毛泽东强烈的本土主义。② 在开船之前，他向这些新民学会会员提出了一个口号："改造中国与世界。"当一个学生对毛泽东没有一起乘船去法国表示遗憾时，毛泽东则回答说："革命不可能等到你们归来再着手。"他接着又对离去的船上的同学大喊道："努力学习，拯救国家。"③

事实上，此后很长一段时间，毛泽东是靠帮人洗衣服获得微薄收入以支撑日常开支的。那段日子里，他穷困潦倒，脚上穿的是草鞋，吃的是大米和蚕豆混合成的粥，并且经常靠别人接济才能过活。但"努力学习，拯救国家"这句话，贯穿了此后至1921年的在南昌路上的全部生活，他不断地拜访渔阳里的陈独秀，学习马克思主义理论，看到了《共产党宣言》的中译本，并快速找到了自己即将要为之奋斗一生的人生目标。

---

① ［美］罗斯·特里尔. 毛泽东传［M］. 刘路新，高庆国，等译. 北京：中国人民大学出版社，2013：43.
② ［美］罗斯·特里尔. 毛泽东传［M］. 刘路新，高庆国，等译. 北京：中国人民大学出版社，2013：43.
③ ［美］罗斯·特里尔. 毛泽东传［M］. 刘路新，高庆国，等译. 北京：中国人民大学出版社，2013：56.

国共合作以后，南昌路上成立了国民党上海执行部，毛泽东在其中的组织部工作，忙前忙后特别热心。在忙行政工作之外，他也积极去湖南组织农民运动，与此同时，逐渐认识到国民党行政官僚组织对于推翻封建主义并没有帮助，除了发动农民以外没有别的路可走。因此，在南昌路的这段时间也让他更为坚定了一个理念，在中国要实践马克思主义就必须从中国的实际出发，而这个实际就是农民问题。事实证明，重视农民问题、发动农民革命，对于中国革命最终成功具有至关重要的作用。由此可以认为，农民革命的理念与这条幽静的法租界小路有着千丝万缕的联系，也正是这一点，对于巩固南昌路在中国革命史上的重要地位意义重大。

第一次国共合作破裂以后，毛泽东离开上海去湖南等地领导革命。然而这条小路与他的缘分在他的儿子身上又延续了很长一段时间。1931年初，岸英三兄弟被大同幼稚园收养。看似找到了依靠，但生活仍然很艰难，甚至在当年端午节，最年幼的岸龙被永远定格在了4岁。事实上，当时身在江西的毛泽东根本无暇顾及三个儿子的安危，因为彼时的他也正处在革命斗争的低潮期，之后又感染了疟疾，生命垂危。父子四人，分隔两地，共克时艰，感人万分。可以说，这条小路不仅承载了革命先贤的革命初心、奋斗热情，还承载了一段父子亲情。

总而言之，毛泽东在南昌路上的活动，可谓集中体现了他强烈的初心使命、脚踏实地的珍贵品质、感人至深的家国情怀。因此，对毛泽东在南昌路上活动的历史的研究，既有助于批驳毛泽东研究的历史虚无主义，更有助于提高南昌路的历史地位。

第二节　渔阳里：马克思主义者的证成

渔阳里对于中国共产党的诞生具有不可替代的意义，《新青年》杂志在老渔阳里创办，外国语学社在新渔阳里创立，但还有一个对于后世影响更为重大的事件发生在这里——毛泽东在此成为真正的马克思主义者。当然，这是由很多契机造成的，在这里，陈独秀给了他言传身教；在这里，他最早读到了《共产党宣言》中译本；在这里，他结识了一大批志同道合的朋友。

一、北京大学图书馆：无政府主义的拥护者

毛泽东成为真正的马克思主义者，并不是一蹴而就的。他早年在北京大学做图书管理员时，对于接触马克思主义的著作有着得天独厚的条件，他甚至可以遇到许多传播马克思主义的先驱，尤其是李大钊，给他灌输了大量的马克思主义的思想。但是特里尔认为，毛泽东彼时更认可的是无政府主义的克鲁泡特金，而没有抓住马克思主义。① 亚历山大·潘佐夫也认同这一看法，说："他（毛泽东）对布尔什维克主义依旧持相当怀疑的态度。在当时流行的形形色色的共产主义思潮中，毛泽东最感兴趣的，是特别强调个人自由的无政府主义。"② 肖特则直接说，即使李大钊也不是准确地了解马克思主义，尽管他相当热切地传播马克思主义。肖特认为："毛泽东一定已经读过这篇文章（《布尔什维主义的胜利》），但看来此文并没有给他留下更多的印象，他后来从没有提过它。他没有被布尔什维克主义吸引，却被无政府主义吸引，那时的无政府主义思想正被在巴黎和东京的中国人小组接受并发展。"③

然而，中国学者更倾向于认为，毛泽东在北京大学期间就已经转变为真正的马克思主义者了。赵大义说："11月，毛泽东到天安门广场亲耳聆听了李大钊的《庶民的胜利》的演讲，这篇演讲同另一篇文章《布尔什维主义的胜利》，刊登在同一期《新青年》上，毛泽东又细致地研读过。这样，他逐步放弃了原来欣赏的那些无政府主义理论，转向了马克思主义。"④ 蒋建农引用1936年毛泽东对斯诺的谈话认为，毛泽东在北京大学图书馆期间大量阅读了李大钊对歌颂十月革命以及宣传马克思主义的文章后，逐步清除了无政府主义思想，那个时候，是毛泽东转向马克思主义的关键时期。毛泽东说："我在李大钊手下，在国立北京大学当图书馆助理员的时候，就迅速地朝着马克思主义的方向发展。"⑤ 金冲及指出，毛泽东在李大钊手下工作，受到了马克思主义传播先驱的直接影

---

① ［美］罗斯·特里尔. 毛泽东传［M］. 刘路新，高庆国，等译. 北京：中国人民大学出版社，2013：44.
② ［俄］亚历山大·潘佐夫. 毛泽东传（上）［M］. 卿文辉，崔海智，周益跃，译. 北京：中国人民大学出版社，2015：87.
③ ［美］菲力普·肖特. 毛泽东传［M］. 仝小秋，杨小兰，张爱茹，译. 北京：中国青年出版社，2004：78.
④ 赵大义. 毛泽东［M］. 北京：中央文献出版社，2006：12.
⑤ 蒋建农. 毛泽东传［M］. 北京：红旗出版社，2009：38.

响,"具体地了解了十月革命和马克思主义"①。其实,"具体"二字也未必准确。

可以说明问题的是,1916年至1920年间,无政府主义在中国极为流行,北京大学是无政府主义思想流行的重镇;而李大钊虽然是马克思主义者,但也同情无政府主义,并且他的马克思主义思想中也有无政府主义的痕迹;陈独秀在当时则不是一个确定的马克思主义者,他曾在对《新青年》的一个读者的回应中指出,鉴于中国工业化水平的极端低下,现在谈论社会主义没什么意义。② 李大钊、陈独秀的言行对毛泽东的选择其实具有很大的暗示作用,甚至毛泽东也亲口说过:"可是就在这个时候,我的思想还是混乱的,用我们的话来说,我正在找寻出路。我读过一些关于无政府主义的小册子,很受影响……在那个时候,我赞同许多无政府主义的主张。"③

在行动中,毛泽东似乎也是在摸索"出路"。1919年4月11日,他离开北京,在前往上海的途中,专程去了一次山东,拜谒了儒家圣地——孔庙与孔林,这恰恰是五四运动所极力批评的。随后不久,北京爆发了五四运动,这次运动把《新青年》倡导的思想推向了高峰。

1919年7月,毛泽东在《湘江评论》上发表了题为《民众的大联合》的文章,其主要观点是平民主义和爱国主义。显然,他对五四运动进行了呼应,但不是对马克思主义进行呼应。这篇文章的开头首先表达了对平民的同情,他说道:"国家坏到了极处,人类苦到了极处,社会黑暗到了极处。"文章认为,要把中国从黑暗中拯救出来,根本的方法就是"民众的大联合",而要实现"民众的大联合",又必须以各行各业"民众的小联合"为基础。因为没有提到领导权的问题,所以根本上,较马克思主义还有一段距离。这篇文章也提到了马克思,但主要是为了说明马克思的理论不如无政府主义者克鲁泡特金的理论。他说:"联合以后的行动,有一派很激烈的,就用'即以其人之道还治其人之身'的方法,同他们拼命地倒担(捣蛋),这一派的首领,是一个生在德国的叫作马克思。"而克鲁泡特金则"较温和",其最大的优点是,"先从平民的了解入手","民众联合的力量最强"。此时,他的观念中,似乎"革命就是联合",他没有意识到阶级的划分,只要工人、妇女、黄包车夫、农民、学生、教师等"群"

---

① 金冲及.毛泽东传[M].北京:中央文献出版社,1996:42.
② 陈独秀.陈独秀文章选编:第1卷[M].上海:上海三联书店,1984:170.
③ [美]爱德加·斯诺.红星照耀中国[M].董乐山,译.北京:作家出版社,2008:103.

能联合起来，就能"与立在我们对面的强权者、害人者相抗"。这些事实可以说明，毛泽东对马克思主义的理解还并不深入，如果就此认为他的思想已经转变，确实比较牵强。

二、渔阳里：成为真正的马克思主义者

总的来说，毛泽东在北京大学期间，主要是接触了马克思主义，但并未转变为真正的马克思主义者，其思想的彻底转变，应该说，还是与南昌路紧密相关。这一转折的诱因主要在两个方面：其一，与陈独秀的促膝长谈，使毛泽东彻底厘清了理想信念与价值诉求；其二，正是在这段时间里，毛泽东首次接触了《共产党宣言》。

1920年5月，毛泽东到达上海，住在哈同路民厚南里29号。就是这次上海之行，成为毛泽东彻底转变为马克思主义者的转折点。5月初到7月初的2个月里，毛泽东频繁拜访了陈独秀及其《新青年》杂志社，与陈独秀讨论他读过的马克思主义著作以及组织"湖南改造促进会"的计划。[1] 毛泽东后来说，"陈独秀谈他自己信仰的那些话，在我一生中可能是关键性的，这个时期，给我留下了深刻的印象"，"他对我的影响也许超过其他任何人"。毛泽东又说，"我一旦接受了马克思主义是对历史的正确解释以后，我对马克思主义的信仰就没有动摇过……"[2] 特里尔认为："从1920年夏天开始，毛泽东就认为自己是一个马克思主义者了，而且此后他对自己的这种认同从未动摇过。无政府主义、改良主义、乌托邦主义作为他的政治思想框架，都已从他的思想中剔除了。"[3]

另一个关键要素是，在与陈独秀的交往中，毛泽东进入了陈独秀的朋友圈，可以说是第一时间读到了《共产党宣言》。

他在接受斯诺采访时，有这样一段回忆："我第二次到北京期间，读了许多关于俄国情况的书。我热心地搜寻那时候能找到的为数不多的用中文写的共产主义书籍。有三本书特别深地铭刻在我的心中，建立起我对马克思主义的信仰。这三本书是：《共产党宣言》，陈望道译，这是用中文出版的第一本马克思主义

---

[1] 逄先知. 毛泽东年谱（1893—1949）（上）[M]. 北京：中央文献出版社，1993：58.
[2] [美]爱德加·斯诺. 红星照耀中国[M]. 董乐山，译. 北京：作家出版社，2012：106.
[3] [美]罗斯·特里尔. 毛泽东传[M]. 刘路新，高庆国，等译. 北京：中国人民大学出版社，2013：55.

的书;《阶级斗争》,考茨基著;《社会主义史》,柯卡普著。"①

但是,据叶永烈考证,对毛泽东思想转变影响巨大的三本书中,《共产党宣言》中译本或许并不是在北京读到的,毛泽东的回忆有所偏差,可能性最大的,应该是他在上海读到的。毛泽东在上海度过的时间是5月5日至7月7日,《共产党宣言》中译本初版上印的是1920年8月出版。但是,《鲁迅日记》记载,他于1920年6月26日便已得到陈望道寄赠的《共产党宣言》第一个中译本。②由此判断,"毛泽东在上海拜访过陈独秀,结识了陈望道,因此他在上海得到《共产党宣言》中译本的可能性极大"③。

结合与陈独秀促膝长谈与作为《共产党宣言》最早的读者两段重要史料,毛泽东后来的自我判断才显得更有说服力,他说道:"到了1920年夏天,在理论上,并且在某种程度的行动上,我已成为一个马克思主义者了,并且从此我也认为自己是一个马克思主义者了。"所以说,1920年那个夏天的渔阳里,对于毛泽东思想的转变有根本性的意义。

当然,思想的转变都不可能是一朝一夕促成的,必须从实践经验中慢慢验证、内化。其实早在北京大学图书馆工作期间,除了学习,毛泽东也被安排到设在长辛店铁路工厂进行半工半读。蒋建农说,那个时候"他深入了解工厂和工人的生产和生活状况,在职工中寻东问西,从生产细节到工厂经营范围、方针,从整个工厂的收益到职工们的个人生活,做了详尽的调查。这是毛泽东第一次细致地调查现代产业工厂和深入地接触众多的产业工人,对促进他向马克思主义转变具有重大的意义。"④ 特里尔也认为,毛泽东在上海期间帮人洗衣赚钱的经历,也更加深了他对马克思"无产者"一词含义的理解。而南昌路的意义则在于,使毛泽东真正从理论的高度,对他全部的实践经验进行了一次彻底的消化,由此促使他对马克思主义完全服膺。

三、渔阳里:成为党的缔造者

古人云:"独学而无友,则孤陋而寡闻。"接受马克思主义的熏陶,转变为

---

① [美]爱德加·斯诺. 红星照耀中国 [M]. 董乐山,译. 北京:作家出版社,2008:106.
② 鲁迅. 鲁迅日记(1912—1926)[M]//鲁迅全集:第15卷. 北京:人民文学出版社,2005:405.
③ 叶永烈. "毛奇"及其入党时间 [J]. 文史精华,2016(24):4-8.
④ 蒋建农. 毛泽东传 [M]. 北京:红旗出版社,2009:38.

真正的马克思主义者，靠一个老师、一本书，肯定是远远不够的。事实上与渔阳里2号关系极为密切的，与毛泽东一样志同道合的人，还有很多，他们都是促使毛泽东的思想发生根本性转变的重要推动力。终于，时机成熟了，毛泽东在渔阳里成了中国共产党的缔造者。

1919年5月，彭璜在湖南组建了湖南学生联合会，他聘请毛泽东担任《湘江评论》的主编，而《湘江评论》正是该学会的刊物。该刊物前后只出版了4期及1期临时增刊，却是五四时期全国很有影响的进步报刊之一。当然，毛泽东也借该刊物获得了很高的声望。在毛泽东的引荐下，彭璜也加入了新民学会，两人结下了深厚友谊。1919年底，彭璜到上海开展"驱张"宣传。次年2月1日，彭璜在上海参与创办了《天问》周刊，成为湖南各阶层在"驱张"运动中强有力的思想武器。该刊共出了24号，于当年7月11日终刊，其中第23号刊登了毛泽东撰写的《湖南人民的自决》一文。该刊物的撰稿者笔名都非常有趣，其中几个主要撰稿人的笔名分别是"除暴""问天""舌存""惜诵"①，皆意味深长。《天问》周刊的编辑部就设在淮海中路523号（霞飞路277E号），距离渔阳里仅一步之遥。因此在上海的这段时间里，彭璜成了老渔阳里2号的常客，经常参加陈独秀的工读互助团，并担任临时会计。毛泽东在5月第一次到上海拜访陈独秀时，就是由彭璜领的路。然而，据易礼容先生说，1921年秋，年仅25岁的彭璜投湘江自尽②，他亲眼看到了江边打捞上来的彭璜尸体，不是因病去世的。

毛泽东另一名志同道合的挚友是蔡和森，他们是湖南老乡，也是湖南省立第一师范的同学。蔡和森受到曾国藩、秋瑾、谭嗣同的影响非常之深。1918年4月，蔡和森与毛泽东一起组织了新民学会。1920年初，蔡和森赴法国勤工俭学。旅法期间，他曾给毛泽东写信，提到要改造新民学会，甚至要"明目张胆正式成立一个中国共产党"③，毛泽东复信说，"你这一封信见地极当，我没有一个字不赞同"④。事实上，蔡和森正是最早完整提出"中国共产党"全称，并比较系统提出建党理论的人。回国后，他便找到老渔阳里2号，在陈独秀身边

---

① 王美娣.《天问》周刊介绍及目录索引[J]. 上海革命史料与研究，2004（4）：557-573.
② 任武雄. 1920年俄共代表魏金斯基会见过新民学会的彭璜[J]. 上海革命史料与研究，2008（8）：391-394.
③ 丁守和. 蔡和森对中国革命理论的贡献[N]. 人民日报，1980-06-27.
④ 毛泽东. 给蔡和森的信[M]//毛泽东文集：第1卷. 北京：人民出版社，1993：4.

工作，后来由陈独秀、陈公培介绍入党。他在中共二大、三大、四大上都被选为中央委员。蔡和森也是较早认同农民运动的共产党员之一，他在中共四大上明确提出农民是无产阶级天然的同盟军。后来他又在《向导》上发表文章，高度评价澎湃在广东各地发动的农民运动，并抨击国民党右派对农民运动的阻挠。他在评价广东农民运动时说道："革命政府若真获得农民群众的拥护，这些反革命势力是不能制胜的。苏俄便使用这种方法制胜了反革命的好榜样。"[1] 蔡和森的农民运动思想受苏联影响而来，作为挚友，也必然会影响到毛泽东。然而可惜的是，1931年，他被叛徒出卖，壮烈牺牲，年仅36岁。

在渔阳里结识毛泽东的另一个老乡是黄爱，对毛泽东的影响也非常大。黄爱毕业于湖南甲种工业学校，1919年2月考入天津直隶工业高等学校，肄业后在天津、北京从事学生运动，成为周恩来发起的觉悟社的第一批"社友"。1920年3月，黄爱带着李大钊的介绍信来到上海，在老渔阳里2号担任《新青年》的缮写校对工作。他在此受到陈独秀的耳濡目染，并参加了上海的工人运动。11月，离开上海赴湖南，与庞人铨共同发起湖南劳工会。1921年4月，黄爱和庞人铨加入湖南社会主义青年团。后被赵恒惕逮捕下狱，绝食三日，出狱后，朋友慰问他。他回答说："我的生命，终必为劳动运动一死！"[2] 黄爱、庞人铨两人在湖南发动的工人运动声势浩大、影响广，资本家们对他们早已是恨之入骨。1923年的一篇文章这样写道："湖南劳工界去年今日失去了两个明星，一个黄爱，一个庞人铨。一时资本界，好像说把他们的灾星去掉了，从此湖南劳工风潮可以一落千丈地灭迹销声，不致再扰他们安富奢华的痴梦。"[3] 虽支持工人运动，而且也做得非常出色，但黄爱与庞人铨一开始都是无政府主义者，只知经济上的斗争。于是毛泽东邀请他们到工厂做调查，这对他们思想认识的改变有很深的影响。据易礼容先生回忆："1921年底有一天，毛泽东跟我说，我们找黄爱、庞人铨谈一下好吗？我说好吧！……个把礼拜后，我问毛泽东谈得怎样？毛泽东说，他的见解看法同我们是一样的，愿意同我们一起干。'愿意同我们一起干'这句话我还记得，是这个话。"[4] 可是1922年1月，赵恒惕借口制造罢工，再次逮捕了两人，并旋即在浏阳门外将之杀害，时年皆25岁。噩耗传来，毛泽东悲痛至极，他参加了两次在湖南召开的纪念黄爱和庞人铨的追悼会，以及在上海召开的追悼会，并在会上介绍他

---

[1] 蔡和森. 今年五一之广东农民运动 [J]. 向导, 1925 (112): 3-9.
[2] 黄爱和庞人铨 [J]. 先驱, 1923 (15): 3.
[3] 老梅. 黄庞死后的一年 [J]. 学汇（北京）, 1923 (94): 1-2.
[4] 王连弟. 黄爱、庞人铨与中国共产党 [J]. 中国青年政治学院学报, 1997 (3): 76-82.

们的事迹，号召大家向他们学习。陈独秀还将黄爱、庞人铨被杀事件报告了共产国际。可以说，他们的牺牲精神给了同样年轻的毛泽东极大的触动。

事实上，在老渔阳里2号与毛泽东建立重要关系的人物还非常多，比如李达、任弼时、萧劲光、刘少奇、向警予、罗章龙、李立山、何叔衡、邓中夏等，仅湖南籍人士就有30多人。他们亦师亦友，互相促进，来来往往，在渔阳里这个小地方酝酿着开天辟地的大爆发。可以说，没有这么多同志的共同促进，就不会有一个人彻底的转变，谁都概莫能外，这是人的成长规律。

终于，1920年7月，毛泽东在老渔阳里2号成了党员。毛泽东后来自称，他没有入党介绍人。金恒源认为，毛泽东之所以这么说，是因为当时没有通过正式的书面表格填写入党介绍人，而并非真的没有人介绍入党。① 需要注意的是，毛泽东曾自称是1920年加入中国共产党的，而共产党其实是1921年成立的。毛泽东1920年加入的，实际是中国共产党上海发起组，这并非一个建制意义上的党组织。上海发起组的工作就是建党，所以说，毛泽东乃是中国共产党的缔造者之一。从这个角度上理解"没有入党介绍人"，才是比较符合实际情况的。

其实共产党刚刚发起的时候，党员仅有十几人，这么小的党凭什么是靠得住的？事实上，毛泽东心里非常清楚，真正的大事业不在于人数的多少，而在于正确的理念与坚强的意志，这就是基础，是毛泽东的远见。类似的事情后来一直有发生，1927年的秋收起义，共产党中央是不以为然的，毛泽东回忆说："我被免去政治局和党的前委的职务，湖南省委也攻击我们，说我们是'枪杆子运动'。尽管这样，我们仍然在井冈山把军队团结起来了，深信我们执行的是正确的路线。"② 1932年4月，当毛泽东和朱德对日宣战的时候，又是孤独的，其实他们已经多年没有见到一个日本人了，他们所控制的中国人口也只有很小的一部分。农民运动、抗日，其理念是正确的，其意志是坚定的，所以他义无反顾。特里尔因此评价说："他的目标不是抽象的社会主义蓝图，也不是重复苏联的革命——像是江西的山沟里发生了'又一次十月革命'。他从未对世界革命浮想联翩。中国是基础，如果中国出现危难，再也没有比拯救它更重要的事情了。

---

① 金恒源．伟人征程始于申城：毛泽东与老渔阳里2号［M］//李瑊．渔阳里：红色征程的起点．上海：上海大学出版社，2018：147．

② ［美］爱德加·斯诺．红星照耀中国［M］．董乐山，译．北京：作家出版社，2008：114．

假如没有中国,任何革命的说教都只能是脱离实际的知识分子空谈。"① 所以,这么小的党凭什么是靠得住的?因为理念是靠得住的,意志是靠得住的,他的真心是靠得住的,这都是他的依据。所以说,那时的毛泽东做出了非常清醒、现实,又富有远见的选择。

第三节　国民党上海执行部:中共农民问题的推动

1923年1月,孙中山与苏联签订国共合作的协议;6月,毛泽东、陈独秀、李大钊等人以国民党员身份联名致信孙中山,建议国民党在上海或广州建立执行委员会。国民党上海执行部成立后,毛泽东全身心地投入到国民党内的工作中。毛泽东积极工作的原因很多,他信任孙中山,他认同大联合,但有一个重要因素也不应忽视,即较之于共产党,国民党较早地关注了农民运动,并且与早期共产党高层一度不认同农民问题形成鲜明对比,这也激发了毛泽东极大的热情。

图1-1　南昌路上第一次国共合作时期国民党上海执行部旧址

(周赟　摄)

---

① [美]罗斯·特里尔.毛泽东传[M].刘路新,高庆国,等译.北京:中国人民大学出版社,2013:141.

图 1-2 环龙路时期的上海执行部
(《中国摄影学会画报》,1926 年,第 30 期)

一、国民党上海执行部成立工人农民部

1923 年 1 月,孙中山在上海和苏联使者岳飞(Jeffe)签订了国共合作的协议。协议要求,中共党员将以个人身份加入国民党。与此同时,中共仍将保持独立存在,但国民革命的组织领导权归国民党,这就是第一次国共合作。

合作协议达成后,中共领导人提议孙中山,将执行部选址在上海。1923 年 6 月 25 日,陈独秀、李大钊、毛泽东、蔡和森、谭平山以国民党党员身份致信孙中山,建议"在上海或广州建立强有力的执行委员会,以期合力促进党员的活动和广泛开展宣传"。他们的理由是,"我们不能沿袭封建军阀用武力夺取政权攻占底盘的同样的方针。这会给人们造成我们与军阀是一脉相承的印象。用旧方法、旧军队去建立新中国不仅不合逻辑,而且在实践中也绝对行不通。旧军队有十倍于我们的兵力,我们只能用新手段,采取新方针,建立新的力量。我们应联合商民、学生、农民、工人并引导他们到党的旗帜下。从人民中建立的新军队将用新的方法和新的友好精神捍卫民国"。要能较好地实现这一新手段,他们认为,上海是最合适的基地,"我们要求先生离开广州前往舆论的中心地上海,到那里去召开国民会议。这样,一支解决全国问题的集中的军队便能建立起来,一支国民革命的集中的军队便能建立起来。如果我们这样做,我们就不会丧失我们在国民革命运动中的领导地位"①。在上海，革命力量不得不秘密活动，远没有在广东来得自由，但中共领导人审时度势，认为上海在全中国具有更强劲的辐射力，因此是理想的选址。

的确是这样的，国民党上海执行部刚成立不久，就被北洋政府的密探监视起来了。1924年6月，北洋政府的女密探刘汉超调查了国民党上海执行部后，向北洋政府进行了汇报："巡帅钧鉴：敬呈者，汉超复察民党自改组与共产派联合以来，随在上海法界环龙路设立秘密执行总部，推举胡汉民、谢持、戴季陶为南部执行主任，张继、陈独秀、王亚樵为北部执行主任。……总执行六部之外，而各省复密设分部……各委员专注重宣传主义，所有印刷发行均由明智书局办理，联络各处均军、学、农、工无知好乱之徒，尤注意勾结军官毕业之学员，已赴粤派事者百有余人，与学校青年，铁路工厂之工人，农会工会之领袖……兹先将其所察总分部之概略，呈请鉴核，以备采择焉。"② 尽管如此，毕竟是在租界内，北洋政府尚不敢轻举妄动，所以选址上海的策略是正确的。

1924年1月，国民党中央决定在上海法租界环龙路44号（南昌路180号）设置国民党上海执行部，作为国民党最高执行机构，全称为中国国民党临时中央执行委员会上海执行部。2月25日，国民党上海执行部第一次执行委员会会议召开，正式宣布国民党上海执行部成立。3月1日，正式办公。该执行部管辖的范围为江苏、浙江、安徽、江西、上海。会议通过胡汉民、叶楚伧、汪精卫为执行部常务委员；邵元冲任文书科主任，由于邵元冲未到任，暂由毛泽东代理，但邵元冲始终未到任，后改由毛泽东担任文书科主任，叶纫芳担任书记干事；胡汉民任组织部长，毛泽东任秘书，于1924年底辞职；汪精卫任宣传部长，恽代英任秘书；于右任任工人农民部部长，邵力子任秘书；叶楚伧任青年妇女部长，何世桢任秘书；茅祖权任调查部长，孙镜任秘书。在国民党上海执行部任职的共产党员，除毛泽东、恽代英外，还有罗章龙、施存统、沈泽民、邓中夏、向警予等。

国民党上海执行部的工作有这样几项：开展组织建设，为纪律涣散的国民

---

① 中共中央党史研究室. 陈独秀、李大钊、蔡和森、谭平山和毛泽东同志致孙中山的信［M］//中国共产党第三次全国代表大会档案文献选编. 北京：中共党史出版社，2014：66-67.
② 中国第二历史档案馆. 刘汉超关于国民党联共改组后在沪秘密执行总部及各省分部组织活动情报［M］//中华民国史档案资料汇编：第四辑. 江苏：江苏古籍出版社，1994：249.

党组织进行重新改组；推进平民教育，创办学校，提高民众文化水平，宣传革命理想，提高革命觉悟；负责黄埔军校在沪招生，办自己的军官学校，这是有鉴于孙中山通过吸取依靠旧军阀进行革命而屡遭失败得出的惨痛教训做出的决定；借助上海有利形势，创办进步刊物，扩大宣传阵地；支持工人与农民运动、引导青年工作以及领导妇女运动。①

值得注意的是，国民党上海执行部设立的六个部门中，包含了为农民服务的部门，于右任任工人农民部部长，邵力子任秘书。工人农民部主要以工人和农民为工作对象，鼓励工人农民入党，贯彻"扶助工农"政策精神，创办工人夜校，向工人宣传反帝反封建主张，提高工人的革命觉悟。毕竟是在上海，这个部门组织的工人运动更多一些，比如"五卅"惨案发生后，国民党上海执行部两次以中国国民党的名义发表宣言，全力支持工人运动，强烈谴责英国巡捕枪杀爱国学生和工人的暴行，在"五卅"运动中发挥了非常积极的作用。国民党上海执行部的工人农民部，由于受地理环境影响，组织的农民运动相对少一些，但这毕竟是国民党在广州成立的"农民部"的分身。

国民党正式成立农民部是在1924年国民党"一大"时，1月31日，孙中山主持的第一届中央执行委员会第一次会议，决定中央设立一处八部，农民部即为其一。农民部的工作是，详细调查农民状况以及各省田地面积及其分配方法并制定调查表；调查农民组织的目的及形式；确立各省通行的税法；制订农民运动计划；出版关于农民状况的小册子及传单；计划召集农民会议并设立国民党特有的土地政纲；与宣传部联合出版农民报；在农民报出版以前，至少每两星期将调查结果及农民现状报告于宣传部。②

其实，孙中山本人也比较关注农民问题。1924年7月28日，在国民党农民党员联欢会上，他发表演说，指出农民"占全国人口百分之八九十"，鼓励农民要"先有觉悟，自己知道自己的地位是重要的"，并号召农民"从今日起结成团体，挑选各家的壮丁来练农团军"，他还提出要武装农民，"你们有了枪，练成了很好的农团军，便是中国第一等的主人翁，能讲很有力的话"。"农民同政府合作之后，便可以实行民生主义，为大众谋幸福。"③ 当时，他还激动地对宋庆

---

① 中共上海市委党史研究室. 环龙群英会：国民党上海执行部研究 [M]. 上海：上海人民出版社，2017：11.
② 罗绮园. 本部一年来工作报告概要 [J]. 中国农民，1926（2）：37-92.
③ 广州民国日报，1924年8月1日—5日.

龄说，"这是革命成功的起点"①。

可以说，国民党比共产党更早地意识到农民的问题，这正合毛泽东之意。尽管他当时并不在农民部任职。但很明显的是，国民党对农民的认识，对毛泽东来说是一种极大的鼓舞。张国焘回忆说，1924年夏天的时候，"（毛泽东）一切工作都打着国民党的招牌"。特里尔分析说："中共还从没有这样做过。这是毛泽东热心于统一战线的又一个理由。"② 毛泽东在第一次国共合作时的确表现了很高的积极性，当然积极性的来源有很多方面，但专门服务农民的农民部的存在，对于毛泽东来说不能不说是一个重要的具有鼓舞性的因素。

二、农民问题不被党内重视

在中共四大前，农民问题始终没有被引起重视，发现并热衷于农民问题的毛泽东因此深深地感到失落。而实际情况是，工人运动屡遭失败，简单复制苏联革命的经验，并不能解决中国的实际问题。1922年9月，毛泽东组织的岳州工人罢工，遭到了北洋军阀的残酷镇压。1923年2月，粤汉铁路工人运动被镇压，湖南省省长宣布工会为非法组织，工人损失惨重。4月，毛泽东离开长沙，湖南的无产阶级革命陷入了低潮。

虽然形势非常严峻，但党内似乎并未对此引起重视，知识分子缺乏实践经验，而无产阶级又对马克思主义一无所知。当时的陈独秀坚持所谓正统的马克思主义，即使再艰难，也要沿着城市道路往下走，完全不认同农村道路的可行性。与此同时，李立三和刘少奇等旅欧领导人也坚持欧洲的经验，对中国以农民为主体的实际情况多有所忽视。然而一个不争的事实是，"中国的无产阶级远远不足中国人口的1%。中共还主要是个知识分子的圈子。许多工会积极分子，还不知道马克思主义这个词是什么意思。"③

1923年6月12—20日，中共第三次全国代表大会在广州召开，会议主要讨论的是国共合作的问题。但毛泽东却"不合时宜"地阔论当时所有人都不重视的问题——农民问题。其实，陈独秀在《中共第三次全国代表大会上的报告》里也提到了农民运动，报告说"宣传工作进行的不够紧张，我们很少注意农民

---

① 尚明轩.宋庆龄年谱长编（上）[M].北京：社会科学文献出版社，2009：137.
② [美]罗斯·特里尔.毛泽东传[M].刘路新，高庆国，等译.北京：中国人民大学出版社，2013：82.
③ [美]罗斯·特里尔.毛泽东传[M].刘路新，高庆国，等译.北京：中国人民大学出版社，2013：73-74.

运动和青年运动,也没有在士兵中做工作。"① 但仅仅是提到,并没有将农民问题作为一个独立的、关键的要素来认识。事实上,1926年的中共四大也有提到农民问题,但中共四大的会议公报中,每次提到的"农民"都是和"工人"相连起来的,农民问题始终没有被认为是一个独立的、根本的问题。

毛泽东后来回忆当时的情况时,仍感到愤愤不平,他说:"我那时(1923年期间)文章写得越来越多,在共产党内,我特别负责农民工作。根据我的研究和我组织湖南农民的经验,我写了两本小册子,一本是《中国社会各阶级的分析》,另一本是《赵恒惕的阶级基础和我们当前的任务》。陈独秀反对第一本小册子里表示的意见,这本小册子主张在共产党领导下实行激进的土地政策和大力组织农民。陈独秀拒绝在党中央机关报刊上发表它。"②

1927年春天,湖北、江西、福建、湖南等地的农民运动已空前高涨,且遭到了当地军阀的残酷镇压。然而"他们把农会称作痞子会,认为农会的行动和要求都过火了。陈独秀把我调出了湖南,认为那里发生的一些情况是我造成的,激烈地反对我的意见"。尽管那个时候蒋介石早已发动了反革命政变,城市道路明显难以走通,但是中共的领导对农民运动的政策仍始终未予重视。对于毛泽东提出的,诸如把农民运动组织起来,把农民武装起来,"陈独秀强烈反对。他不懂得农民在革命中的地位,大大低估了当时农民可能发挥的作用","我要求迅速加强农民斗争的主张,甚至没有加以讨论","大会给地主下了个定义,说'有500亩以上土地的农民'为地主,就没有再讨论土地问题。以这个定义为基础来开展阶级斗争,是完全不够和不切实际的,他根本没有考虑到中国农村经济的特殊性"③。

毛泽东对农民问题的认识是独具慧眼的,他的坚持对于中国共产党后来成为革命的中流砥柱,是有绝对意义的。即使张国焘也并不否认这一点,他回忆说:"毛泽东的发言是强调农民革命的重要性,指出中共不应只看见局处广州一隅的国民党,而应重视全国广大的农民。"在会议(中共三大)讨论的问题中,"只有农民运动,是一个新提出来的问题。在中共的历次讨论中,直到第三次代

---

① 李忠杰,段东升.中国共产党第三次全国代表大会档案文献选编[M].北京:中共党史出版社,2014:12.

② [美]爱德加·斯诺.红星照耀中国[M].董乐山,译.北京:作家出版社,2008:109.

③ [美]爱德加·斯诺.红星照耀中国[M].董乐山,译.北京:作家出版社,2008:110.

表大会，代表才注重这个问题，尤以毛泽东为然。""（毛泽东）向大会指出，湖南工人数量很少，国民党员和共产党员更少，可是满山遍野都是农民，因而他得出结论，任何革命，农民问题都是最重要的。他还证以中国历代的造反和革命，每次都是以农民暴动为主力。中国国民党在广东有基础，无非是有些农民组成的军队，如果中共也注重农民运动，把农民发动起来，也不难形成像广东这类的局面。这种看法，是毛泽东这个农家子对于中共极大的贡献。"[1]

但其实毛泽东对农民问题的关注也是有一个过程的。按照马克思主义基本理论，工人运动是促成社会变革的根本核心，因此共产党首先关注的自然是工人运动。然而20世纪20年代的时候，中国大量的知识分子已经注意到了乡村建设的重要性，比如陶行知、黄炎培、梁漱溟、晏阳初等学者都身体力行地提倡乡村教育。1923年恽代英写信给毛泽东，和他交流关于效仿陶行知乡村建设的做法，但那个时候毛泽东并没有放在心上。1938年3月21日毛泽东在延安"抗大"的一次演讲中说道："15年前，恽代英主张去做平民教育工作，我没有去。"[2] 毕竟，恽代英讲的是乡村建设，还不是农民革命，他们在关于农民问题上，关注的角度不甚相同。

共产党内较早注重农民问题的是彭湃，他1922年9月在广东陆丰成立了第一个农会，也是严格意义上的农民运动，并且收效颇丰。但陆丰当时属于陈炯明的地盘，所以消息传出的范围比较有限。1924年1月国民党"一大"成立了农民部，4月，彭湃接替前任任农民部秘书；5月，国民党上海执行部设立工人农民部。国民党的农民部可以说是当时正式的服务农民运动的组织，这不能不激发毛泽东在国民党内工作极大的积极性。中共4月在上海开会时，张国焘提到毛泽东，便会说，他"忙着在做国民党的工作"[3]；而李立三则极具攻击性地说毛泽东是"胡汉民的秘书"。可以说，中共党内没有人能理解毛泽东对农民问题的积极性。

三、国民党上海执行部里的希望与失望

国民党上海执行部带给毛泽东的主要有两个方面的认识：正的方面，国民党上海执行部延续了国民党设立的农民部建制，为毛泽东一系列关于农民问题的想法提供了实践的平台；负的方面，国民党上海执行部的官僚主义作风与科

---

[1] 张国焘. 我的回忆：第1册[M]. 北京：东方出版社，1998：294.
[2] 金冲及. 毛泽东传（1893—1949）[M]. 北京：中央文献出版社，1996：107.
[3] 张国焘. 我的回忆：第1册[M]. 北京：东方出版社，1998：327.

层体制，充分暴露了国民党难以担负起全国性的彻底的革命任务。

马克思主义革命是有多种实现方法的，俄国革命只是一种适合俄国的方法，不能简单照搬，毛泽东很早就意识到这一点了。1921年12月，毛泽东说："我看俄国式的革命，是无可如何的山穷水尽诸路皆走不通了的一个变计，并不是有更好的方法弃而不采，单要采这个恐怖的方法。"① 其实早期共产党人如陈独秀等也都意识到这点，他们也认为中国革命要按照中国的实际情况进行，但只有毛泽东意识到中国的实际情况就是农民问题。

1923年广州的中共第三次代表大会期间，毛泽东正式从政治上推出农民问题，他把农民作为革命的一部分的可能性明确地提了出来。大会通过了由毛泽东和谭平山起草的《农民问题决议案》，文中这样写道："我党第三次大会决议认为，有结合小农佃户及雇工以反抗牵制中国的帝国主义者，打倒军阀及贪官污吏，反抗地痞劣绅，以保护农民之利益而促进国民革命运动之必要。"② 但中共三大只是对农民问题有所提及，并没有真正花精力去关注。

之后，中共开始出现零星的觉悟。1923年7月，陈独秀在《前锋》第一期发表《中国农民问题》一文；1924年1月5日，邓中夏发表《中国农民状况及我们运动的方针》一文，介绍了广东海丰和湖南衡山白果两处农民运动的情况，"由上述两桩事实看来，我们可以征测中国农民的觉悟是到了要农会的程度，能力是到了敢于反抗压迫阶级的时候，这种壮烈的举动，比较香港海员和京汉路工人的罢工，并无逊色，真是中国革命前途可乐观的现象呵。"邓中夏也赞扬了陈独秀《中国农民问题》一文，称其"对于中国农民状况分析得很细致"③。

1924年，由于国民党上海执行部内斗严重，毛泽东被迫回到湖南"养病"。后来证实，这是一次他深入认识农民问题的重要契机。"养病"期间，他的小学同学钟志申给他讲了当地农民抗缴"烟灶捐"、赶走恶霸成胥生的斗争故事，他听后非常激动。他后来对斯诺说："以前我没有充分认识到农民中间的阶级斗争的程度"，这次到韶山才体会到，"湖南农民变得非常富有战斗性"，于是他"发动了一个把农村组织起来的运动"，"在几个月之内，我们就组织了20多个农会"，毛泽

---

① 毛泽东.给萧旭东蔡林彬并在法诸会友信[M]//中国革命博物馆.新民学会通信.北京：人民出版社，1980：148-149.

② 李忠杰，段东升.中国共产党第三次全国代表大会档案文献选编[M].北京：中共党史出版社，2014：12.

③ 邓中夏.中国农民状况及我们运动的方针[N].中国青年，1924-01-05.

东自豪地说,"在湖南期间,我组织了该省伟大的农民运动的核心"①。

1924年7月,广州成立了第一个农民运动讲习所。8月,毛泽东被安排在了农民运动讲习所里给第一期学生进行授课。这次经历进一步加深了毛泽东对农民群体这个概念的认识。当然,毛泽东的这一认识仍然没有得到中共方面的深切认同。

直到1926年7月,虽然中共也成立了农民部,但其实仍然没有把农民问题作为重心。9月1日,毛泽东为此又专门发表了《国民革命和农民运动》一文,开篇强调了农民问题的重要性,文中说:"农民问题乃国民革命的中心问题,农民不起来参加并拥护国民革命,国民革命不会成功;农民运动不赶速地做起来,农民问题不会解决;农民问题不在现在的革命运动中得到相当的解决,农民不会拥护这个革命。""若无农民从乡村中奋起打倒宗法封建的地主阶级之特权,则军阀与帝国主义势力总不会根本倒塌。"② 至1927年,虽然中共党内对农民问题仍然采取的是冷淡态度,但农民运动的发展,在客观上的确形成了燎原之势。"湖北、江西、福建,特别是湖南的农民运动已经有了一种惊人的战斗精神。"③

理解了毛泽东对农民问题的深刻认识,以及当时中共领导层与之形成的巨大反差,我们就能切身地体会到,为何毛泽东在国民党上海执行部里的工作热情极为高涨。

因为,国民党上海执行部为毛泽东的认识提供了可以实践的重要平台,成为毛泽东在当时情况下唯一能够施展拳脚的地方。"毛泽东的目标很单一,就是在他的共产党同事不能提供任何更好的帮助的情况下,利用国民党的便利条件,组织农民运动。"④

尽管充满热情,但国民党上海执行部里烦琐的、科层体制的行政制度,宏观上还是对革命起了阻碍作用,更何况还有更严重的官僚主义作风。这是令毛泽东在奋力工作之余,不得不感到失望的地方。

1924年,"回到上海以后,情况不大好。好像毛泽东在广州和彭湃一起度过

---

① [美] 爱德加·斯诺. 红星照耀中国 [M]. 董乐山, 译. 北京: 作家出版社, 2008: 108-109.

② 毛泽东. 国民革命和农民运动 [M] //毛泽东文集: 第1卷. 北京: 人民出版社, 1993: 37.

③ [美] 爱德加·斯诺. 红星照耀中国 [M]. 董乐山, 译. 北京: 作家出版社, 2008: 110.

④ [英] 迪克·威尔逊. 毛泽东传 [M] //中共中央文献研究室. 国外研究毛泽东思想资料选编. 编辑组, 译. 北京: 国际文化出版公司, 2011: 78.

的那些日子，暴露出他在上海机关的那几个月工作中的问题"①。毛泽东不是一个按部就班的人，所谓"上海机关的那几个月工作中的问题"就是行政化、官僚化的问题。事实上，毛泽东经常擅离职守，国民党上海执行部的运作时间总共不到两年，但毛泽东在岗做具体行政工作的时间则更短暂。

更重要的是官僚化的问题，国民党上海执行部官僚化作风非常严重的一个实例，是烈士张隐韬在日记中记载的关于报考黄埔军校的一个过程。1923年3月，张隐韬曾去国民党上海执行部报考军官学校，遇到办事人员孙铁人，他态度懈怠，工作百般拖延，引起张隐韬极大的愤慨。他在日记中写道："民党虽经一次改组，但内中之官僚式的无革命精神的人，尚是多得很。我们为考军官学校，不远千里而来此，经济上早就用尽，感无穷之贫困。惟望国民党上海执行部早日考试，领川资去粤。负责人一味拖延，终不能有名了之表示。虽经我们直接或间接地严重交涉，亦不能得其要领。今日我们复问其考试日期，彼均答以星期六（二十二日）。下午，则又闻改为星期日。晚间，复闻改为下礼拜二。一日三变，终无确实日期，我们已到沪十许天，生活几乎不能再往下维持，每餐仅用铜元十余枚。这种生活状况，他们国民党上海执行部的这些该死的东西哪能得知。凡抱革命精神的人，也有做事这样摆架子的？无怪中山先生之奔波困苦，垂三十年之久而不能成功，此诚其根本之一大原因也。故我以为民党之改组，须从根本淘汰。把这些旧习不改的东西——如孙铁人等，都革去才是。"②

国民党的官僚主义作风，在张国焘的回忆录里也有过一个侧面的体现。"国民党北京执行部很快地成立了。办事处气象的堂皇远非中共的机构可比。"③这笔记载是无心的，因为后续也没有更多的描述，虽说是国民党北京执行部，但作为与其同源的国民党上海执行部必然也难以完全避免这类官僚主义习气。因此，这可以说从侧面反映了国民党集团迅速地官僚化，最终脱离革命、脱离群众，是显而易见的。

因为官僚主义盛行，最终导致脱离群众，这是阶级立场的分化，也就是毛泽东与国民党渐行渐远的一个重要的原因。关于这一点，特里尔分析得比较准确，他说："国民党在很大程度上是一支军队而非政党，这支军队的核心是家里拥有土

---

① ［美］罗斯·特里尔. 毛泽东传［M］. 刘路新，高庆国，等译. 北京：中国人民大学出版社，2013：81.
② 王金凤，周秀珍，王炳仲. 张隐韬烈士日记连载三［J］. 历史档案，1989（1）：70-73.
③ 张国焘. 我的回忆：第1册［M］. 北京：东方出版社，1998：324.

地的军官。国民党怎么可能领导毛泽东在湖南接触和领导的那种农民运动呢?"①

总的来说,国民党上海执行部为较早认识到农民问题重要性的毛泽东提供了难能可贵的实践平台与精神动力,但其不彻底的革命性又让它难以避免行政化、官僚化的习气,从而决定了这一建制难以持续。

第四节　大同幼稚园:共克时艰的父子

1930年2月,陈赓和王弼来到上海的爱文义路(今北京西路)圣彼得堂,找到在该堂担任牧师的董健吾。他们委托董牧师创办一所幼稚园,专门收养革命烈士和党的领导人留在上海的子女,这就是大同幼稚园。1931年初,毛岸英三兄弟住进了大同幼稚园,度过了一年左右安静的岁月。此后,由于形势危急,三兄弟不得不跟随董家颠沛流离,直到1936年6月,在董健吾的积极联络下,平安到了莫斯科。然而这艰苦的5年,也是身处前线的毛泽东最为艰难的5年,他经历了两次反"围剿",加之党内政治地位急剧下降,又不得不忍受疾病的折磨。父子两地,在艰苦的岁月里,各自自顾不暇。不得不让人感叹,革命与家庭,从来难两全。

图1-3　南昌路上的大同幼稚园旧址

(周赟　摄)

---

① [美]罗斯·特里尔. 毛泽东传[M]. 刘路新,高庆国,等译. 北京:中国人民大学出版社,2013:88.

一、大同幼稚园的历史

1930年2月，为了完成陈赓、王弼交代的任务，董健吾牧师一面通过募捐，一面卖掉了青浦老家的全部田产，筹得大洋500多块，租了戈登路（今江宁路）与武定路拐角处两幢石库门房子（旧址已不复存在），作为幼稚园活动场所。一种说法是，董健吾通过关系，邀请了国民党元老于右任题写了匾额"大同幼稚园"；另一种说法是，董健吾特意邀请宋庆龄为大同幼稚园题写的匾额①。大同幼稚园在公开的名义上，由基督教"互济会"赞助，以避人耳目。

图1-4 大同幼稚园武定路旧址

（引自《神秘的红色牧师董健吾》，北京出版社，2001年版，图片页）

1930年3月，大同幼稚园正式开办，工作人员除了部分教友外，多数都由转入地下的共产党有关的人员担任，其中有李立三的前妻李崇善（化名李文

---

① 卞权，张建平. 董健吾生平述略［J］. 上海师范大学学报，1987（2）：35-39.

英)、李求实的妻子陈凤仙、董健吾的妻子郑兰芳、朱剑凡的儿媳妇陶锡琪,皆担任保育员工作;行政事务由谭筱影、姚亚夫等共产党派来的人担任。

然而,江宁路的房子有两个缺点:一个是场地特别狭小,孩子们不得不终日待在屋子里,这对孩子们的身心健康不利;另一个缺点更为严重,就是园址距离戈登路巡捕房特别近,潜在的安全隐患特别强烈。① 在毛泽民的提议下董健吾牧师于1931年3月—4月间,将大同幼稚园搬到了南昌路48号(陶尔斐斯路56号)② 的一幢两层楼小洋房里。这里毗邻复兴公园(法国公园),占地面积367平方米,环境幽静,场地开阔,是不错的选择。

我们推测,南昌路的这处选址,有可能得到了国民党左派的帮助。1927年11月27日,时任南京国民政府大学院院长的蔡元培在上海创办了中国第一所现代专业高等音乐学校——国立音乐院,当时就选址在这里。但是,在1928年8月,国立音乐院又迁址汾阳路(毕勋路83号),改组为国立上海音乐专科学校,简称"上海国立音专"。虽然学校迁走了,但此处房产仍属于国民政府所有,而且能得到蔡元培的调用。凭借着这样一层与国民党左派的关系,董健吾得以将大同幼稚园迁入,孩子们则因此获得了较为舒适、安全的环境。

1932年,经历了整整2年,大同幼稚园还是被迫解散了,主要有三方面的原因:其一,顾顺章叛变,上海党组织告急。1931年4月,中央负责政治保卫工作的政治局候补委员顾顺章在汉口被捕,随后叛变,上海地下党组织因此遭到了严重的破坏。大同幼稚园因于右任题匾而艰难地维持了一段时间,但由于与地下党组织有千丝万缕的联系,故难以长期坚持。其二,保育员无故失踪,暴露风险陡增。1932年3月,大同幼稚园的保育员桂荷英外出办事后失踪,多方查找未果,使得大同幼稚园的性质存在极高的被暴露的风险。其三,董健吾

---

① 王光远.红色牧师董健吾 [M].北京:中央文献出版社,2000:78.
② 一般来说,讲到大同幼稚园,所有正式出版物都一致认为,其原址是"陶尔斐斯路341号",其实这个号码是有问题的。其一,陶尔斐斯路仅仅是今天的雁荡路至重庆南路之间150米长的一段路,341号这个数字难以置信;其二,中国农工民主党驻沪秘密办事处旧址,位于今南昌路56号,即陶尔斐斯路68号(《初心之地》,上海人民出版社2020年版,第279页),大同幼稚园今天的门牌号是南昌路48号,两地今天仅相差8个号,何以在陶尔斐斯路时期相差160个左右的号;其三,南昌路从东到西的门牌号应是变大的,但大同幼稚园到农工民主党办事处在陶尔斐斯路时期的号码却是变小了,而且在十米之内,从341号到68号急剧变小;其四,南昌路或陶尔斐斯路北面的门牌号一直是偶数,独大同幼稚园的门牌号是单数,因此"341号"也不容置信。经考证,"大同幼稚园"旧址的准确门牌号应为"陶尔斐斯路56号"。详细考证请参见拙文《大同幼稚园陶尔斐斯路旧址门牌号辨证》。

身份特殊，无法出面应付时局。桂荷英失踪后不久，董健吾收到一封恐吓信，警告他不得收留来历不明的孩子，否则以"共党"论处。接着，租界当局又屡次派巡捕房的人前来盘查大同幼稚园的资金来源、职员履历与父母情况，由于董健吾常年在顾顺章手下工作而无法公开露面应对，越发引起当局猜疑。面对如此严峻的形势，党组织决定，立刻解散大同幼稚园。

1938年，私立务本小学迁入该址；1945年抗战胜利，改为"第六区国民小学"，后又改名"第六区中心国民小学"；1949年后改为"雁荡路幼儿园"，1956年改为"卢湾区中心小学"，后又改为"卢湾区第二中心小学"，1957年迁出；20世纪80年代前期为"雁荡路第二小学"；1987年改为"卢湾区大同幼儿园"，新园名由原全国妇联主席康克清题写。

大同幼稚园作为南昌路上的重要革命旧址，始终与董健吾这个名字紧密相连。董健吾是中共历史上的传奇性人物。基督教背景出身，在郑州向冯玉祥布道时结识了共产党员刘伯坚。1927年，中国的白色恐怖最为严峻的时期，经刘伯坚与浦化人共同介绍，他毅然加入了党组织。此后，为中国革命做出了卓越的贡献。

董健吾（1891—1970年），青浦董家第四代基督教徒，1914年考入上海圣约翰大学，与浦化人、宋子文、顾维钧等均是同学。董健吾是一个怎样的人，可以通过斯诺在1936年遇见他时的回忆得到一些印象，"我在旅馆里住下来后过了几天，有一个身材高大、胖得有点圆滚滚的，但是体格结实、仪表堂堂的中国人，身穿一件灰色绸大褂，穿过打开着的房门进来，用一口漂亮的英语向我打招呼。""在这以后的那个星期里，我发现即使仅仅为了王（化名'王牧师'）一个人，也值得我到西安府一行。我每天花四五个小时听他聊天，回忆往事，还听他对政局做比较严肃的解释。"[①] 可以知道，董健吾这个人既有很高的学养，又健谈，而且具有独立人格，对时局有自己的看法。无怪乎当时的圣约翰大学校长美国人卜舫济非常赏识董健吾，并着重培养他，毕业后又推荐他去神学院进修，希望回来后接他的班。但在1925年"五卅惨案"期间，卜舫济反对学生罢课及参与政治，并且撤除了校内悼念惨案死难烈士的灵堂，并宣布提前放假。董健吾一怒之下，带头把圣约翰大学的美国国旗扯了下来，换成了中国国旗，这件事造成了卜舫济与董健吾的决裂。离开圣约翰大学后，董健吾

---

① [美] 爱德加·斯诺. 红星照耀中国 [M]. 董乐山, 译. 北京：作家出版社，2008：13-14.

便去了上海圣彼得教堂（在今北京西路）担任牧师。其间，他在同学浦化人的鼓动下，前去郑州向基督将军冯玉祥进行布道。因为才华出众，精通英语、拉丁语的董健吾得到了冯玉祥的赏识。正是此行，彻底重塑了董健吾的人生轨迹。在冯玉祥处，董健吾结识了为冯玉祥担任政治部主任的共产党员刘伯坚，他和浦化人一道，后来成为董健吾的入党介绍人。1927年中，整个中国笼罩在"四·一二"政变后的白色恐怖之中，但尽管如此，董健吾毫不恐惧，毅然坚定地要求入党，终如愿以偿。

入党之后的董健吾为中国共产党的革命做出了一系列非凡的贡献，除了创办大同幼稚园之外，还他完成了两件特别重要的大事。其一，成为国共合作破裂后，沟通国共联系的第一人；其二，成功护送美国记者斯诺进入红区，是向世界传递中国共产党真实情况的护航者。

大同幼稚园的历史虽然很短暂，但意义却很重大，是中国共产党在前线的革命者的重要后勤部门。而大同幼稚园的意义又不仅仅在此，因为它保护了毛泽东的儿子们，为此，董健吾的一家人都付出了艰辛的代价。作为核心人物的革命家，毛泽东没有办法保全好自己的亲人，甚至他的孩子们也过着颠沛流离的令人心酸的生活，这是革命的代价，也是革命者之所以伟大的地方。大同幼稚园帮助毛泽东保全了他的孩子们，见证了毛泽东为革命而付出的血与泪。因此，大同幼稚园必然要成为南昌路上得以连接起毛泽东革命印记的重要历史线索。

二、大同幼稚园生活的前后

大同幼稚园庇佑了许多中共地下党员的子女，其中最为重要的，自然就是毛泽东的三个儿子。他们跟随幼稚园迁徙，又跟随董健吾一家颠沛流离，日常生活异常艰难。

1930年末，杨开慧英勇就义后，毛岸英和保姆陈玉英被关入监狱。18天后，毛岸英两人在保释后出狱，为防再遭敌人的毒手，毛泽民打算秘密联系板仓的杨老夫人（向振熙），把毛泽东的三个儿子送到上海。几经周转，1931年1月，60多岁的杨老夫人收到了毛泽民的信，旋即决定，不顾艰难险阻也要把岸英、岸青、岸龙三个孩子送去上海。当年春节前他们便启程了，随行护送的还有岸英三兄弟的舅妈李崇德。3月到达上海，在辣斐德路（今复兴中路）的天生祥酒店碰头，三兄弟随即被安排在了大同幼稚园（戈登路）。此时的岸英兄弟三个，岸英九岁（1922年10月出生），岸青八岁（1923年11月出生），岸龙不到四岁（1927年4月出生），过起了远离家乡和亲人的生活，没有人知道他们是谁的孩子。

岸英兄弟入园后不久，1931年4月的一天，大同幼稚园的保育员们带着19个孩子到复兴公园（法国公园）游玩，当时拍了一张合影。就是这张照片，成为迄今为止能见到毛岸龙的唯一一张照片。因为就在这之后不久，年幼的岸龙遭遇了重大变故。

根据一般的说法，1932年大同幼稚园被迫停办后，为了保护三兄弟，董健吾在短短两年间，先后搬了三次家，而最小的岸龙在颠沛流离中失去了下落①，岸英、岸青则被匆忙地安置在了董健吾前妻黄慧英的家里。岸龙失踪的说法，其实来源于当时同样年幼的岸青的模糊印象。1982年第4期《党史研究》李静峰的文章对毛岸龙失踪之谜进行了辨证，认为毛岸龙在1931年5月底或6月初已经病故②，刘益涛认为应该是在6月末7月初③。那天晚上，毛岸龙突发高烧，并伴随着上吐下泻，一个小时泻了四五次，病情异常凶险。保育员主任陈凤仙（又名秦怡君，李求实的妻子）即刻将他送入广慈医院（今瑞金医院），经诊断，为噤口痢（紧口痢），一种相当危险的传染病，由于年龄太小，抵抗力太差，当天晚上便在医院去世了。第二天，姚亚夫买了口棺材，将毛岸龙进行了收殓。以上说法，既来源于亲历者陈凤仙后来的回忆，又有广慈医院原始档案记录作为根据，应该是事实无疑的。

1932年3月，大同幼稚园被迫解散后，岸英兄弟颠沛流离的生活就开始了。他们最早搬到当时地下党在霞飞路的联络点松柏斋古玩店（今淮海中路139号）楼上，与董健吾、郑兰芳及郑兰芳的母亲住在一起。但这个地方与嵩山路的法国巡捕房很近，很不安全。1932年8月下旬，董健吾又将岸英兄弟送到凤阳路修德里12号董健吾的前妻黄慧光处，与其子女董载元、董寿琪、董惠芬、董惠芳一起生活。其中，董寿琪与岸英兄弟的关系最好。由于岸英兄弟两人湖南口

---

① 竞鸿，吴华．毛泽东生平实录［M］．长春：吉林人民出版社，1998：115.
② 逄先知．毛泽东年谱（1893—1949）（上）［M］．北京：中央文献出版社，1993：192.
③ 刘益涛《毛岸英、毛岸青、毛岸龙落难上海前后》（《党的文献》，1994年3月）一文与《神秘的红色牧师董健吾》（北京出版社2001年版）一书均认为，岸龙病故的时间应该为6月底7月初。因为有当事人回忆，"上海的天气已经炎热起来"，又根据钱希钧回忆，她在端午节前后（1931年的端午节是阳历6月20日）曾看望过毛岸英三兄弟（见钱希钧《从岳麓山下到西北边陲》，载《革命回忆录》12卷，人民出版社，1986年版，第108页），所以判断岸龙病故不应早于6月20日以前。

音很重，为安全起见，不能外出上学，就由董健吾的儿女们当小老师负责教他们。就这样，岸英兄弟两人和董健吾一家生活了四年，培养了深厚的感情。当时，董家人并不知道岸英兄弟的身份，董健吾只说这是他朋友的孩子，叫杨永福与杨永寿。在修德里住了一年多后，为安全起见，又不得已搬到成都路三多里1号楼上（今成都北路532弄3号）。在三多里又住了不到一年，岸英兄弟又随黄慧光一家搬到牯岭路斯盛里（今牯岭路51弄10号）大约住了两年。

这两年间，他们的日子并不好过。黄慧光有4个孩子，加上岸英兄弟，家里就有7口人，家庭开支非常紧张，全家仅靠黄慧光的长子董载元一个人打工所赚的微薄工资来养活。董健吾因为转入地下，也无力为他们提供经济支持，时间久了，捉襟见肘、入不敷出的生活成了家常便饭。迫不得已，岸英兄弟两人也必须帮忙扎纸花、干家务活，甚至有时要到上海的街头去讨生活，日子过得异常艰苦。

1949年以后，毛岸英回忆这一段生活时说："我们第一天的流浪生活是这样度过的，这一天，我们在大街小巷捡烟蒂卖钱，搞了一天结果吃不上一餐饭。于是我们住在破庙里。在外面'找生活'。有时捡破烂，有时在白渡桥上帮人推人力车过桥。后来看到许多小朋友卖报纸、卖油条，我们觉得这是谋生的好办法，并去向一个小朋友打听。卖报、卖油条需要本钱，没有钱是不行的。那个小朋友非常同情我们，他要我们一同到他家里去，看他爸爸是否能作保，先买货，后付款。我们去了，他家里也很穷。老人对我们很同情，答应我们的要求，并带我们到卖报、卖油条的老板那里，写了保条，保证我们兄弟二人先取货后付款，如当晚不来付款，便由他负责偿还。我们在贩卖中遇到很多困难。一次，流氓阿飞横蛮地夺取我们的东西，岸青交不上款，挨了老板的打骂。他一边走，一边哭，一边骂：'他们打我们。我们长大了也要打他们。'走到一根电线杆旁，他看到地上有点粉笔，就拾起来。在电线杆上写下：'打倒帝国主义！'这时被一个巡捕发现了，那家伙便用警棍向岸青身上、脸上乱打，这还不算，又从小贩手中抢过铁夹钳，向岸青头上猛击。岸青被打得头破血流，昏倒在地上。后来，我只好和别人扶他到破庙里睡着。这时，有个好心人帮着找了些草药涂上，他才渐渐好转。"① 就这样，他们在董健吾家整整度过了四年多的苦难时光，但至少在白色恐怖的严峻形势下活了下来。

1936年6月，在董健吾的积极筹措下，岸英兄弟终于通过张学良的帮助，

---

① 竞鸿，吴华．毛泽东生平实录［M］．长春：吉林人民出版社，1998：47．

借道巴黎，成功进入了苏联。14岁的毛岸英与13岁的毛岸青随即被安排进入莫斯科市郊莫尼诺尔第二国际儿童院，终于结束了艰苦的童年生活。

当时董健吾也希望将自己的与岸英兄弟同龄的儿子董寿琪一并送去苏联，张学良也答应了，并且也积极筹措了。但不幸的是，董寿琪还是被拦在了法国，苏联方面不同意接收岸英兄弟以外的人入境。于是，董寿琪不得不最终折返回国。可以说，董健吾在保护岸英兄弟的过程中付出的实在太多，却没有得到过任何回报，甚至晚年也是在贫病中死去。然而这就是纯正的共产党人的作风，没有任何怨言，只有革命理想，值得后人永远铭记。

三、遥相呼应的艰难处境

毛泽东是一个不称职的父亲，这是革命的代价。当时，岸英兄弟三人在大同幼稚园以及在董健吾家期间，毛泽东正在前线进行艰苦卓绝的反"围剿"，彼时他正处在自己的生死存亡之间，甚至革命的生死存亡之间，根本无暇顾及家事。

1931年6月底，年幼的毛岸龙被病魔折磨致死的那几天，毛泽东在前线也处于生死的边缘。国民党军原在中央革命根据地周围的部队和新调来的部队，总兵力达23个师又3个旅，共30万人。《毛泽东年谱》记载："蒋介石将这些部队编成左翼和右翼两个集团军，并决定对中央革命根据地的第三次'围剿'采取'长驱直入'的战略，企图先击破红一方面军主力，然后再深入进行'清剿'，捣毁苏区。7月1日，国民党军开始进攻。"8月中旬，"国民党军发现红军主力的行踪后，采取密集的大包围态势逼近红军集中地——君埠以东地区，企图消灭红军主力于此。这时，红一方面军主力又处于被敌军八个师三面包围的不利境地，是三次反'围剿'以来最艰苦的时刻"[①]。

1932年3月，大同幼稚园被迫解散，岸英兄弟两人过起了颠沛流离、到处搬家的生活。而彼时在前线作战的红军也频频受挫，毛泽东的意见也数次遭临时中央否决，屡屡受挫。《毛泽东年谱》记载，"3月1日，中革军委因红军打赣州24天未克而移到前方，并发布《关于坚决夺取赣州乘胜消灭来援敌人的训令》指出，所有参战各军由军委直接指挥。4日，中革军委指挥红军组织爆破

[①] 逢先知. 毛泽东年谱（1893—1949）（上）[M]. 北京：中央文献出版社，1993：349-353.

总攻，未能成功，反被援敌分割，陷于被动。"① 毛泽东不得已，暂停休养，赶赴前线，参加决策。3月中旬，毛泽东出席在赣县江口召开的中共苏区中央局会议，会议讨论攻打赣州的经验教训和红军今后的行动方针。毛泽东提出了自己的意见，但是，"中央局多数人受临时中央的影响，否定了毛泽东的意见，主张红军主力夹赣江而下向北发展。趁机夺取赣江流域的中心城市或较大城市"。5月11日，中共苏区中央局在接到临时中央4月14日致各苏区党部的信和毛泽东对中央指示信的意见后，于该日在汀州开会进行讨论。"会议否定和批评毛泽东的意见，同意和接受临时中央的指示和批评，作出《关于领导和参加反对帝国主义进攻苏联瓜分中国与扩大民族革命战争运动周的决议》。"② 该决议提出："需彻底纠正中央局过去的右倾机会主义错误。右倾机会主义错误是苏区党内的主要危险。""不了解红军积极行动的必要，而对于迅速夺取大城市迟疑，主张向着偏僻区域发展，这简直是苏维埃运动中的机会主义路线。"6月9日，蒋介石在庐山召开湘、鄂、豫、皖、赣五省"剿匪"会议，准备在全国范围内对苏区发动新一轮的"围剿"，计划首先"围剿"鄂豫皖、湘鄂西苏区，然后"围剿"中央苏区。然而6月17日，中共苏区中央局仍作出了《关于争取和完成江西及其邻近省区革命首先胜利的决议》，该决议坚持"夺取赣河流域的南昌、九江、抚州、吉安、赣州、萍乡等中心城市，以实现江西及其邻近省区革命的首先胜利，乃至争取全国的革命胜利"。决议强调"目前苏区党内的主要危险是右倾机会主义错误"，"需集中火力来反对"③。

由于毛泽东坚决反对"攻占大城市"的主张，甚至主张没收财产要谨慎从事，不要与中农为敌；同时，倡导用"工农兵代表会"这样的词汇代替"苏维埃"这类农民难以理解的词汇。"对28个布尔什维克来说，毛泽东善于倾听村民愿意接受的意见，就证明他对马克思主义掌握得不好"，不但"不很通晓马克思和列宁，他的内心世界的确部分地还是《水浒传》的世界"④。随着矛盾的愈发激烈，1932年10月3日—8日的宁都会议上，毛泽东终于被边缘化了，甚至被解除了军权，红一方面军的称号和毛泽东的红一方面军总政治委员的职务均

---

① 逄先知. 毛泽东年谱（1893—1949）（上）[M]. 北京：中央文献出版社，1993：367.
② 逄先知. 毛泽东年谱（1893—1949）（上）[M]. 北京：中央文献出版社，1993：368，375.
③ 逄先知. 毛泽东年谱（1893—1949）（上）[M]. 北京：中央文献出版社，1993：377.
④ [美] 罗斯·特里尔. 毛泽东传[M]. 刘路新，高庆国，等译. 北京：中国人民大学出版社，2013：132-133.

被取消。①

1934年，当岸英兄弟两人在上海的街头栉风沐雨，艰难生活，甚至遭人毒打之时，远在江西的毛泽东也在国民党军的第五次"围剿"下感到束手无策，他的反对者们坚信的阵地战逐渐暴露出重大的纰漏。8月，中共控制的70个县就只剩下6个了，而毛泽东为此则感到无能为力。这年夏天，毛泽东疟疾发作，高烧达41℃，从8月直到9月底，一直卧床不起。当疟疾加重时，又出现了急性肠痉挛，他甚至不能肯定自己是否还能恢复过来。长征结束以后，来自英国的记者冈瑟·斯坦因采访了毛泽东，问及了当时他作为少数派的看法。毛泽东答道："是的，我曾是少数派。这种时候，我所做的唯一的事情是等待。"②

1931年到1936年间，南昌路与瑞金、大同幼稚园与战场、生活的生死边缘与革命的生死边缘、岸英兄弟与父亲毛泽东，都处在人生的最低潮。最令人难受的是，在这段艰苦岁月里，毛泽东甚至都无暇去思考儿子们的安危。再次印证那句话，"革命不是请客吃饭，而是流血牺牲"，所有人都在这场革命中付出了惨重的代价。

总的来说，毛泽东之所以伟大，在于他能把拯救苦难深重的中国看作自己的责任，在于他能把马克思主义同中国实际情况结合起来，在于他为了中国的前途付出了整个家庭的代价，在于他作为一个伟人却如此生动鲜活。因此，南昌路这个地方特殊在哪里？可能不仅仅因为这里酝酿了开天辟地的大事，而事总是要以人为中心的，南昌路正是酝酿了开天辟地的人。

---

① 王健英．中国共产党组织史料汇编——领导机构沿革和成员名录［M］．北京：红旗出版社，1983：97-98.
② ［美］罗斯·特里尔《毛泽东传》［M］．刘路新，高庆国，等译．北京：中国人民大学出版社，2006：146.

第二章

跌宕起伏：冷对陈独秀的南昌路

陈独秀从不妥协，独立而冷峻，一生被捕五次，两次发生在老渔阳里。从欧美价值观转向俄国无产阶级的价值观，发生在老渔阳里；《新青年》于1920年5月1日发行了《劳动节纪念号》，正式竖起无产阶级的大旗，也发生在老渔阳里。建党之后，为从大局出发，他先游离于共产国际后转向接受共产国际领导；又从反对国共合作转向支持国共合作。陈独秀的这些重大转变，只有一个根本出发点，就是为了劳苦大众。他晚年有诗云："莫气薄大地，憔悴苦斯民，豺狼骋郊邑，兼之惩尘频。悠悠道途上，白发污红尘，沧海何辽阔，龙性岂能驯。"生动地诠释了他悲天悯人又铮铮铁骨的性格。幸运的是，渔阳里见证了陈独秀化这一性格为行动的最重要的转型时期。

第一节 渔阳里的日常、危机与精神

渔阳里这个地名和陈独秀这个人名是牢牢地捆绑在一起，难以分割的。他在这里避难过，他在这里生活过，他在这里转型过，他在这里革命过，他还在这里被捕过。一切存在都是被给予的，渔阳里的存在便主要是被陈独秀的价值所赋予的。然而，陈独秀在这里的日子并不好过，他在渔阳里居住的短短两年内，竟然两次被捕；当然，陈独秀到哪里的日子都不会好过，因为他是一名真正的革命家，一个不懂得妥协的"永远的反对派"。

一、历史中的渔阳里

（一）老渔阳里2号的生活

渔阳里有新老之分，新老两处建筑均由比利时、法国合资的义品放款银行投资兴建。义品放款银行于1907年成立，本部设在天津；1910年迁至布鲁塞尔；1912年，在上海设立远东总公司，原来的天津本部改为上海总公司的分公司；同年，它在上海投资兴建了首批里弄住宅，为了纪念该公司曾经在天津的创业史，故命之以天津古地名"渔阳"。1921年，渔阳里的产权归入陈铭德名下，故改名"铭德里"，于是称为南铭德里和北铭德里。1957年，复原整修之后，又恢复了渔阳里的名称。新老渔阳里原来是相通的弄堂，相隔数十米，两个弄堂口分别开在南昌路和霞飞路上。不知何时起，中间建了一堵隔断的墙，后来又拆又建好几次，最终还是被隔断了。

陈独秀祖籍安徽，但是在1903年，他就已经在上海公共租界黄河路125弄（今新马路梅福里）居住过，当时他在上海编辑《国民日日报》，鼓吹排满。同年12月，该刊被迫停刊，他便往返日本与安徽之间，并短暂地在上海活动过一段时间。直到1913年8月，由于遭袁世凯通缉，便再次藏身于上海租界内，不久再赴日本。1915年6月，再次回到上海后，租住在法租界嵩山路吉益里21号，同年9月15日，他创办了著名的《青年杂志》，即《新青年》的前身。1917年，陈独秀出任北京大学文科学长，把编辑部也带去了北京。

1920年1月29日，已被北京当局监视的陈独秀擅自来到上海，当时住进了老渔阳里2号；随后他受胡适委托，悄悄去了武汉发表演讲①；2月中旬又悄悄回到北京，2月19日再次回到上海，便在老渔阳里正式住了下来，随后《新青年》的新编辑部也就一道入驻了。这个时间点很重要，因为后来《新青年》从一份"开眼看世界"的期刊转变为真正的马克思主义的期刊，就是发生在这个时期和这个地方的。陈独秀从一个对"社会主义"囫囵接受的理论家，转变为明确的马克思主义者，或确切地说，是列宁主义者，也是发生在这个时期和这个地方的。1920年8月15日，陈独秀又在这里创办了《劳动界》周刊；11月7日，又创办了《共产党》月刊。从此，陈独秀便成熟稳健地走上了马克思主义道路。

陈独秀在老渔阳里的住所很朴素，包惠僧曾描述那里说，渔阳里2号的楼下堂屋里堆满了《新青年》杂志和新青年社出版的丛书，统厢房前半间有一张假红木的八仙桌，有几把椅子，几张凳子，没有什么红木家具。"楼上的统厢房是陈独秀夫妇的卧室，统楼是陈独秀的书房，书柜书架上都堆满了书，排列在东北二方。靠南的窗下有张写字台，写字台的两边都有椅子，另一方靠壁有张小圆桌，圆桌靠壁的南北各有椅子一张。陈独秀夫妇的卧室在当时的眼光看起

---

① 胡适.胡适口述自传［M］.唐德刚，译.上海：华东师范大学出版社，1993：185.

来算是很漂亮的,有铜床、沙发、梳妆台、写字台。墙壁上还挂了几张精致的字画。"①

1922年9月下旬,陈独秀从老渔阳里2号出发去北京,再赴莫斯科参加共产国际第四次代表大会(11月5日至12月5日召开),此后便再也没有回来居住过了。然而之后一个月的时间内,此处仍然是中国共产党中央执行委员会的议事处,直到同年10月中旬,党中央迁往北京,老渔阳里2号的红色使命才算正式完成。

(二)新渔阳里6号的活动

1920年春,经李大钊介绍,维经斯基夫妇及其翻译杨明斋到上海拜访陈独秀。为了租住房子,找陈独秀商量,恰巧戴季陶从新渔阳里6号搬出,遂租赁了此处。

据许之桢回忆,他们搬入新渔阳里6号时,玻璃窗上还留有戴季陶题写的诗,楼下厨房里有个大灶头,厢房里有一个大菜台子和四条长板凳,厢房亭子间里住了一位烧饭的同志,客堂里放着假红木的大圆台,铺着红色油漆地板。外国语学社成立后,刘少奇、柯庆施就住在楼上厢房里,俞秀松、李启汉住在楼上厢房亭子间里,亭子间里还放着一台油印机。②

和老渔阳里不同,新渔阳里主要用作了党的事业单位。比如外国语学社,就是把楼下厢房与客堂改作了教室,杨明斋任校长,俞秀松任秘书,而学校有没有挂牌,有几种说法是冲突的③;华俄通讯社的办公室,就是楼上杨明斋住的灶披亭间。当时临时中央还成立了一个教育委员会,由李汉俊发起,包惠僧与杨明斋分别任正副职,主要任务是挑选青年团员与外国语学社中的优秀分子到莫斯科东方大学留学。在1921年4月成功赴莫斯科留学的学生,有刘少奇、任弼时、萧劲光、许之桢、傅大庆、罗亦农、彭述之、卜士奇、韩平的、蒋热血等,他们中的不少人后来成了中国革命的中坚力量。1920年8月22日,上海社会主义青年团在新渔阳里6号成立,俞秀松担任书记,李汉俊、陈望道、施

---

① 包惠僧. 回忆老渔阳里二号[M]//中共上海市委党史研究室. 上海党史资料汇编:第一编. 上海:上海书店出版社,2018:18.
② 许之桢. 关于新渔阳里六号的活动情况[M]//上海党史资料汇编:第一编. 上海:上海书店出版社,2018:41.
③ 许之桢在《关于新渔阳里六号的活动情况》中认为外国语学社的牌子就挂在新渔阳里六号门口的墙上,而且用的是魏碑体。李达在《回忆党的早期活动》中也认为挂了招牌,且是白底黑字。包惠僧在《回忆新渔阳里六号》中则认为外国语学社并没有挂牌。

存统、袁振英、金家凤、沈玄庐、叶天底为成员，当时他们的平均年龄是24.5岁；1920年10月3日，上海机器工会发起会在这里召开，参会的有来自上海造船厂、电灯厂、各纱厂等工人代表70余人，陈独秀等6人以参观者身份列席。可以说，近代史上许多重要的无产阶级组织和机构都是在这里孕育而生的。

然而，随着革命的起起落落，渔阳里的革命旧址很快淹没在了历史的洪流里。1949年，包括中共一大会址在内的上海不少重要革命旧址都模糊不清了，需要重新认定，当然也包括老渔阳里。"上海刚解放不久，为了寻找党的诞生地，陈毅等市领导就来到老渔阳里踏访。"据时任区财贸部部长王乾德回忆，当年有个筹办"上海革命历史博物馆"的计划，准备把中共一大会址列为一馆，老渔阳里2号列为二馆，博文女校列为三馆。今天淮海中路上的华亭伊势丹（现在为"淮海年轻力中心"）就是为筹建博物馆腾出的一块空地。① 如今，这一设想也成了一段鲜有人知的历史。

总而言之，中国第一个无产阶级政党、第一个无产阶级团组织、第一个干部学校、第一个无产阶级政党领导的工会等，都肇始于此。所以说，新老渔阳里在中共党史乃至中国近代史上，都具有不可磨灭的价值。

二、渔阳里的危机

（一）在渔阳里的第一次被捕：对共产国际态度的改变

陈独秀一生有五次被捕，其中第三次和第四次被捕，都发生在老渔阳里2号。

1921年10月4日，法租界巡捕房突然光临，将老渔阳里中的五人，即陈独秀、高君曼、包惠僧、柯庆施、杨明斋，一同抓走。据包惠僧回忆："有一天我和周佛海、杨明斋到陈独秀家里，柯庆施也去了。陈独秀正在楼上睡午觉。高君曼让我们陪她打牌。我们刚打了两圈。可能是下午两三点的样子。有人拍前门。当时上海一般习惯是出入后门，我去开门，进来两三个'白相人'，说要见陈独秀。我说他不在家，高君曼也说陈先生不在家。那几个人又说要买《新青年》，我说这里不卖，大自鸣钟下有卖的。这时，陈独秀穿着拖鞋下楼来了，见这情形想从后门出去，到门口一看有人把守，就又回到前庭。我们和那几个人谈话中显得有点紧张，但谁都没有说出陈独秀来。不一会儿来了两部汽车，我

---

① "渔阳里的历史地位实在太重要了"92岁老党员王乾德对上海两幢看似普通的小楼怀有深厚的感情[N].解放日报，2018-04-06（1）.

们五个人被捕了。"① 周佛海原来也在老渔阳里，但是被抓的人之中并无他。这是因为，那天包惠僧来的时候说，他在路上遇见了周佛海的女友杨淑慧，而杨淑慧正准备去南成都路辅德里找周佛海。得此消息，周佛海便前去找杨淑慧，并一同去了法国公园散步，所以才躲过了一劫。晚些时候，等周佛海再回到老渔阳里时，为他开门的竟是一彪形大汉，当周佛海说找陈先生时，大汉说"不在家"，却也没有抓他。② 张国焘那天也碰到了和周佛海一样的事。那天傍晚，张国焘悠闲地去老渔阳里，"以往每到他家，我都从后门出入，不须经过什么通报，就直接走进去。那晚我敲开后门，一个陌生的大汉问我找谁，我立即感到有些异样，就立在门外说：'找陈太太。'那大汉问：'你找她有什么事？'我说：'我来收裁缝工钱。'他打量我一番之后，继续问：'你为什么不会说上海话？'我借用了一个我所知道的裁缝铺，告诉他我的铺子开在什么地方，老板的姓名和招牌名称。因为老板是湖南人，我也是湖南人，还未学好上海话。那大汉认为我真是裁缝，说陈太太不在家，就把门关上了。我判断陈先生家里一定出了事，走出弄堂，观察身后没有暗探跟踪，就忙去通知同志们，嘱咐他们不可到陈先生家里去。"③

其实，当陈独秀五人被巡捕房抓去时，捕人并不识陈独秀的长相，而五人也用了假名。巡捕无奈，派人在老渔阳里驻守，凡是来陈宅的人一律逮捕。然而在周佛海与张国焘傍晚去陈宅之前，褚辅成和邵力子已经被捕，而褚辅成一进巡捕房便大声询问陈独秀发生了什么事，故而暴露了陈独秀的身份，于是陈独秀只得承认。周佛海、张国焘二人就是在陈独秀的身份被确认后造访陈宅的，故而未被逮捕。不过更万幸的是，周佛海与张国焘身上都带着和苏联有关的文件，若是在巡捕房内被搜查出来，后果不堪设想。

1921年10月6日，在交了500元保释金后，陈独秀得以保释候审。26日法庭结案，因查无确切罪行，最终以"编辑《新青年》宣传过激主义"为由定谳，勒令《新青年》禁售并罚洋1000元，销毁查抄书籍。虽然实际关押时间仅两天，但参与营救的工作，也惊动了不少人，除了马林作为苏联驻派远东的代表，有营救的义务外，张太雷专程从北京赶来上海，孙中山也与法租界领事积极斡旋，胡适、蔡元培、画家刘海粟、国民党左派人物李征五，上海中华银行

---

① 包惠僧. 我所知道的陈独秀[J]. 党史研究资料，1979（5）：98-102.
② 周佛海. 往矣集[M]. 北京：古今出版社（影印版），1943：40-41.
③ 张国焘. 我的回忆：第1卷[M]. 北京：东方出版社，1980：162.

则帮忙提供了保释金等。①

这次被捕最大的意义在于，使陈独秀想明白了一个重要问题，即搞革命不能单干，风险太大。据张国焘转述包惠僧当日在狱中所听到陈独秀的话说："现在统治者们既这样无情地压迫我们，我们只有和共产国际建立更密切的关系，不必再有疑虑。"② 虽然是张国焘的转述，但大体意思是准确的。在被捕之前，陈独秀与马林，从政见到个人交往，都严重不和；而被捕之后，陈独秀不仅接受与马林的交往，还接受了共产国际提供的大量经费。因为经费充裕，1922年这一年，全国罢工达100多次，参与者达21万人，该年由此被称为"中华劳动运动纪元年"，且该年党员人数也扩展到了195人，没有共产国际的援助，这样的大规模发展是难以想象的。

（二）在渔阳里的第二次被捕：成为革命的旗帜与化身

1922年8月9日，中共二大闭幕不久，距离上一次被捕303天，陈独秀在渔阳里2号的家中再次被法租界巡捕房逮捕。这是他在渔阳里的第二次被捕，也是他人生中第四次被捕。

第二天，各大报纸争相报道了陈独秀的被捕事件。《时事新报》详细说明了逮捕陈独秀过程中的参与者，其中有法租界总巡捕房特别机关西探目长西戴纳（又作萨克君）、督察员黄金荣、华探目程子卿、李友生，包探曹义卿等。上海《时事新报》则对陈独秀被捕原因进行了猜测，其一为巡捕在抄家时发现南方政府的陈炯明汇给陈独秀四万元巨款的收据；其二为缴获多种鼓吹主义的书籍与宣传品。这些报纸有很强的政治敏感度，深知陈独秀在文化领域和思想领域的地位，所以第一时间抢占了新闻发布的头条。尤其是对抓捕原因的推测，基本是八九不离十的。

关于陈独秀被捕的原因，根据他自己的猜测，是因为一则造谣引发的牢狱之灾。这是很久以后，他在一篇题为《我们对于造谣中伤者之答辩》的文章中说道，旅沪湖南劳工会分子王光辉、谌小岑辈和几个所谓无政府派，"说我们得了俄罗斯的巨款"，听信谣言的"华探杨某曾于年前向我的朋友董、白二君示意要敲竹杠，就是因为听了他们的谣言，穷人无钱被敲，我当时只能挺身就捕"③。

---

① 黄嘉树. 陈独秀第三次被捕是谁营救的？[J]. 党史研究, 1985 (2)：74-77.
② 张国焘. 我的回忆：第1卷 [M]. 北京：东方出版社, 1980：164.
③ 陈独秀. 我们对于造谣中伤者之答辩 [J]. 向导, 1925 (98)：3-4.

然而，法租界给陈独秀的最终定谳是，"宣传布尔什维克主义"，"违犯1919年6月20日领事法规第五条"。最后，仅罚洋400元，交保释放，前后共被羁押了9天，8月18日下午5时许被正式释放。丁晓平认为，判陈独秀宣传过激主义或许只是台面上的说辞，而陈独秀推测所谓"敲竹杠"是完全有可能的，因为这种现象在当时早已司空见惯了。①

罚洋不多，羁押时间也不长，但事发之时，营救的规模可不小，可以说是各界联合起来，共同发动了营救行动。8月14日，为陈独秀辩护的巴和律师首先声明陈独秀是无罪的。"某国大法律家云，陈氏著作中对于共产主义虽曾极力发表其意见，然彼谓观察中国目下情形，尚未到实行共产时期，实与鼓吹共产者不同。况陈氏前曾被拘一次，因罪证不充，旋即释放，此次被捕，如法庭根据其著作审判，则不能成立罪名云。"② 8月16日，胡适又致信北京政府外交总长顾维钧，请其通过外交斡旋的方式营救陈独秀。此外，这段时间内，孙中山、蔡和森、李石曾等都曾致电上海法国领事馆，而蔡元培则去了北京的法国大使馆予以交涉。据李达回忆，陈独秀出狱那一天，他们雇了汽车到法国会审公廨外去迎接，并用俄语唱了《国际歌》。③

除了法、政两届积极参与救援外，学界也联合起来，积极发动劳工阶级，掀起了一场声势浩大的救援风潮。自治同志会、新中国会、共存社、改造同盟、马克思主义研究会、少年中国学会、非宗教大同盟、非基督教学生同盟、中国社会主义青年团、马克思学说研究会等十多个团体，在8月14日这天联名发布了《为陈独秀被捕事敬告国人》的宣言，第二天，该宣言以《革命团体营救陈独秀》为题被发表在《晨报》第三版，矛头直指法国，严厉谴责租界当局的蛮横暴行，并上升到对法国帝国主义行径的批判。该文写道："法国要算是世界上一个最顽固的国家，他在欧洲榨取德国人民的血汗，和压迫劳农的俄罗斯，真是横暴无比。他在中国也久已暴露他的强盗行为，在上海干涉各界联合会、学生联合会、《救国日报》等爱国运动，封闭我们的好友《新青年》，禁止自由集会，屡次搜查租界的住户，任意蹂躏中国人和高丽人的居位自由，诸如此类的强暴行为，不胜其数。""现在判决我们亲爱的陈独秀的日子是本月十八日，我们要即刻前进，在我们示威的那一天，我们要高声喊叫打倒法国帝国主义！为

---

① 丁晓平. 硬骨头陈独秀五次被捕记事 [M]. 北京：中国青年出版社，2014：128.
② 无题 [N]. 晨报，1922-08-14（3）.
③ 李达. 回忆老渔阳里二号和党的"一大""二大" [M]//中共上海市委党史研究室. 上海党史资料汇编：第一编. 上海：上海书店出版社，2018：14.

自由而战！劳苦群众的联合万岁！"

值得注意的是，这份宣言首次把陈独秀这个人进行了符号化，将他视为全民族的反帝反压迫运动的化身。该文表示："最近又发生一件即可注意的事实就是陈独秀被捕。……现在自由发展的机会受了危害了，我们一定要起来救护呀！这不仅是救护陈独秀个人，这是救护垂危的改造运动，这是解放我们自己必要的奋斗。""救护他的运动，是任何人都要注意，任何人都是重要的。因为他所代表的打倒军阀，消灭外国帝国主义加给中国的压迫的革命运动，是我们最需要的。……因为我们救护我们自己，来救护新兴的陈独秀所代表的运动是我们必要的工作呀！"宣言集中表达了一个意思，即救护陈独秀就是革命的一部分，就是救护劳动阶级自身。

总而言之，在渔阳里的第二次被捕，对于陈独秀个人的意义在于，促使中共中央意识到要对他实施更为周密的保护；然而，陈独秀的被捕对于社会思潮的推进的意义更为重大，使得全民族上下，尤其是被压迫的劳工阶层，对于反帝反压迫运动的认识更为具象化，一时间他成了反帝反压迫运动的一面旗帜与化身。

三、渔阳里的精神

（一）伟大的独立人格

陈独秀是渔阳里的灵魂，这么说并不为过，不仅因为他是中共的缔造者与中国革命的先驱，更因为他具备了伟大的独立人格，他从不妥协，不论什么时候。

他曾为一位清朝的"殉道者"梁巨川先生哀悼过。梁巨川反对新思想，坚守儒家纲常，最终因不满新思想的盛行愤而自杀。然陈独秀因其之死，撰文说："新时代的人物虽不必学他的自杀方法，也必须有他这样真诚、纯洁的精神，才能够救济社会上种种黑暗、堕落。""梁先生主张一致。不像那般圆通派，心里相信纲常礼教，口里却赞成共和；身任民主国的职务，却开口一个纲常，闭口一个礼教。"[①] 陈独秀对梁巨川的独立人格赞赏有加，其实他自己也是这样一个不怕死的独立的灵魂。

陈独秀一生被捕五次，没有一次动摇过他的意志。35岁时第一次被捕，发生在1913年8月27日的芜湖。当时，龚振鹏故意拿陈独秀出气，甚至扬言要枪

---

① 陈独秀. 对于梁巨川先生自杀之感想 [J]. 新青年, 1919, 6 (1): 26-27.

决陈独秀。陈独秀便留下一句名言，"要枪决，就快点罢！"① 当然，这本不是一次迫害，陈独秀后来也从不提起，但他当时的表现的确极有骨气。第二次被捕发生在 1919 年 6 月 11 日的北京，这天下午陈独秀在新世界商场散发传单时，被便衣警察当场逮捕，被保释后，才来了上海。在上海又发生了两次被捕，但这非但没有磨去陈独秀的斗志，反而使其越挫越勇，以至国民政府也对他恨得咬牙切齿。即使最终退出中共，也照样被国民政府通缉，这就是他的第五次被捕，发生在 1932 年 10 月 15 日。由于托派中央常委秘书谢少珊变节，陈独秀在岳州路永兴里 11 号的住处被抓。10 月 19 日晚被押往南京受审时，他在火车上鼾然大睡，处变不惊②，一时被传为佳话。1937 年 8 月中旬，日军炸毁了南京陈独秀所在监狱，他的学生陈钟凡打算与胡适、张柏龄联名保释他，国民政府示意"只要本人具悔过书，立即释放"。结果，陈独秀闻之大骂："我宁愿炸死在狱中，实无过可悔"，并强调"不要人保"。③

陈独秀之所以不怕死，关键在于心里装的不是自己，而是天下人，是劳苦大众，这在《新青年》和群益书社的一次矛盾中可以得知。

《新青年》原来的合作伙伴是群益书社，在群益书社的支持下，《新青年》成为最早采用横排形式与新式标点的刊物，故自创办之初，即"颇蒙国人称许"，销量最多时，一个月可印一万五六千册。但是，从第七卷第六号《劳动节纪念号》开始，陈独秀与群益书社发生了矛盾，导致陈独秀决定另起炉灶，创办新青年社，独立发行《新青年》。原因是《劳动节纪念号》篇幅过长，从之前的每期 130~200 页不等，猛增至 400 多页，为营利计，群益书社决定提价。陈独秀则坚决反对，因为他将《新青年》的读者定位为下层无产者，为穷人计，他竟决定与群益书社绝交。他在 1920 年 5 月 7 日给胡适和李大钊的一封信中说道："现在因为《新青年》六号定价及登告白的事，一日之间我和群益书社两次冲突。这种商人既想发横财，又怕风波，实在难与共事，《新青年》或停刊，或独立改归京办，或在沪由我设法接办（我打算招股自办一书局），兄等意见如

---

① 高语罕在 1942 年陈独秀葬仪后所撰的回忆文章里写道："这位军人（即龚振鹏）本是和柏公同立在反袁旗帜之下的，不知因何事与柏不谐，而迁怒于先生，已经出了布告，要枪决先生，先生很从容地催促道：'要枪决，就快点罢！'旋经刘叔雅（即刘文典）、范鸿劼、张子刚三先生极力营救得免。"（《参与陈独秀先生葬仪感言》，载重庆《大公报》，1942 年 6 月 4 日，第 3 版）
② 唐宝林，林茂生．陈独秀年谱［M］．上海：上海人民出版社，1988：428．
③ 陈钟凡．陈仲甫先生印象记（未刊稿）［M］//唐宝林，林茂生．陈独秀年谱．上海：上海人民出版社，1988：477．

何，请速速赐知。"① 5月19日又致信胡适说："我对于群益书社不满意不是一天了。最近是因为六号报定价，他主张至少非六角不可，经我争持，才定了五角；同时因为怕风潮又要撤销广告，我自然大发穷气。冲突后他便表示不能接办的态度，我如何能去将就他，那是万万做不到的。群益书社欺负我们的事，十张纸也写不尽。"②

章士钊曾说陈独秀是最不好相处的人之一③，这是很有道理的。比如群益书社，作为一个出版公司，它的运作有成本，还需要养活工人，所以它必须要计算盈亏；而陈独秀则完全不考虑这个问题，他只考虑穷人是否能买得起，虽取向是正确的，却罔顾了现实。因为两种完全不同的逻辑起点，导致了两者必然结下不可调和的矛盾。

陈独秀的独立人格贯穿了一生，晚年的陈独秀脱离中共，自立中国托派，在政治上扮演特立独行的反对者，一直到底。1937年，中国共产党建立了抗日民族统一战线，要团结一切可团结的力量。自立中国托派中央的陈独秀，当然也是要团结的力量。然而，当时中共中央对陈独秀却提出了合作的"条件"，即陈独秀必须对加入托派进行悔过，具体条件是"公开放弃并坚持反对托派全部理论与行动，并公开声明同托派组织脱离关系承认自己过去加入托派之错误；公开表示拥护抗日民族统一战线政策；在实际行动中表示这种拥护的诚意"④。在得知这三个合作条件后，他说道："我不知过从何来，奚有悔！"⑤ 当然，他也不可能公开声明脱离托派。其实，陈独秀之所以坚决不答应这三个合作条件，一则反对的是统一战线的基础，即国共合作；一则反对的是苏共中央，而中共彼时的身份是第三国际的支部、苏共的附属党。加之他早年反对清政府、反对北洋政府，似乎他始终在反对一切。

然而，独立人格一定是某种原则下的独立，绝不是为反对而反对，为牺牲而牺牲，陈独秀的原则，就是为"科学"与"民主"奋斗终身，只对人民与民族忠心耿耿。比如在和群益书社的矛盾中，他毫不计利，完全出于公心，这就

---

① 黄兴涛，张丁. 中国人民大学博物馆藏"陈独秀等致胡适信札"原文整理注释［J］. 中国人民大学学报，2012（1）：25-32.
② 黄兴涛，张丁. 中国人民大学博物馆藏"陈独秀等致胡适信札"原文整理注释［J］. 中国人民大学学报，2012（1）：25-32.
③ 章士钊. 与黄克强先生相交始末［M］//中国人民政治协商会议湖南省委员会文史资料研究委员会. 湖南文史资料选辑：第1辑. 长沙：湖南人民出版社，1981：61.
④ 叶剑英、博古、董必武给新华日报的信［N］. 新华日报，1938-03-20.
⑤ 高语罕. 陈独秀入川后［N］. 新民报（晚刊），1947-11-13.

是他为何不会跟着任何人走的原因，这也是他保持一生之独立性的根本支柱。

（二）永恒的启蒙精神

陈独秀一生都在为人民与民族奋斗，他要做的就是"启蒙"，帮助民众走出愚迷。他曾一针见血地说出中国民众的问题："充满吾人之神经，填塞吾人之骨髓，虽尸解销魂，焚其骨，扬其灰，用显微镜点点验之，皆各有'做官发财'四大字。"① 这句话，与鲁迅横看竖看看出"吃人"两个字，有异曲同工之妙。针对这样的国民，陈独秀早先认为，必须通过办刊、办学来搞文学革命；后来转而倡导无产阶级革命，但其先决条件还是要无产阶级能够对自身处境有所认识。前后的理路虽有不同，但启蒙则是唯一的入口，陈独秀为此，奋斗了一生。

他最早与章士钊一同创办了《民国日日报》抨击清政府，三个月后停刊，后又创办《安徽俗话报》（1904年3月31日—1905年9月）、《新青年》（1915年9月15日）、《每周评论》（1918年11月）；1920年五一节后，又创办了《劳动界》周刊；同年11月7日，又创办了《共产党》月刊。将启蒙贯彻革命，是他始终坚持到底的。

1914年11月10日，陈独秀发表了《爱国心与自觉心》一文，强调了爱国首先要有开化的民智，说："今之中国，人心散乱，感情智识，两无可言。惟其无情，故视公共之安危，不关己身之喜戚，是谓之无爱国心。惟其无智，既不知彼，复不知此，是谓之无自觉心。""吾国之患，非独在政府，国民之智力，由面面观之。"② 民智的开化又取决于文化的重整，所以他抓住了偶像崇拜这一关键要素，主张要"以科学代宗教"，"开拓吾人真实之信仰"③。而所谓偶像，除了寺庙中的神佛外，还包括宫里的皇帝、"男子所受的一切勋位荣典"、"女子的贞节牌坊"，以及更重要的"孔教"。当然，他主张打倒的是孔教，而不是孔子，认为"以理杀人"所造的孽，不应算在孔子头上。

伴随思想文化的重整，还要做的就是文学革命，陈独秀也是较早的倡导者。他尤其提倡自然主义文学，1917年发表的《文学革命论》一文指出："文学革命之气运，酝酿已非一日，其首举义旗之急先锋，则为吾友胡适。余甘冒全国学究之敌人，高张'文学革命军'大旗，以为吾友之声援。旗上大书特书吾革命军三大主义：曰：推倒雕琢的阿谀的贵族文学，建设平易的抒情的国民文学；

---

① 陈独秀. 新青年［J］. 新青年，1916，2（1）：9-12.
② 陈独秀. 爱国心与自觉心［J］. 甲寅，1914，1（4）：1-6.
③ 陈独秀. 偶像破坏论［J］. 新青年，1918，5（2）：4-6.

曰：推倒陈腐的铺张的古典文学，建设新鲜的立诚的写实文学；曰：推倒迂腐的艰涩的山林文学，建设明了的通俗的社会文学。"① 因此，《新青年》成了文学革命的重要平台。"鲁迅"这个笔名的首次使用就是在《新青年》上，发表的《狂人日记》也是中国第一部白话文小说。

除了文学革命，还要变革错误观念，比如"科学无用论"以及"西洋人倾向东方文化论"。他在《新文化运动是什么》中说："科学无用，这句话不知从何说起？我们的物质生活上需要科学，自不待言，就是精神生活离开科学也很危险。""西洋文化我们固然不能满意，但是东方文化我们更是领教了，他的效果人人都是知道的，我们但有一毫一忽羞恶心，也不至以此自夸。西洋人也许有几位别致的古董先生怀着好奇心要倾向他，也许有些圆通的人拿这话来应酬东方的土政客，以为他们只听得懂这些话，也许有些人故意这样说来迎合一般朽人的心理，但是主张新文化运动的青年，万万不可为此呓语所误。"②

任何有价值的批判，都在于批判到了根子上，使批判具备了跨时空性。事实上，偶像崇拜的、阿谀的、迂腐的文学，以及科学无用或东方文化至高无上论，至今都还有市场。启蒙的难度也正在于此，实在无法毕其功于一役，而应做好超级持久的准备。

1920年初，陈独秀从北京逃到上海，2月23日在《国民日报》上发表了一篇讲话，表达了对北京普通市民未能觉悟的遗憾之情。"北方文化运动，以学界为前驱，普通社会似有足为后盾者，然不能令人满意之处，实至不鲜。其最可痛心，为北京市民之不能觉醒。以20世纪政治眼光观之，北京市不能谓为有一市民。仅有学界运动，其力实嫌薄弱。此足太息者也。"③ 彼时《新青年》早已发行了五个年头，但很明显，启蒙的工作仍旧任重道远。

1923年时，他又撰文反思了1905年9月24日曾参与策划的北京"谋炸五大臣"事件，再次检讨了群众觉悟的重要性。他说："只看见个人，不看见社会与阶级；暗杀所得之结果，但不能建设社会的善阶级的善，去掉社会的恶阶级的恶，而且引导群众心理，以为个人的力量可以造成社会的阶级的善，可以去掉社会的恶阶级的恶，此种个人的倾向，足以使群众之社会观念、阶级觉悟日就湮灭。"他最后得出结论："我敢说暗杀只是一种个人浪漫的奇迹，不是科学

---

① 陈独秀. 文学革命论［J］. 新青年，1917，2（6）：6-9.
② 陈独秀. 新文化运动是什么［J］. 新青年，1920，7（5）：10-15.
③ 陈独秀. 陈独秀君过沪之讲话［N］. 民国日报，1920-02-23.

的革命运动。科学的革命运动，必须是民众的、阶级的、社会的。"① 该文的重点是，群众不仅要觉悟，还要对自身所处的阶级处境的觉悟，这是因为彼时他已转变为一名马克思主义者了。

在办刊、办报的同时，陈独秀也想过要办教育，1920年底，陈炯明占领广州时，便邀请他去担任广东省政府教育委员会委员长。当时李大钊和张国焘便很支持他，张国焘认为，"一是可以将新文化和社会主义的新思潮广泛地带到广东去；二是可以在那里发动共产主义者的组织。"所以张国焘认为："不应受共产党人暂不做官这个约定的约束，何况办教育也不能说是做官，而对于共产思想的传播则特别有利。"② 陈独秀因此欣然答应了陈炯明的邀请，后来他错过了中共的一大，也是因为忙于广州的教育工作。

总的来说，陈独秀作为思想领袖，一生致力于启蒙大众的运动。值得一提的是，其启蒙的高峰，发生于1920年之际，这一年，他的政治信仰发生了根本性的变化；同一时期，《新青年》也发生了彻底的转变，把服务大众的觉悟，锁定在服务劳动阶级的阶级觉悟的目标上，从而为中国近代革命的发展，起到了积极的推动作用。而这一切都发生在渔阳里，此为渔阳里之幸。

第二节　在老渔阳里时期的政治信仰转变

老渔阳里对于陈独秀的重要性，首先是他在政治信仰上发生了转变。这一重大转变，就发生在1920年初搬进老渔阳里2号之后。1920年前，他是欧美价值观的信奉者，至于俄国的社会主义，他则经历了从反对到认可；而住进老渔阳里2号后，他转而信奉俄国的社会主义，开始鼓动劳工搞阶级斗争，进而在理论上不断完善社会主义思想。陈独秀的这一重大转变发生在老渔阳里，会有某种历史的偶然性，但肯定有历史发展的必然性。

一、陈独秀1920年之前的思想

（一）向欧美寻救国之方

从没有一蹴而就的学问，也不存在天生的圣人，陈独秀作为马克思主义的

---

① 陈独秀. 论暗杀暴动及不合作[J]. 向导, 1923（18）：4-6.
② 张国焘. 我的回忆：第1册[M]. 北京：东方出版社, 1980：127.

忠实信徒,也是在长期的摸索之后才得以修成的。自1918年底至1919年底,他经历了对欧美社会主义的接受,同时对俄国列宁主义的反对;1920年初,转变为对俄国革命的同情,以及对列宁主义的认可;至1921年被捕后,开始认识到需要接受共产国际的帮助,并接受共产国际的领导。其中,1920年的根本性转变,是发生在渔阳里的。

胡适在晚年回忆五四时期的陈独秀时,说:"陈独秀在1919年还没有相信马克思主义。在他的早期的著作里,他曾坦白地反对社会主义。在他写给《新青年》杂志的编者的几封信里,我想他甚至说过他对社会主义和马克思主义并没想得太多。"[1] 胡适的判断大体上是没有错的,胡适曾是《新青年》早期的主力军,完全把《新青年》作为文学革命的主战场在经营,这是陈胡二人的共识。

1918年11月11日"一战"结束,11月14日至16日北京宣布放假三天,庆祝协约国胜利,然而陈独秀并未参与那场庆祝,因为他有不一样的视角。其实他于11月15日发表了《克林德碑》一文,提出了中国的道路问题。他说:"在我看来,与其说是庆祝协约国战争胜利,不如说是庆祝德国政治进步。至于提起那块克林德碑,我更有无穷感慨,无限忧愁。所以不管门外如何热闹,只是缩着头在家翻阅闲书消遣。"[2] 陈独秀看的是什么闲书,他在该文中说,另一本是《庚子国变记》,一本是《拳变余闻》,他大段摘引了这两本书的内容,指出传统中国被愚昧迷信所误甚深。原来,克林德是被义和拳于庚子年杀害的德国公使,清政府为了向德国赔罪,立了克林德碑。所以,克林德碑象征着帝制之下百姓的愚昧以及帝制政府的可耻。而德国在"一战"中的失败,恰恰反映了德国革命党"革那皇帝与军国主义的命"的成功。从字里行间,我们能体会到他对根除专制的深刻认识,却也能发现,他彼时完全没有考虑到马克思主义的存在。

中国作为"一战"的战胜国,冷静的陈独秀却看到了协约国胜利的深层次原因,即德国的帝制或封建主义的必然失败。因此,他便联想到中国的封建主义也必然要失败。那么中国将何去何从呢?他在该文的结尾写道:"现在世界上有两条道路:一条是向共和的科学的无神的光明道路,一条是向专制的迷信的神权的黑暗道路;我国民若是希望义和拳不再发生,讨厌像克林德碑这样可耻纪念物不再竖立,到底是向哪条道路而行才好呢?"陈独秀指出两条道路,其本

---

[1] 胡适. 胡适口述自传[M]. 唐德刚,译. 上海:华东师范大学出版社,1993:195.
[2] 陈独秀. 克林德碑[J]. 新青年,1918,5(5):18-27.

质是文化的革命，而非阶级的革命。要知道，这已经是1917年俄国十月革命之后的次年。由此也反映，中国的思想界并没有立刻接受马克思主义，或者说是列宁主义。

至1919年初，陈独秀极力提倡的还是"民主"与"科学"。《新青年》1月刊登的《本志罪案之答辩书》中，说："本志同人本来无罪，只因为拥护那德英克拉西（democracy）和赛因斯（science）两位先生，才犯了这几条滔天的大罪。要拥护那德先生，便不得不反对孔教、礼法、贞节、旧伦理、旧政治。要拥护那赛先生，便不得不反对旧艺术、旧宗教。要拥护德先生又要拥护赛先生，便不得不反对国粹和旧文学。"① 德先生和赛先生是源自美国的价值观，而要实现这一价值观，他主张，还是要从文化革命入手。

与此同时，他还反对俄国的"过激派"，他说"反对过激派的势力渐渐地联合一致着进行，不是以先涣散争权夺势的样子了。我们盼望这反对过激派的政府是代表人民派政府。过激派错处是用平民压制中等社会，残杀贵族及反对者。反对过激派的千万不要用中等社会压制平民残杀平民才是。若是压制残杀的政府也万不能长久的。"② 这里所谓"过激派"是指发动底层工人进行暴力革命的列宁主义者，而所谓"残杀贵族及反对者"可能指的是"十月革命"。陈独秀彼时的社会主义思想主要来源于欧美，而且与胡适的文化改良主义也颇亲近，对于暴力的"十月革命"并不能理解，这点应该是确然的。

1919年3月，陈独秀在《每周评论》（第12期）发表了《人种差别待遇问题》的社论，又以"只眼"为笔名一口气发了七篇随感录，其中《亡国与亲善》《欢迎英美舰队》《不忘日本的大恩》《日本人的信用》《日本人与曹汝霖》《国际管理与日本管理》几篇，一方面严厉谴责日本挑唆中国南北开战的阴谋，一方面却又认为英美"是东洋一线光明的希望"，"请看德意志国民，若不是得了协约国的救星，不仍旧压在黑暗的军国主义的脚下吗？"③ 当时，中国外交在巴黎和会上已经失败，但陈独秀似乎还是对欧美抱有幻想。

（二）同情俄国革命

至1919年4月6日，他发表了题为《纲常名教》的随感录，开始关注到"欧洲各国社会主义的学说已经大大地流行了。俄德和匈牙利，并且成了共产党

---

① 陈独秀. 本志罪案之答辩书［J］. 新青年, 1919, 6 (1): 16-17.
② 陈独秀. 俄国包围过激派之运动［N］. 每周评论, 1919-01-12.
③ 陈独秀. 欢迎英美舰队［N］. 每周评论, 1919-03-09.

的世界。这种风气,恐怕马上就要来到东方。"① 《每周评论》该期还刊登了一篇未署名的文章《国际劳动委员会的草案》,说道:"劳工问题是现在世界上最重的一大问题,此刻俄罗斯和匈牙利,与别处的过激党,就是这一班的劳工。欧美各国有先见的执政诸公,也明白这劳工问题的重要,所以就想法设立了各种保护劳工的法律。"② 紧接着在4月20日,他在《每周评论》的短评中对十月革命做了很高的评价,他说:"英美两国有承认俄罗斯布尔什维克政府的消息,这事如果实行,世界大势必有大大的变动。18世纪法兰西的政治革命、20世纪俄罗斯的社会革命,当时的人都对着他们极口痛骂,等到后来的历史家,都要把他们当作人类社会变动和进化的大关键。"③ 又在国外大事述评中表示:"自俄国布尔什维克主义战胜后,欧洲劳农两界,忽生最大的觉悟,人人出力和资本家决斗。他们的势力已经征服了好几国。……这种革命,在政治史上算得顶有价值的事体。"④李大钊主编的《新青年》第六卷第五期(1919年5月),刊登了系列关于马克思主义的理论文章,如《马克思学说》《马克思学说的批评》《我的马克思主义观(上)》,呼应了陈独秀的思想转变。

然就本质而言,陈独秀对俄国的认可,与"英美两国的承认"是有关联的。虽然他似乎对社会主义的看法有了很大程度的改观,但并不是一种服膺,而是基于"英美两国的承认"作为条件的认同。实际上,还是认同"英美"的。

1919年底,陈独秀在《新青年》上发表了《过激派与世界和平》,首次为苏俄"过激派"做了辩护,尤其反对日本人把布尔什维克称作过激派。他说:"Bolsheviki是不是扰乱世界和平,全靠事实证明,找我们辩护或攻击;我们冷眼旁观的,恐怕正是反对Bolsheviki的先生们出来扰乱世界和平。""反对他们的人还仍旧抱着军国侵略主义,去不掉个人的、一阶级的、一国家的利己思想,如何能够造成世界和平呢?"⑤ 这里所指的军国侵略主义者就是日本,当时日本强占青岛和山东的经济权利,是人们有目共睹的。当然,"辩护"仍然不是"服膺",他在《实行民治的基础》一文中说,"我不情愿阶级斗争发生,我们渴望纯粹资本作用——离开劳力的资本作用——渐渐消灭,不至于造成阶级斗

---

① 陈独秀.纲常名教[N].每周评论,1919-04-06.
② 国际劳动委员会的草案[N].每周评论,1919-04-06.
③ 陈独秀.二十世纪俄罗斯的革命[N].每周评论,1919-04-20.
④ 陈独秀.各国劳农界的势力[N].每周评论,1919-04-20.
⑤ 陈独秀.过激派与世界和平[J].新青年,1919,7(1):131-132.

争。"① 简言之，他认同劳工阶级的反抗，但还不赞成暴力革命式的"阶级斗争"。

究竟社会主义或共产主义要怎么实现？到底需不需要暴力革命？陈独秀是不清楚的，但他知道，至少那个趋势是对的。唐宝林认为，此时的陈独秀接受的是马恩晚年的被认为是"修正主义"的思想，这是因为他彼时并未弄清楚马克思主义在西方早已分化了，科学社会主义、空想社会主义、列宁主义，陈独秀并没有在理论上区分清楚。②

所以说，1920年以前的陈独秀经历了各类思想的洗礼，发现了马克思主义，但并未深刻认识到马克思主义的精髓。

二、渔阳里时期的转变：行动上的投入

（一）直接开展社会主义的实践

1920年2月1日，陈独秀已经住在了老渔阳里2号了，这段时间出版的《新青年》第七卷第三期发表了陈独秀的《基督教与中国人》一文。陈独秀在这篇文章中热情地赞颂了耶稣的伟大人格，把基督教归结为"崇高的牺牲精神""伟大的宽恕精神""平等的博爱精神"，他认为这些精神可以补救"中国文化的缺点"，也就是"缺少美的宗教的纯情感"③。对基督教的重新认识，源于他的第二次被捕（1919年6月11日），因为当时他身边只有《新旧约全书》。1920年2月6日，他参加了武汉文华书院的毕业典礼，又重申了基督教的牺牲精神。他说道："情感云者，即牺牲自己帮助他人之谓也。"④

突然对基督教的感悟，对于陈独秀有什么启发性的意义呢？胡适认为，对基督教的重新认识，启发了陈独秀对中国人应该有一种新宗教的想法。"大概独秀在八十多天的拘禁期中，曾经过一度精神上的转变。他独自想过一些问题，使他想到他向来不曾想过的一条路上去，使他感到一种宗教的需要。他出狱后，就宣传这个新得来的见解，主张要有一个新宗教……抱着这种新宗教热忱的陈独秀，后来逐渐地走进那二十世纪的共产主义新宗教。"⑤ 把共产主义比作"新宗教"当然是错的，但一种新的政治信仰确实在这种宗教热情推动下被树立

---

① 陈独秀. 实行民治的基础 [J]. 新青年, 1919, 7 (1)：20-28.
② 唐宝林. 陈独秀传 [M]. 北京：社会科学文献出版社, 2013：224-229.
③ 陈独秀. 基督教与中国人 [J]. 新青年, 1919, 7 (3)：24-31.
④ 无题 [N]. 汉口新闻报, 1920-02-19.
⑤ 胡适手稿：第9卷（下）[M]. 台北：胡适纪念馆, 1970：545-550.

起来。

果然,他在2月5日的文华书院毕业典礼上发表了《社会改造的方法与信仰》,主张要改造社会的方法有三条:打破阶级制度,实行平民社会主义;打破继承制度,实行共同劳动工作;打破遗产制度,不使田地归私人传留享有,应归为社会的共产。信仰是平等与劳动。① 这三条主张与一个信仰,是典型的社会主义。由此可见,对基督教的重新认识,是促进陈独秀进一步审视社会主义之意义的重要推手。事实上,文华书院是一所有基督教背景的学校。换句话说,1920年之前,陈独秀对世界社会主义风潮以及俄国的布尔什维克还是一种同情的理解,但1920年后,他开始明确将社会主义作为一种解决中国实际问题的路径来对待了。

当然,陈独秀首先想到的是,能否通过生活的变革进行共产主义的实践,而不是首先弄清社会主义的理论。1920年3月,他与王光祈、左舜生、张国焘、刘清扬、毛泽东等20余人在上海发起了工读互助团运动,想要找到一个教育与职业合一、学问与生计合一的方法。他们的设想是,一波有相同理想的人凑在一起,或是做印刷装订工作,或是开饭店、洗衣、种菜;工作之余,或是到复旦旁听,或是请人教授法文,或是进行翻译,实践一种"当代的城市耕读理想+集体生活",所以叫"工读互助"。当然,这个活动只持续了几周便失败了。在《工读互助团失败的原因在哪里》一文中,陈独秀认为主要是参与者缺乏意志力、良好的劳动习惯和生产技能,"这都是人的问题,不是组织的问题"②。且不论他总结的原因是否准确,我们需要认识到的是:其一,他已经确定社会主义是一条有益的路径;其二,工人作为一个独立阶级,从需要启蒙的人民的整体中被特别突显出来,成为走通这条路径的关键。

(二)抓住关键要素:劳动者的斗争

工读互助团失败后,陈独秀将原因归结为"人的问题",那么是什么人的问题呢?这就促使他进一步关注到了中国城市中的劳动者了。所以此后,对城市的劳动者从调查到理论,他发表了一系列的看法,直到5月1日发行了《新青年》的《劳动节纪念号》,成为他对该问题聚焦的一个高潮。

4月2日,陈独秀在上海船务栈房工界联合会成立大会上,做了《劳动者的觉悟》的演讲,指出"我以为只有做工的人最有用最贵重""社会上各项人,

---

① 无题[N].国民新报,1920-02-12.
② 陈独秀.工读互助团失败的原因在哪里?[J].新青年,1920,7(5):145-146.

只有做工的人是台柱子"。同时提出劳动者本身要有觉悟，"我们中国的劳动运动还没有萌芽，第一步觉悟还没有"①。工人要觉悟的有两样，一是待遇，二是管理权，欧美在争取后者而东方还没完成前者。4月18日他又参加了由中华工业协会、中华工会总会、电气工界联合会、药业友谊联合会代表发起的世界劳动纪念大会筹备会，提议大会定名为"世界劳动纪念大会"，并发表了题为《劳工旨要》的演讲，指出劳工运动应当以减少工作时间，增加工资待遇等问题作为切入点。②5月1日又在《新青年》发表了《上海厚生纱厂湖南女工问题》，也着重讨论了工时和工资的问题。这两篇演讲与一篇讨论文章所反映的共同点是，陈独秀不仅特别重视劳动阶级，还特别为特定阶级进行出谋划策。

尤其在《上海厚生纱厂湖南女工问题》文末，他指出"中国的资本固然还没有集中到工业上，但是现在已经起首了；倘然仍旧走欧美、日本人的错路，前途遍地荆棘，这是不可不预防的"。这一论断应该是具有标志性意义的。

前面指出，陈独秀之前的社会主义思想主要源于欧美、日本，而不是俄国。1919年底，他对俄国的列宁主义始终保持同情理解的态度。至1920年初，他开始从理论上认可社会主义（严格说是列宁主义），并主张社会主义是解决中国当时问题的基本途径。至5月1日的这篇讨论文章，则标志着他彻底从欧美、日本的社会主义思想中脱离出来。其潜台词，便是彻底转向俄国的社会主义，即列宁主义。这也预示着陈独秀之后的活动，将带有明显的阶级斗争痕迹。

5月下旬，上海织袜女工举行了一次反对该厂苛刻规定的罢工，并成立了织袜工会。陈独秀在了解了前因后果后，评论说："工人们认识到厂家之所以肆行无忌地压迫我们，其原因虽不是一样，但第一要紧的，是因为我们素未有团结。"③这一时期他还深入调查了上海小沙渡的码头工人罢工斗争。他发现，参与斗争的工人虽多，达五千至一万人，然而领头的工头其实早被当时的一名政客黄介民拉拢控制了。这也印证了他上面得出的结论，工人其实还没有团结起来。

此后，陈独秀把所有的工作都放在了工人问题上，这在《劳动节纪念号》发行之后的《新青年》上都得到了反映。至8月15日，他又专门创立了为工人进行宣传教育的通俗刊物《劳动界》，并为创刊号撰写了《两个工人的疑问》，

---

① 陈独秀. 劳动者的觉悟 [J]. 新青年，1920, 7 (6): 42-43.
② 无题 [N]. 时报，1920-04-20.
③ 无题 [N]. 申报，1920-05-29.

重点厘清了劳工的存在意义，以及劳工的神圣性质。8月22日，他又在《劳动界》第2期上发表了《真的工人团体》一文，重点在号召工人要有觉悟，工人团体要有自觉的联合。

所以唐宝林分析说，在马克思主义早已分裂之后，陈独秀实际上最后接受的是列宁和第三国际的马克思主义，而舍去了考茨基和第二国际的马克思主义，"从这个意义上说，陈独秀是在最高点上接受马克思主义的"①。

三、渔阳里时期的转变：理论上的接受

（一）从争取权利到争取权力

既然要把政治理想转变为政治行动，那么组建党派的想法也就呼之欲出了。陈独秀是个实干家，也是个急性子，所以在彻底转向俄国的列宁主义后，建团与组党也就提上了日程。也就是说，发动劳工争取权利将转向争取权力。

1920年4月，在李大钊的介绍下，维经斯基来到老渔阳里拜访了陈独秀；5月，他在上海建立了共产国际东亚书记处，由维经斯基任临时执行局书记。该组织下设中国科、日本科、朝鲜科，旨在帮助东亚三国组织共产主义政党。

7月19日，维经斯基在上海召开了"最积极的中国同志"会议，出席会议的陈独秀、李汉俊、沈玄庐等一致主张要建立中国的共产党。会后，与会者成立了上海革命局，全面开启了建党、宣传和组织工会的工作。8月初，中国共产党发起组成立，当时党的名称暂定为"社会共产党"，后又改为"社会党"。1920年8月间，陈独秀又写信给李大钊与张申府，反复讨论党的名称。8月22日，在陈独秀的倡议下，俞秀松、罗亦农等8人，在老渔阳里2号成立了中国社会主义青年团，之后在新渔阳里6号设立团中央机关。11月7日，上海发起组创立了内刊《共产党》月刊，这也就意味着，正式地把党的名称确定下来了。与此同时，发起组还创立了自己的出版社——"社会主义研究社"，即"新青年社"，出版了一系列马克思列宁的著作，其中就包括了中国第一个《共产党宣言》的全译本。

那么，为什么必须要组党？这是为了团结劳工，争取政治权力的必然手段，也是从实际情况出发的。

其一，当时的工人团体极为松散，缺乏政党的领导将难成气候。陈独秀在1920年深入上海的工人群体后发现，"像上海的工人团体就再结一万个也都是不

---

① 唐宝林. 陈独秀传［M］. 北京：社会科学文献出版社，2013：232.

行的。新的工会一大半是下流政客在那里出风头，旧的工会公所一大半是店东工头在那里包办"。也就是说，看似工人团体众多，其实缺乏"真的工人团体"，缺乏"觉悟的工人"①，要实现工人团体真正被组织动员起来，非有职业的工人阶级政党不可。

其二，争取政治权力，就必须指向新的国家的建立，也就离不开工人阶级政党的主导。在《谈政治》一文中，他指出，要"用革命的手段建设劳动阶级的国家"②，要对资产阶级实行专政。他的《国庆纪念的价值》一文又指出，要争取被压迫的多数人的幸福，"封建主义时代只最少数人得着幸福，资本主义时代也不过次少数人得着幸福，多数人仍然被压在少数人势力底下，得不着自由与幸福的……主张实际的多数幸福，只有社会主义的政治"③。谋求全体的、无产阶级的幸福，是不能离开职业革命团体的。

这两层意思，在《共产党》的发刊词中，陈独秀已经说得极为透彻，"要想把我们的同胞从奴隶境遇中完全救出来，非由生产劳动者全体结合起来，用革命的手段打倒本国外国一切资本阶级，跟着俄国共产党一同试验新的生产方法不可。我们只有用阶级战争的手段，打倒一切资本阶级，从他们手里抢夺来政权；并且用劳动专政的制度，拥护劳动者的政权，建设劳动者的国家以至于无国家，使资本阶级永远不至发生。"④ 这篇发刊词，后来又被用于中国共产党第一个党纲性质的文件，即《中国共产党宣言》。

总而言之，只有组团与建党，才能高效地团结更多的劳工，才能更好地开展政治斗争；只有把争取权利的思维方式，转变为争取权力，才能从根本上改变被奴役、被压迫的局面，才能实现最大多数人的幸福。

（二）理论接受的重要推手

组团与建党和直接发动斗争不同，需要充足的理论支撑，而斗争则讲究的是组织力、领导力。前者谋求的是根本的、持久的权力，而后者谋求的只能是眼前的、暂时的权利。其实在1920年上半年，陈独秀在对列宁主义了解得一鳞半爪之时，就开始指导了不少工人运动，帮助工人争取权利。虽然也组织了不少工会，但终究零散而难有作为。究其原因，在于缺乏系统的理论指导，包括斗争的最终目的是什么，如何长久保全争取到的权利等。因此，充足系统的理

---

① 陈独秀. 真的工人团体 [J]. 劳动界，第2册，1920年8月22日.
② 陈独秀. 谈政治 [J]. 新青年，1920，8（1）：6-14.
③ 陈独秀. 国庆纪念的价值 [J]. 新青年，1920，8（3）：62-65.
④ 陈独秀. 短言 [J]. 共产党，1920（1）：1.

论准备对于组团与建党不可或缺。

其实,陈独秀关于俄国列宁主义的理论,尤其是劳工阶级专政的思想,主要来自日本小组的日本社会主义者对马克思主义著作的研究与翻译,以及维经斯基提供的大量经费支持,得以购买到在美国发行的关于俄国的进步刊物。

唐宝林认为,在众多促进陈独秀转变的原因中,有一个具有"特殊贡献"[①]的原因不常为人所重视,这就是日本小组对陈独秀的影响。日本小组的成员主要有施存统和周佛海。他们的重要工作是把日文版的马克思主义著作和日本社会主义者撰写的文章翻译成中文寄给陈独秀。尤其是看了日本共产党员山川均根据《哥达纲领批判》撰写的《考茨基的劳农政治反对论》中对苏俄"劳农专政"的积极评价,施存统深受影响,当即便决定译成中文寄给陈独秀。后来,大量山川均的文章被发表在中国的各类期刊上。其中《新青年》上刊登施存统等人翻译山川均的文章有《俄罗斯研究:(二十六)劳农俄国的劳动联合》(1921年第8卷第5期)、《从科学的社会主义到行动的社会主义》(1921年第9卷第1期)、《社会主义国家与劳动组合》(1921年第9卷第2期)、《对于太平洋会议的我见》(1921年第9卷第5期)、《俄国的新经济政策》(1923年第2期)。唐宝林评论说,受到日本社会主义者的影响,"是陈独秀接受无产阶级专政理论的开始,也是他与无政府主义脱离关系的开始,与胡适等人反布尔什维克的新文化运动战友决裂的开始"[②]。

维经斯基的到来,进一步使陈独秀等人对俄国列宁主义理论的接受推向了系统化。1920年9月1日出版了《新青年》第8卷第1期,当时已为共产党的机关刊物,该期发表了《谈政治》一文,明确了劳动阶级参与政治斗争对于制度根本改变的必要性,他说:"只有被压迫的生产的劳动阶级自己造成新的强力,自己站在国家地位,利用政治、法律等机关,把那压迫的资产阶级完全征服,然后才可望将财产私有、工银劳动等制度废去,将过去不平等的经济状况除去。"同时,重新理解了"民主"的内涵,他说:"若不经过阶级战争,若不经过劳动阶级占领权力阶级地位的时代,德谟克拉西(即民主)必然永远是资产阶级的专有物,也就是资产阶级永远把持政权抵制劳动阶级的利器。"[③]《谈政治》一文,从思想到措辞都深深打上了列宁主义阶级斗争思想的烙印,标志

---

① 唐宝林. 陈独秀传[M]. 北京:社会科学文献出版社,2013:232.
② 唐宝林. 陈独秀传[M]. 北京:社会科学文献出版社,2013:233.
③ 陈独秀. 谈政治[J]. 新青年,1920,8(1):6-14.

着他对列宁理论的完全接受。

《新青年》同一期《对于时局的我见》也鲜明地突出了"阶级斗争"的理念,"我以为世界上只有两个国家,一是资本主义的国家,一是劳动者的国家……各国内只有阶级,阶级内复有党派,我以为'国民'不过是一个空名,并没有实际的存在。……无论是国会也好,国民大会也好,俄罗斯的苏维埃也好,都只是一个阶级一个党派的势力集中,不是国民总意的表现。因为一国民间各阶级各党派的利害、希望各不相同,他们的总意不但没有办法表现,而且并没有实际的存在。"①

与此同时,《新青年》也从该期开始开辟了"俄罗斯研究"专栏,专门向外传递俄国内部的情况。当然,由于语言的限制与全世界对共产主义俄国的封锁,陈独秀等人也不能直接从俄国了解情况。《新青年》的"俄罗斯研究"栏目基本上是转译自美国的一份周刊《苏维埃俄罗斯》(Soviet Russia),内容主要是介绍俄罗斯十月革命后的情况。《共产党》上的文章,同样也主要转译自《苏维埃俄罗斯》。

维经斯基带来的不仅仅是苏联的"违禁刊物",还有大量的资金。英文资料《苏维埃俄罗斯》就是依靠维经斯基的资金才得以购买的。所以说,维经斯基的到来是陈独秀接受理论的重要推手。

总而言之,在知行观上我们常说有两重飞跃,即感性认识向理性认识的飞跃、理性认识向实践的飞跃。然而在日常生活上,并非一切都是待成熟后进入下一环节的。所以也就出现了认识、实践、再认识、再实践的反复循环。严格来说,陈独秀就是先开展社会主义实践,再接受社会主义理论的。他在投入阶级斗争的社会主义实践时,对于列宁主义理论的理解是极为粗糙与零星的,其行动完全是凭借热情推动的。当然,也正是从不成熟的行动中获得宝贵的经验与启发,才能促使他快速认识并接受系统的理论。

第三节 在老渔阳里时期的《新青年》转型

《新青年》于1916年在上海创办,之后,编辑部跟着陈独秀搬到了北京。1920年初,陈独秀正式住进了老渔阳里2号,《新青年》编辑部也随之回到上

---

① 陈独秀. 对于时局的我见 [J]. 新青年, 1920, 8 (1): 40-41.

海。《新青年》的这次回归不是单纯意义上的返回，而是有了升华与涅槃。这主要以1920年5月1日出版的《劳动节纪念号》（即《新青年》第七卷第六号）为标志，开启了为普通劳工的权益鼓与呼的办刊思路，真正成了马克思主义理论与实践相结合的宣传刊物。

一、《劳动节纪念号》前的《新青年》

（一）《新青年》刊行始末

《新青年》于1915年在上海嵩山路吉益里21号创刊，起初叫《青年杂志》，是以青年学生群体为目标受众的综合性文化月刊，出刊时标注了法文名称"La Jeunesse"。先期定为16开，每月1号，每6号为一卷，由上海棋盘街的益群书社印行，后因护国运动停刊半年。复刊后，因与上海基督教青年会的《上海青年杂志》同名，自1916年9月第二卷起，改名《新青年》，并一直沿用到终刊。

1917年，受蔡元培之邀，陈独秀出任北京大学文科学长，编辑部随之搬去北京。8月，《新青年》出齐第三卷后，因运作费用难以为继，打算停刊。1918年1月15日再次复刊，出版了第四卷第一号，同时改为同人刊物，不接受来稿，编辑部也改组扩大，实行轮流主编的办法，除了陈独秀外，鲁迅、钱玄同、刘半农、陶孟和、沈尹默、胡适都参与了四、五两卷的主编。1919年1月15日第六卷扉页公开的分期编辑表上显示，除了原来的陈独秀、钱玄同、胡适、沈尹默外，李大钊、高一涵也加入了主编队伍，他们是顶替出国留学的陶孟和与刘半农的。1919年6月11日，陈独秀在北京散发传单时，被早已埋伏的警察抓了现行，被捕入狱96天。出狱后，同年12月出版的第七卷第一号，又改由陈独秀一人主编。1920年初，陈独秀入住老渔阳里后，编辑部也回到了上海。1920年5月1日出版的《劳动节纪念号》，成为《新青年》转型的重要标志。9月出版的第八卷第一号，成为中国共产党上海发起小组的机关刊物。

1923年6月，由于原来的编委们因政治立场不同而产生了分裂，导致稿源与经费严重不足，《新青年》不得不由月刊改为季刊。1925年出版季刊第二号时，规模急剧缩水，仅刊文7篇。1926年7月，在出版了季刊第五期后不得不宣告停刊，即终刊了。

（二）《新青年》早期办刊宗旨

《新青年》是在反帝反封建的背景下创办起来的，要实现反帝反封建的革命理想就必须从青年抓起，这是陈独秀一贯的看法。因此，《新青年》从一开始就是秉持着启蒙青年的初衷。陈独秀在辨析"新青年"这一概念时,说:"吾可敬可爱之青年诸君乎,倘自认为20世纪之新青年,头脑中必斩尽涤绝彼老者壮者及比老者壮者腐败堕落诸青年之做官发财思想,精神上别构真实新鲜之信仰,始得谓为新青年而非旧青年,始得谓为真青年而非伪青年。"① 所谓"新青年""真青年",必须是思想进步,而所谓"思想进步",则主要是脱离封建的"升官发财"的落后思想,其解救的良方就是睁眼看世界,了解国外的时事动态、文化思潮、前卫思想,做一个有全球视野的青年,此之为《新青年》办刊的基本宗旨。

晚清民初杂志以政论为多,然所发表的看法,主要针对各个具体政治事件,不形成普遍的政治理论或文化观念。《新青年》的创设独辟蹊径,希望站在一个更高的理论视域下来考察文明的发展进程,尤其厘清当时的中国在世界时局中的位置,从而唤起青年对国家的自觉。在创刊号上,陈独秀寄语青年,要"自主的而非奴隶的""进步的而非保守的""进取的而非退隐的""世界的而非锁国的""实利的而非虚文的""科学的而非想象的",他号召"国人而欲脱蒙昧时代,羞为浅化之民也,则急起直追,当以科学与人权并重","凡此无常识之思维,惟无理由之信仰,欲根治之,厥维科学。夫以科学说明真理,事事求诸证实,较之想象武断之所为,其步度诚缓,然其步步皆踏实地,不若幻想突飞者之终无寸进也。宇宙间之事理无穷,科学领土内之膏腴待辟者,正自广阔。青年勉乎哉!"② 从理论的、启蒙的高度办刊,是《新青年》在当时独树一帜的地方。

在创刊号中的几篇文章便极具代表性,如陈独秀的《法兰西人与近代文明》一文,旨在引导读者去形成进步的思想和文化,认为这才是改变现实世界的基本动力,其中他又列举了空想社会主义等,认为只有思想的进步,才能促进中国"特别之文明"的创造。为此,他还翻译了法国学者薛纽伯(Charles Seignobos)的《现代文明史》中的一节,详尽地介绍了"十八世纪欧罗巴之革新运动"以及"法兰西精神"的形成,促进读者认识18世纪法国的经济学、哲学等新思想在其中的推动作用。此外,该期还刊登了高一涵的《共和国家与青年之自觉》、彭德尊的《艰苦力行之成功者:卡内基传》等。有学者评价说:"陈独秀以及后来参与编辑的同仁们显然深刻意识到这种直接反应式批评的有限性,

---

① 陈独秀. 新青年[J]. 新青年,1916,2(1):9-12.
② 陈独秀. 敬告青年[J]. 青年杂志,1915,1(1):13-18.

他们更倾向于透过纷繁的政治现象，重新理解当时中国的时代精神状况。"①

（三）《新青年》早期刊文特色

《劳动节纪念号》（第七卷第六号）以前《新青年》刊登的文章，主要是宏观的政治、文化理论类的文章，这批文章的目的在于厘清当时中国社会要面对的根本性问题。此外还有时政类的国内外大事记、诗词小说创作与翻译、国外文化与名人介绍、文字研究、青年忠告、妇女问题、教育问题。比如白话文小说《狂人日记》《孔乙己》最早就是刊发在《新青年》上的，此外，鲁迅、胡适等人又发表了大量文学革命的文章；针对"人字吾为东方病夫国"的指摘，《新青年》又刊登过毛泽东的《体育之研究》，倡导德智体全面发展。至第七卷第五号（1920年4月）时，刊登了系列反思昙花一现的具有共产主义实验色彩的"工读互助团"失败原因的文章，其本质还是在为青年人打开国际视野探索出路。

的确，《新青年》的新风格开了当时风气之先，吸引了一大批青年人的眼球，得到了无数好评。1917年9月22日，张昆弟的日记里记述了毛泽东的一段话，反映了毛泽东对陈独秀高度的认可，当时毛泽东对张昆弟说："中国人沉郁固塞，陋不自知，人主出奴，普成习性。安得有俄之托尔斯泰其人者，冲决一切现象之网罗，发展其理想之世界，行之以身，著之以书，以真理为归，真理所以，毫不旁顾。前之谭嗣同，今之陈独秀，其人者魄力雄大，诚非今日俗学所可比拟。"② 后来，毛泽东接受斯诺采访时，也延续了这一看法，说："这些团体的大多数，或多或少是在《新青年》影响之下组织起来的。《新青年》是有名的新文化运动的杂志，由陈独秀主编。我在师范学校学习的时候，就开始读这个杂志了。我非常钦佩胡适和陈独秀的文章。他们代替了已经被我抛弃的梁启超和康有为，一时成了我的楷模。"③ 唐宝林认为，毛泽东发表了《体育之研究》（第三卷第二号）后的一年，创立了"新民学会"，其主要动力来自陈独秀与《新青年》。④ 周恩来亦然，他在读了《新青年》第三卷第四号后，感到豁然开朗，其于1918年2月6日这天的日记中写道："晨起读《新青年》，晚归复读之，对所持排孔、独身、文学革命诸主义极端地赞成。"第二天他又写道：

---

① 张春田. 重温《青年杂志》创刊号［N］. 社会科学报，2015-07-30.
② 唐宝林. 陈独秀全传［M］. 北京：社会科学文献出版社，2013：191.
③ ［美］爱德加·斯诺. 红星照耀中国［M］. 董乐山，译. 北京：作家出版社，2008：101.
④ 唐宝林. 陈独秀全传［M］. 北京：社会科学文献出版社，2013：191.

"这个月开月以来，觉得心里头安静了许多。这几天连着把三卷的《新青年》仔细看了一遍，才知道我从前在国内所想的全是大差，毫无一事可以做标准的。……从今后要按着二月二十一日所定的三个主义去实行。……我愿意自今以后，为我的'思想''学问''事业'支开一个新纪元才好呢！"① 可见，《新青年》给了周恩来多么重大的启发。

下表将《新青年》的理论文章尽数列出，可以较为清晰地呈现《新青年》早期的办刊风格与办刊宗旨，即浓重的启蒙风格，非常努力地为青年读者打开了一扇通往世界文明的窗口。

表 2-1 《新青年》理论文章发表情况统计一

卷数	主编	理论文章	作者	类别	本期特色
第一卷第一号（1915年9月）	陈独秀	新旧问题	汪叔潜	社会思潮	本期刊文38篇，除理论文章外，几乎全为劝告青年的励志文章。
		现代文明史（未完）	［法］薛纽伯著，陈独秀译	政治与文化	
第一卷第二号（1915年10月）	陈独秀	人生唯一之目的	李亦民	哲学研究	本期刊文38篇，除理论文章外，仍以介绍国外政治、文化现状为主。
		述墨	易白沙		
		近世国家观念与古相异之概略	高一涵	政治与文化	
第一卷第三号（1915年11月）	陈独秀	抵抗力	陈独秀	社会思潮	本期刊文28篇，文章以介绍国内外大事与国外文化为主。
		民约与邦本	高一涵	政治与文化	

---

① 周恩来旅日日记手稿［M］//唐宝林．陈独秀全传．北京：社会科学文献出版社，2013：192-194.

续表

卷数	主编	理论文章	作者	类别	本期特色
第一卷第四号（1915年12月）	陈独秀	叔本华自我意志说	刘叔雅	哲学研究	本期刊文30篇，除理论文章外，还以介绍国内外大事与国外文化为主。
		国家非人生之归宿论	高一涵	政治与文化	
		读梁任公革命相续之原理论	高一涵		
		东西民族根本思想之差异	陈独秀		
第一卷第五号（1916年1月）	陈独秀	述墨（续二号）	易白沙	哲学研究	本期刊文34篇，文章以介绍国内外大事与国外文化为主。
		我	易白沙		
		自治与自由	高一涵	政治与文化	
第一卷第六号（1916年2月）	陈独秀	孔子评议（上）	易白沙	哲学研究	本期刊文25篇，除理论文章外，以介绍国内外大事与国外文化为主。
		戴雪英国言论自由之权利论	[英]戴雪氏著，高一涵译		
		吾人最后之觉悟	陈独秀	政治与文化	
		美国人之自由精神	[美]Edmund Burke著，刘叔雅译		
第二卷第一号（1916年9月）	陈独秀	述墨（续）	易白沙	哲学研究	本期刊文22篇，文章以介绍国内外大事与国外文化为主。
		孔子评议（下）	易白沙		
		乐利主义与人生	高一涵		
		当代二大科学家之思想	陈独秀	社会思潮	

69

续表

卷数	主编	理论文章	作者	类别	本期特色
第二卷第二号（1916年10月）	陈独秀	赫克尔之一元哲学	马君武	哲学研究	本期刊文24篇，除理论文章外，仍以介绍国内外大事与国外文化为主。
		论生活上之协力与倚赖	罗佩宜	社会思潮	
		新青年之家庭	李平		
		我之爱国主义	陈独秀	政治与文化	
		驳康有为致总统总理书	陈独秀		
		现代文明史（续创刊号）	[法]薛纽伯著，陈独秀译		
第二卷第三号（1916年11月）	陈独秀	赫克尔之一元哲学（续前号）	马君武	哲学研究	本期刊文24篇，除理论文章外，以介绍国内外大事、国外文化及文学创作为主。
		当代二大科学家之思想（续第一号）	陈独秀	社会思潮	
		宪法与孔教	陈独秀	政治与文化	
		军国主义	刘叔雅		
第二卷第四号（1916年12月）	陈独秀	赫克尔之一元哲学（续前号）	马君武	哲学研究	本期刊文23篇，除理论文章外，以介绍国内外大事、国外文化及文学创作为主。
		孔子之道与现代生活	陈独秀		
		袁世凯复活	陈独秀	政治与文化	
		治生篇	杨昌济		

70

续表

卷数	主编	理论文章	作者	类别	本期特色
第二卷第五号（1917年1月）	陈独秀	赫克尔之一元哲学（续前号）	马君武	哲学研究	本期刊文26篇，除理论文章外，以介绍国内外大事与国外文化为主。
		再论孔教问题	陈独秀		
		一九一七年豫想之革命	高一涵	政治与文化	
		治生篇（续前号）	杨昌济		
		人类文化之起源	陶履恭		
		蔡孑民先生在信教自由会之演说	蔡元培		
		蔡孑民先生之欧战观：政学会欢迎会之演说	蔡元培		
		文学改良刍议	胡适		
第二卷第六号（1917年2月）	陈独秀	听蔡孑民先生演辞感言	陈其鹿	政治与文化	本期刊文32篇，除理论文章外，以介绍国内外大事与国外文化为主。
		中国国民性及其弱点	光昇		
		家族制度为专制主义之根据论	吴虞		
		人类文化之起源（续前号）	陶履恭		
		文学革命论	陈独秀		

续表

卷数	主编	理论文章	作者	类别	本期特色
第三卷第一号（1917年3月）	陈独秀	读《荀子》书后	吴虞	哲学研究	本期刊文25篇，文章以介绍国内外大事、国外文化之文章为主，以及一些关于妇女问题与励志青年的文章。
		物质实在论（哲学问题之研究一）	恽代英		
		我之孔道观	常乃德		
		对德外交	陈独秀	政治与文化	
		人类文化之起源（续前号）	陶履恭		
		少年共和国	李次山		
第三卷第二号（1917年4月）	陈独秀	消极革命之老庄	吴虞	哲学研究	本期刊文17篇，本期内容较少，除了理论文章外，还有国外小说、诗歌创作、国外大事。
		社会	陶履恭	社会思潮	
		经济学之总原则	章士钊		
		体育之研究	二十八画生		
		金钱之功用及罪恶	[英]斯迈尔斯著，何先槎译	政治与文化	
		俄罗斯革命与我国民之觉悟	陈独秀		
		我之改良文学观	方孝岳		
第三卷第三号（1917年5月）	陈独秀	礼论	吴虞	哲学研究	本期刊文27篇，除理论文章外，主要介绍国外大事。
		生存竞争与道德	高硎若		
		读胡适先生文学改良刍议	余元濬	政治与文化	
		旧思想与国体问题	陈独秀		
		我之文学改良观	刘半农		
		历史的文学观念论	胡适		
		中国学研究者之任务	桑原隲藏、J. H. C. 生译		

续表

卷数	主编	理论文章	作者	类别	本期特色
第三卷第四号（1917年6月）	陈独秀	论迷信鬼神	徐长统	社会思潮	本期刊文29篇，除理论文章外，还介绍了国外大事、文化及文学创作、女子问题。
		时局杂感	陈独秀		
		儒家主张阶级制度之害	吴虞	政治与文化	
		罗斯福国防演说	李权时		
第三卷第五号（1917年7月）	陈独秀	儒家大同之义本于老子说	吴虞	哲学研究	本期刊文18篇，除理论文章外，还以国外文化介绍为主。
		论信仰	恽代英	社会思潮	
		改良文学之第一步	易明	政治与文化	
第三卷第六号（1917年8月）	陈独秀	以美育代宗教	蔡元培	社会思潮	本期刊文17篇，除理论文章外，以国外大事与文化介绍为主，兼及中国教育问题。
		近世三大政治思想之变迁	高一涵	政治与文化	
		复辟与尊孔	陈独秀		
第四卷第一号（1918年1月）	陈独秀	归国杂感	胡适	社会思潮	本期刊文21篇，主要以文学、文字学研究为主，兼及国外文化介绍与诗歌创作。
		文学革新申义	傅斯年	政治与文化	
		近世三大政治思想之变迁（续前号）	高一涵		
第四卷第二号（1918年2月）	钱玄同	柏格森之哲学	刘叔雅	哲学研究	本期刊文20篇，主要以文学、文字学及诗歌创作为主。
		人生真义	陈独秀	社会思潮	
		新青年之新道德	陶履恭		
		新文学与新字典	钱玄同	政治与文化	

续表

卷数	主编	理论文章	作者	类别	本期特色
第四卷第三号（1918年3月）	刘半农	读弥尔的《自由论》	高一涵	哲学研究	本期刊文15篇，内容较杂，但仍以文学、文字学研究为主。
		驳康有为《共和平议》	陈独秀	政治与文化	
		文学革命之反响：王敬轩君来信	王敬轩		
		新文学之运用	俞慧殊		
第四卷第四号（1918年4月）	陶孟和	"今"	李大钊	社会思潮	本期刊文16篇，主要聚焦文学与文字学问题。
		中国学术思想界之基本误谬	傅斯年		
		建设的文学革命论	胡适	政治与文化	
		中国今后之文字问题	钱玄同、陈独秀、胡适		
		论汉字索引制及西洋文学	林玉堂、钱玄同		
第四卷第五号（1918年5月）	沈尹默	德意志哲学家尼采的宗教	凌霜	哲学研究	本期刊文25篇，除文史哲研究外，还有小说创作。鲁迅《狂人日记》的首次发表，便是在这一期上。
		辟"灵学"	陈大齐	社会思潮	
		有鬼论质疑	陈独秀		
		新的！旧的！	李大钊		
		论文学改革的进行程序	盛兆熊、胡适	政治与文化	
		致钱玄同先生论注音字母书	吴敬恒		

续表

卷数	主编	理论文章	作者	类别	本期特色
第四卷第六号（1918年6月）	胡适	易卜生主义	胡适	社会思潮	本期刊文11篇，几乎全部探讨文学理论问题，多篇文章聚焦易卜生的文学及生平。
		讨论学理之自由权	王敬轩、陈独秀		
		文字改革及宗教信仰	悔、钱玄同、陈独秀	政治与文化	
第五卷第一号（1918年7月）	陈独秀	诸子无鬼论	易白沙	哲学研究	本期刊文22篇，除了几篇理论文章外，主要是国外文化介绍、诗歌创作、札记、演讲。
		新教育与旧教育之歧点	蔡元培	社会思潮	
		今日中国之政治问题	陈独秀	政治与文化	
		文学革新与青年救济	邓萃英、钱玄同		
第五卷第二号（1918年8月）	钱玄同	偶像破坏论	陈独秀	社会思潮	本期刊文21篇，除了理论文章外，还有国内外文学介绍、妇女问题。
		答陈独秀先生《有鬼论质疑》	易乙玄		
		难易乙玄	刘叔雅		
		机器促进大同说	吴敬恒		
		革新文学及改良文字	朱我农、胡适、钱玄同	政治与文化	
第五卷第三号（1918年9月）	刘半农	质问东方杂志记者：东方杂志与复辟问题	陈独秀	社会思潮	本期刊文30篇，除陈独秀、刘半农二人的文章外，还有介绍国外文化、文字学文章数篇，其余全为文学作品。
		Y. Z. 君：敝志是绝对主张白话文学的	刘半农		

续表

卷数	主编	理论文章	作者	类别	本期特色
第五卷第四号（1918年10月）	胡适	论《新青年》之主张	易宗夔、胡适之、陈独秀	社会思潮	本期刊文22篇，主要讨论文学与戏剧的关系，兼及诗歌、小说、札记若干。
第五卷第五号（1918年11月）	沈尹默	欧战与哲学	蔡元培	哲学研究	本期刊文19篇，除了欧战有关文章外，继续探讨了文学、文字，以及介绍了国外文学。
		"作揖主义"	刘半农	社会思潮	
		平民生计社宣言	张国仁、朱仲年、林幕崎		
		关于欧战的演说：庶民的胜利	李大钊	政治与文化	
		关于欧战的演说：劳工神圣	蔡元培		
		关于欧战的演说：欧战以后的政治	陶履恭		
		BOLSHEVISM的胜利	李大钊		
第五卷第六号（1918年12月）	陶孟和	武力解决与解决武力	胡适	社会思潮	本期刊文23篇，除社会思潮、政治文化类的文章外，主要还是以文学改革相关和文学创作为主。
		非"君师主义"	高一涵		
		我们政治的生命	陶履恭		
		鬼相之研究	莫、王星拱、陈大齐		
		我们政治的生命	陶履恭		
		文学改良与孔教	张寿朋、周作人、陈独秀	政治与文化	

续表

卷数	主编	理论文章	作者	类别	本期特色
第六卷第一号（1919年1月）	陈独秀	"恭贺新禧"	陈大齐	社会思潮	本期刊文22篇，除理论文章外，文学创作、游记、杂文、文学研究若干。
		本志罪案之答辩书	陈独秀		
		论自杀	陶履恭		
		对于梁巨川先生自杀之感想	陈独秀		
		摆脱奴隶性	王禽雪、陈独秀		
		和平会议的根本错误	高一涵	政治与文化	
第六卷第二号（1919年2月）	钱玄同	不朽：我的宗教	胡适	社会思潮	本期刊文24篇，除了社会思潮类文章外，还有论妇女问题、文字问题，但主体还是文学问题。
		灵异论（节译Die Lebenswunder第三章）	［德］赫克尔著，刘淑雅译		
		真正永久和平之根本问题	李次九		
		在质问东方杂志记者	陈独秀		
第六卷第三号（1919年3月）	高一涵	斯宾塞尔的政治哲学	高一涵	哲学研究	本期刊文20篇，除了理论文章外，还有社会杂记、文学改革、国外文学翻译若干。
		何为科学家	任鸿隽	社会思潮	
		日本的新村	周作人		

77

续表

卷数	主编	理论文章	作者	类别	本期特色
第六卷第四号（1919年4月）	胡适	实验主义	胡适	哲学研究	本期刊文27篇，涉及内容较杂，国外文化、社会评论等皆有。本期也是《孔乙己》的首发之处。
		工作与人生	王光祈	社会思潮	
		思想革命	仲密		
		鬼相与他心通	王抚五、陈大齐		
第六卷第五号（1919年5月）	李大钊	马克思学说	顾兆熊	哲学研究	本期刊文21篇，除了若干诗歌创作外，还有与马克思主义理论、人物有关的文章若干。
		马克思学说的批评	凌霜		
		我的马克思主义观（上）	李大钊		
		老子的政治哲学	高一涵		
第六卷第六号（1919年11月）	沈尹默	我的马克思主义观（下）	李大钊	哲学研究	本期刊文39篇，除理论文章外，以诗歌创作与随感，以及妇女问题、教育问题为主。
		我对于丧礼的改革	胡适	社会思潮	
		我们现在怎样做父亲	唐俟		
		吃人与礼教	吴虞	政治与文化	
第七卷第一号（1919年12月）	陈独秀	本志宣言	陈独秀	社会思潮	本期刊文22篇，涉及内容也较杂，没有相对集中的讨论。
		"新思潮"的意义	胡适		
		科学的起源和效果	王星拱		
		论新旧	潘力山		
		精神独立宣言	张松年		
		实行民治的基础	陈独秀	政治与文化	

续表

卷数	主编	理论文章	作者	类别	本期特色
第七卷第二号（1920年1月）	陈独秀	自杀论：思想变动与青年自救	陈独秀	社会思潮	本期刊文43篇，除了国外文化介绍、社会批评外，还有声援北京"工读互助团"，且首次刊发中国农民有关的文章。
		新村的精神	周作人		
		由经济上解释中国近代思想变动的原因	李大钊	政治与文化	
		欧美劳动问题	陶履恭		
		山东的一部分的农民状况大略记	孟真	农民问题	
第七卷第三号（1920年2月）	陈独秀	基督教与中国人	陈独秀	社会思潮	本期刊文24篇，涉及国外文化、经济学、心理学、文字学、妇女问题等，内容较杂。
		组织农民银行驱逐"重利盘剥者"	李四杰	农民问题	
第七卷第四号（1920年3月）	陈独秀	人口问题，社会问题的锁钥	顾孟馀	社会思潮	本期刊文11篇，除了介绍杜威思想与一幕话剧外，全与人口学有关。
		贫穷与人口问题	陶孟和		
		马尔塞斯人口论与中国人口问题	陈独秀		
第七卷第五号（1920年4月）	陈独秀	罗素的社会哲学	高一涵	哲学研究	本期刊文20篇，刊文主体为反思"工读互助团"失败原因的文章。
		什么是科学方法	王星拱	社会思潮	
		劳动者的觉悟	陈独秀	工人问题	

二、《新青年》的涅槃

（一）《劳动节纪念号》的标志性意义

虽然1920年初，陈独秀早就是一名马克思主义者了，但是《新青年》其实尚未转型，仍然延续了办刊之初的理念。它的真正转型，待《劳动节纪念号》刊行而后成就。

1920年5月，编辑部回归老渔阳里2号的《新青年》发行了标志其彻底转型的《劳动节纪念号》（第七卷第六号）。这一期特刊专注于工人阶级问题的探讨与工人生活风貌的反映，发表了16名来自各行各业知名人士和普通工人的题词，其中包括孙中山的亲笔题词"天下为公"，蔡元培的题词"劳工神圣"，吴稚晖的题词"人日"，普通工人的题词有"平等互助""其衣食住均由劳动得来者为吾良友""黜逐强权劳动自治""不劳动者之衣食住等均属盗窃赃物"等；此外，还有不同行业工人的劳动照片33幅，涉及手工业、机械工业、运送业、使用人（即服务业）四个大类24个行业，工人阶级的风格异常鲜明。

这一期刊发表的文章主要有四类，包括历史类、评论类、介绍国外状况类、中国社会调查类。前三类的文章不算多，如李大钊的《"五一"May Day 运动史》、T.C.I 的《一九一九巴黎"五一"运动》；俄国人 S.A.P. 与 C.S. 生译的《职工同盟论》、陈独秀的《劳动者的觉悟》、刘秉麟的《劳动问题是什么》；张慰慈的《美国劳动运动及组织》、高一涵的《日本近代劳动组织及运动》、程振基的《英国劳动组合及其最近的趋势》、李泽章翻译的《俄罗斯苏维埃联邦共和国劳动法典》以及一篇转载《北京晨报》的文章《英国劳动的新势力》。关于中国社会的调查报告是最多的，主要涉及了具体行业情况的调查，详见表2-2。

1920年的"五一"国际劳动节活动意义是非凡的，学者们对此进行了极高的评价，"1920年'五一'国际劳动节纪念活动的鲜明历史特点，使其超出了一般意义上的节日纪念活动，成为中国工运史上的一个重大事件，标志着中国共产主义知识分子与工人运动真正结合的开始"[1]。但需要指出的是，这次劳动节的活动超乎寻常的启蒙意义，若缺乏《劳动节纪念号》的理论加持是难以形成的，更何况上海的"五一"国际劳动节纪念活动还主要是在陈独秀指导下进行的。

---

[1] 高爱娣. 共产主义知识分子与工人运动开始结合的标志——1920年"五一"国际劳动节纪念活动的历史剖析[J]. 中国工运学院学报，1992（3）：31-35.

>>> 第二章 跌宕起伏：冷对陈独秀的南昌路

《劳动节纪念号》刊出以后，引起了巨大的社会反响，上海的工人阶级可谓找到了自己的发声平台。然而，这一期特刊更重大的意义在于，它彻底影响了《新青年》此后的办刊思路，彻底转型为马克思主义宣传刊物，专为工人阶级争取话语权而服务，甚至成了中共的党刊。蔡和森说："每个同志都知道《新青年》主笔仲甫同志，但是这个刊物开始时的两个口号则为：民主与科学，而这两个口号又完全是代表美国的精神，故《新青年》以前也是美国思想宣传机关，但是到了仲甫同志倾向社会主义以后，就由美国思想变为俄国思想了，宣传社会主义了。不过在过渡期间的文章，社会革命的思想是有了，杜威派的实验主义也是有的。一直到 1920 年（原误作'1921 年'）五一劳动节特刊问题，才完全把美国思想赶跑了。"① 其实"把美国思想赶跑"的说法并不准确。这一点我们在第七卷第五号刊登的《劳动节纪念号》预告里可以看出来，其文写道："每年 5 月 1 日，是 1886 年美国芝加哥大会议决八小时的运动胜利纪念日，后来每逢此日，欧美各国劳动界，常有盛大的纪念活动。本志次号出版期刚逢到这个盛节，所以决定发行《劳动节纪念号》，当作我们'游惰神圣'的民族一声警钟。"② 劳动节本身就源自欧美，陈独秀的意思也是要中国呼应欧美的这个节日，所以不能简单地说"把美国思想赶跑"；其次，马克思主义理论本身就是科学理论，无产阶级争取政治独立的运动也属于民主运动。所以，该号为工人阶级争取话语权的转向，准确的理解应该是，把"科学"与"民主"的抽象理念与具体的工人运动相结合，使理论具有了实践性与现实性。

通过表 2-2，可以清晰地看到，自第七卷第六号始，《新青年》所刊的文章彻底聚焦为马克思主义的宣传与工人阶级的调查。自第八卷第一号（1920 年 9 月）起，又连续刊登了俄国现状的系列研究，旗帜鲜明地站到了俄国立场上；甚至小说、戏剧等国外文艺的翻译，也以俄国为主体的社会主义阵营国家为主。第九卷第四号（1921 年 8 月），首次刊登了与农民问题相关的文章。不足的是，之后全部《新青年》的刊文中，与农民问题相关的文章是屈指可数的，这与陈独秀片面强调工人阶级的领导力有很大关系。

---

① 蔡和森. 中国共产党史的发展 [M] //蔡和森的十二篇文章. 北京：人民出版社，1980：7.
② 陈独秀. 本志特别预告 [J]. 新青年，1920，7（5）：1.

表2-2 《新青年》理论文章发表情况统计二

卷数	主编	理论文章	作者	类别	本期特色
第七卷第六号（1920年5月）	陈独秀	"五一" May Day 运动史	李大钊	政治与文化	本期刊文100篇（包括题词），是刊文最多的一期，以介绍中国各地各行各业劳动者的现状为主，尤其以上海的现状调查最为丰富。涉及国外的政治与文化的文章也是关于国外劳动者的状况。
		劳动者的觉悟	陈独秀		
		劳动问题是什么？	刘秉麟		
		日本近代劳动组织及运动	高一涵		
		美国劳动运动及组织	张慰慈		
		俄罗斯苏维埃联邦共和国劳动法典	李泽章		
		英国的劳动组合	戴季陶		
		英国劳动组合及其最近的趋势	程振基		
		巴黎华工会	无署名		
		英国劳动的新势力	北京晨报		
		一九一九年巴黎的"五一"运动	T.C.I.		

续表

卷数	主编	理论文章	作者	类别	本期特色
第七卷第六号（1920年5月）	陈独秀	香港罢工记略	无署名	工人问题	本期刊文100篇（包括题词），是刊文最多的一期，以介绍中国各地各行各业劳动者的现状为主，尤其以上海的现状调查最为丰富。涉及国外的政治与文化的文章也是关于国外劳动者的状况。
		上海劳动状况（24篇）	李次山		
		北京劳动状况	李幽影		
		皖豫鄂浙冶铁工人状况	李少穆		
		长沙劳动状况	野		
		唐山劳动状况（2篇）	许元启		
		山西劳动状况	高君宇		
		南京劳动状况	莫如		
		无锡各工厂劳动调查表	李昆		
		天津造币总厂的工人状况	杨赓陶		
		上海厚生纱厂湖南女工问题	陈独秀		

83

续表

卷数	主编	理论文章	作者	类别	本期特色
第八卷第一号（1920年9月）	陈独秀	《社会主义史序》	蔡元培	社会思潮	本期刊文35篇，除了以关于工人问题的文章为主体外，还有李汉俊的俄罗斯研究系列4篇，以及社会风俗调查与诗歌创作文章若干。
		新历史	陶孟和		
		谈政治	陈独秀	政治与文化	
		对于时局的我见	陈独秀		
		劳动问题	陈独秀		
		香港罢工风潮始末记	无署名	工人问题	
		武昌五局工人状况	无署名		
		社会调查：汉口苦力状况	刘云生		
		社会调查：湖北河南间的风俗	马伯援		
第八卷第二号（1920年10月）	陈独秀	生存竞争与互助	周建人	社会思潮	本期刊文27篇，有3篇俄罗斯研究的系列文章，还有介绍俄罗斯文化的文章数篇。
		工作与报酬	[英]罗素著，凌霜译		
		哲学里的科学方法	[英]罗素著，张松年译	哲学研究	
		民主与革命	[英]罗素著，张松年译		
		六时间之劳动	陶履恭		
		工人教育问题	知耻、陈独秀	工人问题	

续表

卷数	主编	理论文章	作者	类别	本期特色
第八卷第三号（1920年11月）	陈独秀	罗素的逻辑和宇宙观之概说	王星拱	哲学研究	本期刊文53篇，除继续介绍罗素相关情况外，还有杂诗翻译23首，另有4篇俄罗斯研究的系列文章。
		民主与革命（续前号）	[英]罗素著，张松年译		
		国庆纪念的价值	陈独秀	政治与文化	
		民族自决	[苏]列宁著，震瀛译		
		劳动专政	柯庆施、陈独秀	工人问题	
第八卷第四号（1920年12月）	陈独秀	关于社会主义的讨论	陈独秀、张东荪	社会思潮	本期刊文43篇，除了关注工人问题外，还关注了中国社会问题，以及11篇俄罗斯研究系列和介绍德、法现状文章若干篇。
		四论上海社会	陈独秀		
		唯物史观在现代史学上的价值	李大钊	哲学研究	
		民主党与共产党	陈独秀	工人问题	
		法国"劳动联合会"宣章	李汉俊		
		劳工神圣与罢工	陈独秀		
		劳工神圣颂	H. M.		
		华工	陈独秀		
第八卷第五号（1921年1月）	陈望道	马克思还原	李达	哲学研究	本期刊文29篇，主要有10篇俄罗斯研究的系列文章，以及一些介绍国外文化的文章。
		达尔文主义	周建人		
		实行社会主义与发展实业	周佛海	社会思潮	

续表

卷数	主编	理论文章	作者	类别	本期特色
第八卷第六号（1921年4月）	陈望道	从政治的运动向社会的运动	陈望道	社会思潮	本期刊文21篇，除4篇俄罗斯研究的系列文章外，主要探讨社会主义的问题。
		新教育是什么	陈独秀		
		社会主义之思潮及运动	李季		
		社会主义与中国	李季		
		废止工钱制度	高一涵译	政治与文化	
第九卷第一号（1921年5月）	陈望道	社会主义是教人穷的吗？	李汉俊	社会思潮	本期刊文26篇，主要以讨论工会问题与社会主义相关问题为主。
		文化运动与社会运动	陈独秀		
		中国式的无政府主义	陈独秀		
		从科学的社会主义到行动的社会主义	［日］山川均	政治与文化	
		讨论社会主义并质梁任公	李达		
		关于广东工会法草案的讨论（其一）	李玄庐		
		关于广东工会法草案的讨论（其二）	李玄庐	工人问题	
		关于广东工会法草案的讨论（其三）	陈公博		
		产业协作社法草案理由书	戴季陶		

续表

卷数	主编	理论文章	作者	类别	本期特色
第九卷第二号（1921年6月）	陈望道	马克思派社会主义	李达	哲学研究	本期刊文22篇，除了讨论社会主义相关问题外，本期还有5篇注音字母的研究文章，以及国外文学、诗歌创作数篇。
		从资本主义组织到社会主义组织的两条路	周佛海	社会思潮	
		无产阶级政治	［苏］列宁著，成舍我译	政治与文化	
		共产主义历史上的变迁	高一涵		
		社会主义国家与劳动组合	［日］山川均著，周佛海译		
第九卷第三号（1921年7月）	陈望道	生物进化与球面沿革之概说	王星拱		本期刊文19篇，有3篇俄罗斯研究的系列文章，主要聚焦俄罗斯劳农。另有几篇音韵学、文字学和外国文学的文章。
		社会主义批评	陈独秀	社会思潮	
		革命与制度	陈独秀		
		政治改造与政党改造	陈独秀	政治与文化	
		开明专制	朱谦之、陈独秀		
		英法共产党：中国改造	张松年、陈独秀		
		湖南煤矿水工惨状	吴桢	工人问题	

续表

卷数	主编	理论文章	作者	类别	本期特色
第九卷第四号（1921年8月）	陈望道	马克思的共产主义	施存统	哲学研究	本期刊文48篇，理论文章仅3篇，刊周作人译诗30首及其他诗歌创作若干。首次出现与农民问题相关的刊文。
		马克思学说与中国无产阶级	蔡和森、陈独秀	社会思潮	
		论无政府主义	区声白、陈独秀		
		衙前农民协会章程	李玄庐	农民问题	
		衙前（浙江省萧山县）农民协会宣言	无署名		
第九卷第五号（1921年9月）	陈望道	省宪法中的民权问题	高一涵	社会思潮	本期刊文31篇，涉及了1篇有关农民问题的文章。除讨论社会主义的文章外，还有诗歌创作与文学理论相关文章若干。
		共产主义与基尔特社会主义	新凯		
		第四阶级解放呢？全人类解放呢？	施存统		
		结群性与奴隶性	［英］戈尔敦著，周建人		
		太平洋会议与太平洋弱小民族	陈独秀	政治与文化	
		农民自决：在萧山山北演说	李玄庐	农民问题	

续表

卷数	主编	理论文章	作者	类别	本期特色
第九卷第六号（1922年10月）	陈望道	马克思学说之两节	贝尔赭	哲学研究	本期刊文31篇，1922年只出了一期。涉及社会思潮的文章较多、较杂，与探讨马克思主义有关的文章占三分之一左右。
		马克思学说	陈独秀		
		马克思主义上所谓"过渡期"	[日]河上肇著，光亮译		
		俄罗斯革命和唯物史观	[日]河上肇		
		共产主义之界说	赤（李大钊）	社会思潮	
		再论共产主义与基尔特社会主义	新凯		
		读新凯先生的"共产主义与基尔特社会主义"	施存统		
		评第四国际	李达		
		中国社会主义青年团第一次全国大会记略之中国社会主义青年团章程	无署名	政治与文化	
		中国社会主义青年团第一次全国大会记略之青年工人农民生活状况改良议决案	无署名	工人问题	
		平民政治与工人政治	李守常		

续表

卷数	主编	理论文章	作者	类别	本期特色
季刊第一期（1923年6月）	陈独秀	《新青年》之新宣言	陈独秀	社会思潮	本期刊文17篇，全部是探讨马克思主义的文章，主要是为了呼应共产国际第四次世界大会。
		世界社会运动中共产主义派之发展史	瞿秋白		
		现代劳资战争与革命（共产国际之策略问题）	瞿秋白		
		评罗素之社会主义观	瞿秋白		
		世界的社会改造与共产国际	瞿秋白		
		共产主义之文化运动	奚湞		
		少年共产国际	无署名		
		俄罗斯革命之五年	［苏］列宁	政治与文化	
		东方问题之题要：共产国际第四次世界大会通过	一鸿		
		共产国际第四次大会统观	永剑		
		共产主义之于劳工运动	［苏］洛诺夫斯基	工人问题	
		殖民地及半殖民地职工运动问题之题要	陈独秀		
		世界革命中的农民问题	华尔嘉、罗亦农编译	农民问题	

续表

卷数	主编	理论文章	作者	类别	本期特色
季刊第二期（1923年12月）	陈独秀	自由世界与必然世界	瞿秋白	哲学研究	本期刊文22篇，除了数篇文学创作外，还主要讨论社会问题与俄国问题，兼及法国的工人运动。
		科学与人生观序	陈独秀	社会思潮	
		自民治主义至社会主义	屈维它		
		经济形势与社会关系之变迁	蒋光赤		
		社会之现在与将来	周佛海		
		俄罗斯无政府党宣言	张国焘	政治与文化	
		列宁论	腊狄客、张秋人译		
		共产国际1923年大执行委员会纪要	施陶父		
		俄国的新经济政策	［日］山川均著，王国源译		
		法国工人运动史概略	史黎雯	工人问题	

续表

卷数	主编	理论文章	作者	类别	本期特色
季刊第三期（1924年8月）	陈独秀	实验主义与革命哲学	瞿秋白	哲学研究	本期刊文13篇，文章很少，重点是在探讨马克思主义理论。
		辩证法与逻辑	［苏］蒲列哈诺夫著，郑超麟译		
		生产方法之历史的观察	周佛海		
		马克思主义辩证法的几个规律	［苏］阿多那斯基著，石夫译		
		无产阶级革命与文化	蒋侠僧	社会思潮	
		马克思传及其学说自序	李季		
		唯物史观对于人类社会历史发展的解释	蒋侠僧		
		马克思与俄罗斯共产党	［苏］梨亚荫诺夫著，罗忍译	政治与文化	
		社会主义苏维埃共和国联邦条约及宣言	无署名		

续表

卷数	主编	理论文章	作者	类别	本期特色
季刊第四期（1924年12月）	陈独秀	二十七年以来国民运动中所得教训	陈独秀	政治与文化	本期刊文16篇，以翻译列宁的文章为主，兼及中国政治问题的讨论。1924年底，孙中山发表《北上宣言》，提出召开国民会议和废除不平等条约两大主张，本期也较多讨论了民族问题，有呼应孙中山的意思。
		落后的欧洲及先进的亚洲	［苏］列宁著，仲武译		
		国民革命之土耳其	瞿秋白		
		革命后的中国	［苏］列宁著，仲武译		
		列宁主义之民族问题的原理	［苏］斯大林著，蒋光赤译		
		谁是中国国民革命之领导者	彭述之		
		第三国际第二次大会关于民族与殖民地问题的议案	蒋光赤译		
		民族与殖民地问题：列宁在第二次国际大会之演说	［苏］列宁著，蒋光赤译		
		亚洲的醒悟	［苏］列宁著，仲武译		
		中国战争	［苏］列宁著，弼时译		
		苏维埃制度底下民族问题之解决	郑超麟		
		广东政府与国民革命	卫金		
		黎明期的台湾	沫云		

续表

卷数	主编	理论文章	作者	类别	本期特色
季刊一号（1925年4月）	陈独秀	列宁主义概论	瞿秋白	社会思潮	本期刊文16篇，所刊的文章全部关于列宁，可视作列宁逝世一周年纪念专刊。
		列宁主义与托洛茨基主义	瞿秋白		
		列宁主义与中国民族运动	陈独秀		
		中国共产党第四次大会对于列宁逝世一周年纪念	无署名	政治与文化	
		社会主义国际的地位和责任	［苏］列宁著，陈乔年译		
		专政问题的历史观	［苏］列宁著，郑超麟译		
		第三国际及其在历史上位置	［苏］列宁著，郑超麟译		
		列宁、殖民地民族与帝国主义	魏琴		
		列宁与青年	任弼时		
		列宁与职工运动	郑超麟		
		列宁与农民	谢文锦		

续表

卷数	主编	理论文章	作者	类别	本期特色
季刊二号（1925年6月）	陈独秀	孙中山与中国革命运动	瞿秋白	政治与文化	本期仅有7篇文章，以介绍国内外形势为主。因稿源有限，不得不缩减篇幅。
		托洛茨基主义或列宁主义	[苏]斯大林著，郑超麟译		
		道威斯计划与世界帝国主义	瞿秋白		
		苏维埃社会主义共和国联合之研究	萧子暲		
		一九二四年之世界形势	任卓宣		
		"二七"前后工会运动略史	张特立		
		西欧农民运动的前提	[苏]马丁诺夫著，郑超麟译		
季刊三号（1926年3月）	陈独秀	国民革命运动中之阶级分化	瞿秋白	社会思潮	本期仅有9篇文章，从马克思主义宣传到国内国际局势都有兼顾。因稿源有限，规模不得不越办越小。
		国民会议与五卅运动：中国革命史上的一九二五年	瞿秋白		
		战壕断语：中国革命者的杂记	屈维它		
		印度民族革命运动与工人阶级的奋斗	梳罗达古	政治与文化	
		马克思主义者的列宁	[苏]布哈林著，郑超麟译		
		马克思通俗资本论序言	李季		
		从凡尔赛到洛迦诺	郑超麟		

续表

卷数	主编	理论文章	作者	类别	本期特色
季刊四号（1926年 月）	陈独秀	孙中山三民主义中之民族主义是不是国家主义？	陈独秀	社会思潮	本期刊文13篇，除了马克思主义宣传之外，主要是分析国内现状的文章。
		中国革命之武装斗争问题：革命战争的意义和种种革命斗争的方式	瞿秋白		
		北京屠杀与国民革命之前途	瞿秋白		
		马克思的家庭教育	季子	政治与文化	
		马克思主义的历史研究观	王伊雄		
		马克思主义者的列宁（续前号）	［苏］布哈林著，郑超麟译		
		从洛迦诺到日内瓦	任卓宣		
		新经济政策之第五年与苏维埃政权底下的农民问题	郑超麟		

续表

卷数	主编	理论文章	作者	类别	本期特色
季刊五号（1926年7月）	陈独秀	世界革命与中国民族解放运动	陈独秀	社会思潮	本期为《新青年》的最后一期，共刊发了21篇文章，主要分析了世界革命运动的历史与现状。
		世界的及中国的赤化与反赤化之斗争	瞿秋白		
		世界革命运动年表（八篇）	屈维它	政治与文化	
		摩洛哥的革命战争	颜斐周		
		苏联政治经济概况在第十四次全俄共产党大会之报告	［苏］斯大林著，蒋光赤译		
		国际共产主义运动之目前的问题：在共产国际扩大执行委员会的提案	［苏］季诺维埃夫著，郑超麟译		
		历史上的第一次无产阶级革命：巴黎公盟	任卓宣		
		世界革命与世界经济	刘仁静		
		英国帝国主义的崩坏与世界革命	尹宽		
		英国大罢工的原因及其经过	［日］剑持平太著，耳悚译		
		世界职工运动之现状与共产党之职任	［苏］洛若夫斯基著，瞿秋白译		
		世界的农民政党及农民协会：赤色农民国际与国际农民运动的历史	瞿秋白		

97

(二)《劳动节纪念号》对于《新青年》的转型意义

早在1920年初,陈独秀就已经意识到上海的工人阶级应该有自己的期刊,而且要有上海的特色。上海以工商业为主,要促进民众的觉悟,当然首先必须要促进工人阶级的觉悟。因此,他呼吁说:"上海的朋友要办报,不必办和人雷同的报,上海工商业都很发达,像《店员周刊》《劳动周刊》,倒有办的必要。但至今无人肯办。难道不高兴张嘴和店员劳动家说话吗?难道因为这种报纸不时髦,不能挂'新思潮''新文化运动'的招牌吗?"① 在宣传新文化运动时,他也提到了新文化运动对产业工人的意义,说:"新文化运动影响到产业上,应该令劳动者觉悟他们自己的地位,令资本家要把劳动者当作同类的'人'看待,不要当作机器、牛马、奴隶看待。"② 所以,在《劳动节纪念号》的出现之前早已有了伏笔。当然,在付诸行动前,他还对上海的工人阶级情况进行过一定的排摸。他对中华工业协会、中华总工会等工人阶级团体、组织都进行了深度的调研。

《劳动节纪念号》对于上海乃至全国的工人阶级的意义自不待言,它使得工人阶级有了自己的发声平台,也为工人运动提供了重要的理论支持。然而,《劳动节纪念号》更为根本的意义在于,促进了《新青年》办刊思路的整体转型。

首先,自《劳动节纪念号》之后,《新青年》的办刊思路从面向文化启蒙转向了面向政治斗争。《劳动节纪念号》下一卷,即第八卷第一号,刊登了陈独秀《谈政治》一文,明确了面向政治斗争这一态度。当时社会有不谈政治的风气,知识分子对政治是"争权夺利的勾当"有一定的共识,《新青年》在很长一段时间内也秉持了这个态度,胡适等人的文学革命与改良主义也都是在避免"政治斗争"。然而巴黎和会的失败,刺激到了陈独秀等一批知识分子的神经,他们由此认识到,不依靠政治斗争,是不可能从根本上改变现状的。更何况政治无处不在,"除非逃到深山人迹绝对不到的地方,政治总会寻着你的,但我们要认真了解政治的价值是什么,绝不是争权夺利的勾当可以冒牌的。"③ 同时,他也批判了工商业界、无政府主义等不谈政治的弊端。

有政治斗争,就会有阵营,这就导向了无产阶级与资产阶级两大阵营。所

---

① 陈独秀. 告新文化运动诸同志[N]. 大公报(长沙),1920-01-11.
② 陈独秀. 新文化运动是什么[J]. 新青年,1920,7(5):10-15.
③ 陈独秀. 谈政治[J]. 新青年,1920,8(1):6-14.

以《新青年》转型的第二个表现就是成为马克思主义的宣传阵地。自第八卷第一号起,《新青年》开始刊登一系列有关马克思主义宣传、俄罗斯研究的文章。《谈政治》一文也已经表明了要运用马克思主义作为思想工具这一态度,也是陈独秀首次自觉"运用马克思主义的世界观和方法论来批判自己十几年来对资产阶级民主主义的理想和追求"①。比如他在分析"国家"这个概念时,说:"近代以劳动者为财产的资本主义国家,都是所有者的国家,这种国家的政治、法律都是掠夺的工具。"② 对这一概念的澄清,才能认清革命的必要性,认清争取劳动者的解放是求得民族解放的根本途径。所以,该期之后,《新青年》完全聚焦劳动者,与之前的风格发生了质的变化,有学者认为,《谈政治》是陈独秀与《新青年》将马克思主义与中国实际相结合的"肇始篇章"③。

《新青年》转型的第三个表现,在于师法俄国。1919年之前,学者们普遍以西为师,向西方寻求救国良方是他们的共识,"洪秀全、康有为、严复和孙中山,代表了在中国共产党出世以前向西方寻找真理的一派人物"④,然而现实是"先生老是侵略学生",直到1919年"俄国人举行了十月革命,创立了世界上第一个社会主义国家。过去蕴藏在地下为外国人所看不见的伟大的俄国无产阶级和劳动人民的革命精力,在列宁、斯大林领导之下,像火山一样突然爆发出来了,中国人和全人类对俄国人都另眼相看了"⑤。经过了十月革命消息的传入,包括陈独秀在内的中国思想界都受到了巨大的触动。1920年4月,陈独秀在渔阳里与维经斯基接触以后,便更加明确"以俄为师"的革命态度。这一重要转型的标志,就是《新青年》的《劳动节纪念号》的出现。

总的来说,《劳动节纪念号》对于工人阶级自我觉醒的意义很大,但对于《新青年》的自觉转型,其意义更为巨大。而更值得我们铭记的是,这次具有标志性意义的专号的刊发,是发生在老渔阳里2号的。

---

① 王华. 陈独秀早期思想历史性的跨越——纪念《谈政治》发表90周年[J]. 上海革命史资料与研究,2010(10):393-406.
② 陈独秀. 谈政治[J]. 新青年,1920,8(1):6-14.
③ 王华. 陈独秀早期思想历史性的跨越——纪念《谈政治》发表90周年[J]. 上海革命史资料与研究,2010(10):393-406.
④ 毛泽东. 论人民民主专政[M]//毛泽东选集:第4卷. 北京:人民出版社,1991:1469.
⑤ 毛泽东. 论人民民主专政[M]//毛泽东选集:第4卷. 北京:人民出版社,1991:1470.

三、《新青年》转型的后续效应

(一)《新青年》主编们的决裂

《新青年》转型以后,马克思主义色彩越来越浓重,或者说,它此后几乎成了马克思主义宣传阵地,这包括师法俄国,以及主张暴力革命。由于政治主张愈来愈聚焦,与原来期刊主编们的多元构成形成了一定的冲击,这就为此后《新青年》陷入瓶颈埋下了伏笔。

早期热心《新青年》的编辑与作者中,除了与陈独秀一样的共产党人,如瞿秋白、李大钊等外,还有左派文人鲁迅等人;此外,还有同情社会主义的胡适、戴季陶、蔡元培、周作人、傅斯年、张慰慈等人,以及科学界的如王星拱、任鸿隽等人。其中,胡适在早期出力非常多,他借助《新青年》这一白话文期刊,极力推广他的文学革命思想。当然,胡适所受的教育都是美国式的,张慰慈、王星拱等人统统都有欧美学习的背景,而陈独秀的社会主义思想也主要来自美国和日本,《新青年》有十多期的封面图案与美国社会党的党徽高度相似。所以,他们能走到一起,不无巧合。但巧合终究只是巧合,一旦遇到了本质上的理念与主张的冲突,这种巧合的凝聚性就不管用了。

其实《新青年》的主编们都是极有个性的,在遇到理念与主张的冲突时,也就加速了他们的决裂。比如鲁迅曾评论过陈独秀、胡适和刘半农的个性,他说:"《新青年》每出一期就开一次编辑会,商定下一期的稿件。其时最惹我注意的是陈独秀和胡适之。假如将韬略比作一间仓库罢,独秀先生的是外面竖一面大旗,大书道:'内皆武器,来者小心。'但那门却开着的,里面有几支枪,几把刀,一目了然,用不着提防。适之先生的是紧紧地关着门,门上粘一条小纸条道:'内无武器,请勿疑虑。'这自然可以是真的,但有些——至少是我这样的人——有时总不免要侧着头想一想。半农却是令人不觉其有'武库的'一个人,所以我佩服陈、胡,却亲近半农。"① 这多少能让我们看到他们的差异,陈独秀简单直率,胡适喜好深藏,刘半农则全无攻击性。理解此点,也就能意识到后来他们的决裂确实在情理之中了。

当然,决裂的导火索不是性格,也不是理念和主张,而是实际行动。随着《新青年》逐渐将立场转向俄国,所聚焦的主义,或者说"赤化",愈来愈明

---

① 鲁迅.忆刘半农君[M]//鲁迅全集(第6卷):且介亭杂文.北京:人民文学出版社,2005:74.

确，也就使得原本的多元结构发生解体；同时，陈独秀与出版方群益书社闹矛盾，决定自行组建新青年社，也招致同人们的不快；自第八卷第一号（1920年9月）起，陈独秀又将《新青年》定位为"中国共产党上海发起组机关刊物"。胡适遂抱怨"自第七期以后，那个以鼓吹'文艺复兴'和'文学革命'为宗旨的《新青年》杂志，就逐渐变成了中国共产党的机关报。我们在北京大学之内反而没有杂志可以发表文章了"，他又直言"北京同人抹淡的工夫决赶不上上海同人染浓的手段之神速"，又感叹道，"陈独秀和我们北京大学里的老伙伴愈离愈远，我们也就逐渐地失去我们［的］学报。因为《新青年》杂志，这个传播'中国文艺复兴'的期刊，［在陈氏一人主编之下］，在上海也就逐渐变成一个［鼓吹］工人运动的刊物，后来就专门变成宣传共产主义的杂志了"①；钱玄同在1921年初给鲁迅和周作人的信中提到，"初不料陈、胡二公已到了短兵相接的时候！"② 又提到，他赞同胡适的文学革命，却也不反对布尔什维克；戴季陶则因为主张不同，甚至搬离了在新渔阳里的住处。

然而，陈独秀对人心的向背似乎并不敏感，并未意识到同人们因为主张不同而渐趋疏离，仍旧向胡适等人催缴稿件。1920年7月2日，陈独秀在给高一涵的信中写道："《新青年》八卷一号，到下月一号非出版不可，请告适之、洛声二兄，速将存款及文稿寄来。……适之兄曾极力反对招外股，至今《新青年》编辑同人无一文寄来，可见我招股的办法，未曾想错。文稿除孟和夫人一篇外，都不曾寄来，长久如此，《新青年》便要无形取消了，奈何！"③ 稿件就是刊物的生命，稿件的缺乏使得陈独秀颇为焦虑。1920年，胡适替《新青年》的窘境出了一些主意，大约有三条办法，其一为另办一期刊，淡化社会主义的色彩；其二为恢复不谈政治的风格，仍坚持文学革命；其三为直接停刊。然而大多数人是反对停刊的，如钱玄同，但他也不发表文章④。要说不谈政治，也肯定做不

---

① 胡适.胡适口述日记［M］.唐德刚，译.上海：华东师范大学出版社，1993：219.
② 钱玄同.致鲁迅、周作人（1921年1月11日）［M］//钱玄同五四时期言论集.北京：东方出版中心，1998：215.
③ 黄兴涛，张丁.中国人民大学博物馆藏"陈独秀等致胡适信札"原文整理注释［J］.中国人民大学学报，2012（1）：25-32.
④ 钱玄同致胡适（1921年2月1日）：还有要声明者，我对于《新青年》，两年以来，未撰一文。我去年对罗志希说，"假如我这个人还有一线之希望，亦非在五年之后不发言。"这就是我对于《新青年》不做文章的意见。所以此次之事，无论别组或移京，总而言之，我总不做文章的。（无论陈独秀、陈望道、胡适之……，我是一概不做文章的。绝非反对谁某，实在是自己觉得浅陋）（黄兴涛，张丁.中国人民大学博物馆藏"陈独秀等致胡适信札"原文整理注释［J］.中国人民大学学报，2012（1）：25-32）

到，《谈政治》一文已经是"谈政治"的宣言，绝不可能倒退了。至于为了淡化社会主义的色彩而另办刊物，等于就是明说不再合作了。

关于胡适的提议，陈独秀的态度也非常鲜明，他在《致胡适、高一涵、张慰慈、李大钊等》（1921年1月9日）中说："适之先生来信所说关于《新青年》办法，兹答复如左：第三条办法，孟和先生言之甚易，此次《新青年》续出弟为之甚难；且官厅禁寄，吾辈仍有他法寄出与之奋斗（销数并不减少），自己停刊，不知孟和先生主张如此办法的理由何在？阅适之先生的信，北京同人主张停刊的并没有多少人，此层可不成问题。第二条办法，弟虽离沪，却不是死了，弟在世一日，绝对不赞成第二条办法，因为我们不是无政府党人，便没有理由可以宣言不谈政治。第一条办法，诸君尽可为之，此事于《新青年》无关，更不必商之于弟。若以为别办一杂志便无力再为《新青年》做文章，此层亦请诸君自决。弟甚希望诸君中仍有几位能继续为《新青年》做点文章，因为反对弟个人，便牵连到《新青年》杂志，似乎不大好。"[①] 从陈独秀的答复看，不难发现，再谈下去也是个"道不同不相为谋"了。

就这样，《新青年》又坚持了几期，转入了季刊，在坚持一段时间后，于1926年终刊。

（二）陈独秀遭到逮捕

1920年的"五一"国际劳动节纪念活动影响很大，上海约有5000名工人在西门体育场集结，举行了第一次大规模的集会，纪念"五一"国际劳动节。这次大规模的集结也遭到了军警的阻挠，与会人群不断地转移地点，最后在靶子场得以举行完毕。会上，工人们高呼"劳工万岁"等口号，提出"八小时工作制""各工业组织纯洁之工会"等要求，这些口号在《劳动节纪念号》中都由工人题词的形式反映出来了。大会还通过了《答俄国劳农政府的通告》，积极肯定苏俄政府关于建立中苏友好关系的宣言。会后，工人们还发表了抗议军警压迫的《上海工会宣言》。[②] 这次"五一"国际劳动节活动的成功，以及《新青年》的完全转型，极大地激发了陈独秀的积极性。于是第二年的"五一"国际劳动节，陈独秀也希望能够发动起同样规模的活动来。

据包惠僧回忆，1921年"五一"国际劳动节时，他们为活动准备了好几种

---

① 黄兴涛，张丁. 中国人民大学博物馆藏"陈独秀等致胡适信札"原文整理注释 [J]. 中国人民大学学报，2012（1）：25-32.

② 陈勇钊. 1920年的中国五一劳动节纪念活动 [J]. 党史纵横，2012（5）：17.

<<< 第二章 跌宕起伏：冷对陈独秀的南昌路

传单，有四五万张，传单就是在新渔阳里6号油印的。然而，这次活动引起租界当局警觉，法国巡捕房为此专门检查了渔阳里。"由于在此处活动的人物没有一个是著名的，而且屋内除了一些关于社会主义与共产主义的印刷品外，也没有别的什么东西了，于是检查便不了了之了。"① 又据许之桢回忆，"五一节那天，渔阳里其实是被法国巡捕武装包围的，屋内的《共产党宣言》和人像都被没收了"②。这次"五一"国际劳动节可谓有惊无险，不久，陈独秀便因陈炯明之邀赴广州任教育厅长去了。

1921年10月4日，从广东回到上海的陈独秀，被早已盯上他的法国巡捕房逮捕了。最后定案的罪名是宣传"赤化"以及《新青年》有过激言论，囚衣号码为9323，身份是商务印书馆编辑。

同时被捕的还有杨明斋、柯庆施、包惠僧和高君曼。据包惠僧回忆，他们被巡捕房扣留了约三小时，当时他们都报了自己的假名，巡捕房未能分辨究竟抓的人里是否有陈独秀。但不久，褚辅成去陈独秀家时，也被捕到巡捕房来，一进巡捕房就喊道："仲甫呀，这究竟是怎么回事。"于是众人身份暴露，陈独秀方不得不承认自己身份，便对巡捕房说："一切我负责任。"他要求巡捕房将无关人等都释放，但没有得到准许。其实，当时陈独秀很担心，因为他的抽屉里有两封马林写给他的信。如果信被搜出来，按照法国的法律，他必然要判六年至八年的监禁。然而过了两天，陈独秀就被马林保释出去了，因为巡捕房没有搜查到那两封信，算是侥幸过关。③

但是这次被捕，各大媒体都做了竞相报道，如《时报》（10月6日）报道："星期二（四日）午后二时许，法捕房特派巡捕多人，赴环龙路渔阳里二号陈君宅搜检，将积存之《新青年》杂志，并印刷品多种，一并携去。……昨日传至公堂，被告陈独秀，延巴和律师代辩称，此项书籍，是否有过激性质，敝律师尚未详细察看，求请展期讯核。官判陈交五百两，人银并保，陈林氏开释，余均交寻常保出外，听候展期讯夺。"④ 同一时期，上海《申报》、北京《益世报》、天津《大公报》都跟进报道了这一新闻，并且都报道陈独秀被捕的主因为

---

① 包惠僧. 回忆新渔阳里六号 [M] //中共上海市委党史研究室. 上海党史资料汇编：第一编. 上海：上海书店出版社，2018：20-21.
② 许之桢. 关于新渔阳里六号的活动情况 [M] //中共上海市委党史研究室. 上海党史资料汇编：第一编. 上海：上海书店出版社，2018：43.
③ 包惠僧. 回忆老渔阳里二号 [M] //中共上海市委党史研究室. 上海党史资料汇编：第一编. 上海：上海书店出版社，2018：18-19.
④ 陈独秀被逮 [N]. 时报，1921-10-06.

"编辑《新青年》有过激言论及行为"。

然而丁晓平认为,陈独秀这次被捕不仅仅是《新青年》的缘故,而与共产国际派来的联络人马林有关。他指出,"因为密探跟踪监视马林,导致陈独秀被捕。对于这一点,陈独秀或许一辈子都蒙在鼓中,难以知道"。"只因为当时巡捕没有找到陈与共产国际有关系的过硬证据,所以只好以'编辑《新青年》宣传过激主义'为借口而已。"① 其实,马林的确早已被西方各国盯梢,当他接受共产国际命令赴远东时,在维也纳就被捕过,在他之后经过的英属哥伦坡、槟榔屿、新加坡、香港等地都遭到严密监视。当他一踏进上海的地界时,就被荷属印度政府在上海的领事馆要求前往报道其行踪。所以,推测陈独秀的这次被捕与马林有关,是有根据的。

但不管怎样,《新青年》脱离温和的改良主义,逐渐"赤化"与"激进",的确是个事实,这一动向必然会被租界当局注意到,而与马林过从甚密,应该理解为是推动这次逮捕行动的合力之一。

第四节 在老渔阳里时期的决策转向

陈独秀是个独立性极强的人,但他的脾气极为倔强也是出了名的。在中国共产党成立之初,坚持不与共产国际合作;在与马林和解后,却又坚决不认同共产国际提出的国共合作的建议。当然,这两个涉及党的决策的问题最终还是得到了妥善的解决。而这两个重要决策的转型都发生在渔阳里。

一、与共产国际关系的决策转向

(一) 与共产国际保持距离:中国革命有中国的国情

瞿秋白曾经在评价陈独秀的贡献时说:"在介绍和宣传马克思主义理论的中国第一批马克思主义者当中,只有陈独秀同志在革命的实践方面,密切地与群众的社会运动相结合,力求应用马克思主义于中国的所谓国情。"② 正是非常强调"国情"的独特性与重要性,所以陈独秀一开始便坚决反对与共产国际之间发生实质性的合作关系。

---

① 丁晓平. 硬骨头陈独秀五次被捕记事 [M]. 北京:中国青年出版社,2014:108-113.
② 瞿秋白. 瞿秋白文集 [M]. 北京:人民出版社,1985:310.

就国情而言，中国当时处于半殖民反封建社会，内忧外患并存，生产力极为低下。辛亥革命作为资产阶级革命，虽然击溃了封建制度，却由于极不彻底，僵化封闭的封建思维仍成为长期阻碍生产力发展与社会进步的根本原因。在落后的生产力与严重的殖民主义双重压力下，要想按照马克思的蓝图实现共产主义，短期内的行动是绝对不可能的。从西方的角度看，从启蒙思想家对封建主义进行批判、提倡民主主义开始，到最终形成18世纪法国大革命，其间经历了半个世纪之久。再从马克思主义于19世纪中叶从空想社会主义脱胎以后，到1917年十月革命成功，其间又将近一个世纪之久。也就是说，"在欧洲，从民主主义思想的启蒙运动，到马克思主义思想和政党指导下的革命运动，花了约150年的时间。"① 反观20世纪初的中国，五四运动的"启蒙性"，仍不是在绝对意义上说的，且民族独立问题的严重性又远远超过了启蒙的迫切性，所谓"救亡压倒启蒙"。无产阶级所依赖的革命力量，即工人阶级的觉悟又严重不足。

　　那么苏俄为何迫切要帮助建立中共组织呢？其实，它是为了培植苏俄的拥护力量。但出于这种"迫切性"的革命行动并不符合中国的实际情况，甚至有可能妨碍中国革命的良性发展。因此基于种种原因，陈独秀主张对社会主义革命必须做好长期的谋划，而非配合苏俄的"毕其功于一役"。

　　陈独秀对于保持中国共产党的独立性，也得到了维经斯基的认可。张国焘曾转引他的意思说："它（指俄共）不会要求共产国际来适合苏俄的外交政策，也不会强迫其他各国共产党采取某种不适合于其本国革命要求的政策。因为这样做会妨碍各国后进党的发展。"② 其实维经斯基看到的是早期的苏共，张国焘也承认，后来事情的发展逐渐不再是这样了，但至少说明维经斯基对于保持各国共产党的独立性是认可的。

　　除了国情外，党情也是关键。一方面，新生的中国共产党对共产国际这个组织本身还不熟悉。1921年底，从广州回上海时，陈独秀曾和包惠僧讲："拿人家的钱就要跟人家走，我们一定要独立自主地干，不能受制于人。"③ 何谓"受制于人"，唐宝林先生一针见血地指出，陈独秀通过历史经验，能敏锐地意识到，西方殖民主义鉴于中国地域过于广大，往往会采取在中国内部搞代理人的策略。因此，在无法搞清西方"殖民主义"与苏俄的"国际主义"的根本区别

---

① 郑超麟. 悼陈独秀 [M] // 唐宝林. 陈独秀传. 北京：社会科学文献出版社，2013：313.
② 张国焘. 我的回忆：第1册 [M]. 北京：东方出版社，1980：120.
③ 包惠僧. 包惠僧回忆录 [M]. 北京：人民出版社，1983：367.

后，最好还是采取独立自主路线，① 这种小心翼翼的态度是值得肯定的。

另一方面，陈独秀通过自省认为，党组织本身对马克思主义理论也不精。所以他告诉包惠僧："作为共产党员首先信仰马克思主义，其次是发动工人，组织工人，武装工人，推翻资产阶级政权，消灭剥削制度，建立无产阶级专政。"② 事实上，当时党组织虽已建立，但距离投身现实的革命还有很多路要走，他对包惠僧说："我们应该一面工作，一面搞革命，我们党现在还没有什么工作，要钱也没用，革命要靠自己的力量尽力而为，我们不能要第三国际的钱。"因为理论不精，无从下手，也就没什么工作了。他又说："中国的无产阶级革命还早得很，可能要一百年上下，中国实现共产主义遥远得很……我们现在组织了党，不要急，我们要学习，要进步，不能一步登天，要尊重客观事实。"③ 根据新建组织的实际情况，改造中国无法急于一时，而是要做长远的打算。

陈独秀不仅不愿意与共产国际合作，甚至不愿意与共产国际派来的代表打交道。马林和尼柯尔斯基是共产国际远东局派来的代表，根据指示，他们必须参加中共领导机关的所有会议，然而皆被陈独秀阻止了。可是，马林一厢情愿地认为"中国共产党从成立起就编入了第三国际，是国际的一个支部"④，而且必须接受共产国际的领导与经济援助。此外，建党初，陈独秀尚未返沪时，马林还让李汉俊和李达向他汇报工作，把中国共产党作为共产国际的一个天然支部。张国焘赞成马林的主张，同意接受领导与经济援助，但他在回忆录里也如实地记录了李汉俊的看法："在李汉俊看来，中国共产运动应由中国共产党自己负责，共产国际只能站在协助的地位。我们站在国际主义的立场可以接受他的理论指导，并采取一致的行动。至于经费方面，只能在我们感到不足时才接受补助。我们并不期望靠共产国际的津贴来发展工作。再说共产国际派来中国的代表只能是我们的顾问，绝不应自居于领导的地位。"⑤

其实，这就是陈独秀的看法，不合作，更不接受援助。陈独秀强调："中国革命一切要我们自己负责，所有党员都应无报酬地为党服务，这是我们所要坚持的立场"，"革命是我们自己的事，有人帮助固然好，没人帮助，我们还是要

---

① 唐宝林. 陈独秀传[M]. 北京：社会科学文献出版社，2013：312.
② 包惠僧. 包惠僧回忆录[M]. 北京：人民出版社，1983：367.
③ 包惠僧. 包惠僧回忆录[M]. 北京：人民出版社，1983：367.
④ 包惠僧. 包惠僧回忆录[M]. 北京：人民出版社，1983：370.
⑤ 张国焘. 我的回忆：第1册[M]. 北京：东方出版社，1980：133.

干，靠别人拿钱来革命是要不得的。"① 后来他又对劝他接受共产国际领导的张太雷骂道："各国革命有各国的情况，我们中国是个生产事业落后的国家，我们要保留独立自主的权力，要有独立自主的做法，我们有多大的能力干多大的事，决不让任何人牵着鼻子走。我们可以不干，决不能戴第三国际这顶大帽子。"②

所以说，中共一大前后，陈独秀不赞成与国外合作，坚持中国的革命要中国自己搞，根本原因在于他洞悉了当时国情与党情的双重实际。

（二）接受共产国际领导与援助：中国革命与世界革命的一体性

仅仅差不多一年的时间，陈独秀转变了不与共产国际合作，不接受共产国际援助的观念。1922年3月，他最早表示"共产国际、世界革命和苏俄是不可分割的，须相依为命，互为声援，共同发展"③。无疑，中国革命与共产国际和苏俄革命的初衷是一致的，既然如此，中国革命也就是世界革命的一部分了。有了这初步的一致性的认识，那么进一步的联系也就不远了。

1922年6月30日，在给维经斯基的信中，陈独秀说："我们希望明年（1923年）中国共产党能够自行筹款，但本年内尚望国际有所接济。"④ 事实上，据陈独秀《给共产国际的报告》（1922年6月30日）中记载，一年来用于组织各类运动与宣传品印刷（各地方劳动运动约10000元，整顿印刷所1600元，印刷品3000元，劳动大会1000余元，其他2000余元），共花费17600余元，其中只有1000元来自募捐，其余皆在马林的"国际协款"中实报实销。⑤ 7月，中国共产党第二次全国代表大会提出《中国共产党加入第三国际决议案》（以下简称《决议》），《决议》认为："无产阶级是世界的，无产阶级革命也是世界的，况且远东产业幼稚的国家，更是要和世界无产阶级联合起来，才足以增加革命的效力。现在代表世界的无产阶级为世界无产阶级革命大本营的，只有俄罗斯无产阶级革命后新兴的第三国际共产党……中国共产党既然是代表中国无产阶级的政党，所以中国共产党第二次全国代表大会决定正式加入第三国际，完全

---

① 包惠僧. 包惠僧回忆录[M]. 北京：人民出版社，1983：7.
② 包惠僧. 包惠僧回忆录[M]. 北京：人民出版社，1983：431.
③ 唐宝林，林茂生. 陈独秀年谱[M]. 上海：上海人民出版社，1988：163.
④ 陈独秀至吴廷康的信[M]//中国共产党第二、三次代表大会资料."二大"和"三大". 北京：中国社会科学出版社，1985：55.
⑤ 陈独秀给共产国际的报告[M]//中国共产党第二、三次代表大会资料."二大"和"三大". 北京：中国社会科学出版社，1985：56.

承认第三国际所决议的加入条件二十一条,中国共产党为国际共产党之中国支部。"①

既接受经济援助,又接受组织领导,发生巨大转变的原因,应该与马林有重要关系。马林于1921年6月抵沪,对中共组党提供了巨大帮助,然而对中共内部事务的干预也引起了陈独秀、李汉俊等人的不满,陈独秀因此极不愿见到马林。然而,马林并未因此与陈独秀交恶。

1921年10月4日陈独秀被捕,马林并未置身事外,而是花重金聘请了巴和律师为陈独秀辩护,在多方营救中可谓出力最多。最终,陈独秀仅因《新青年》有过激文字为由,被罚洋1000元"过关"。这件事成为拉近陈独秀与马林之间距离的重要因素。一般历史学者都会认为,马林积极营救陈独秀,乃是出于共产国际对陈独秀的重视,营救陈独秀是马林的责任之一。

其实,马林在作风上或许有些专制,对于营救陈独秀也有一定的责任,但他对中国革命相当关心,相当有感情,所以对他积极营救陈独秀背后的私人情感也不应被忽视。1921年至1924年间,中国革命循序渐进,收到了很高的成效,马林都参与了其中;他甚至还反对苏俄(斯大林)在中东路利益上对中国的侵占。由于与俄共种种不和,马林于1923年下半年被调回莫斯科,后来又与东方部的意见相龃龉,遂重返荷兰。不久后,罗章龙与马林在阿姆斯特丹相逢,马林一家邀请罗章龙暂住在他们家。那个时候,马林对中国的革命,仍然抱有极大的热情与关心。他告诉罗章龙:"中国是农业大国。无民主习惯,推翻一代统治者在中国历史上极为平常,但要建立民主制度却有重重困难。今天唯有通过工人运动可以接近民主,纵有困难,不宜灰心,舍此以外更无达到民主的路。"② 罗章龙在与马林交流后,非常感动,对马林的中国情非常赞许。正是马林的深情厚谊,让陈独秀对马林的态度发生了重大转变,顺带对马林的意见也就高度认可了。

当然,接受共产国际的组织领导最终还是出了很多问题,正如陈独秀之前反对的那样,接受了共产国际的组织领导,就会缺乏革命的独立性,也就很难兼顾中国的国情与中共的党情了。陈独秀带领中共接受共产国际组织领导的突然转变,其实并没有做好全面的准备。

---

① 中国共产党第二次全国代表大会决议案[M]//中国共产党第二、三次代表大会资料."二大"和"三大",北京:中国社会科学出版社,1985:68.
② 罗章龙.椿园载记[M].上海:上海三联书店,1984:293.

张国焘后来在分析建党以后的一些工作时，比较深刻地认识到了革命缺乏独立性的问题。他分析说："我们向往于俄国革命，但缺乏马克思主义的素养，更没有运用之于中国实际环境的经验。后来中共的主要政策的拟定，大多是由莫斯科越俎代庖的，由莫斯科看中国问题，即使完全为中国革命着想，也不免要发生不切实际的流弊。中国革命就因此遭受着难于形容的灾害。事实不如理想的美丽，差之毫厘，往往会谬以千里，这是中国革命家所应反省的。"① 张国焘自省到，在建党的时候，虽然摆脱了历史悠久的国民党的影响，但到后来，的确始终受制于俄国的影响。从党史上看，这一影响，一直到遵义会议时才真正得以摆脱。

平心而论，陈独秀向来是个意气用事的人，很多时候都带着火暴脾气处理问题。如果对于同意接受共产国际组织领导的突然转变，仅仅是因为对马林的看法的突然转变而导致的，那真是把党政大事建立在了私人情感上，实在是突显了历史发展的偶然性与必然性。

二、对国共关系的决策转型

（一）从反对合作到联合战线

1921年，中共一大通过的党纲明确规定："坚决同黄色知识分子阶层及其他类似党派断绝一切联系"，党员"必须断绝同反对我党党纲之任何党派的关系"；"除为现行法律所迫或征得党的同意外，任何党员不得担任政府官员或国会议员。"按照党纲的规定，共产党肯定要与反对搞社会主义的孙中山划清界限了。

然而，参与中共创党的马林，却在中共一大之后提出了国共合作的设想。因为，"马林觉得中国共产党的力量不够，这么大一个国家还不到100个党员，所以他在张太雷陪同下跑到桂林去找孙中山"，陈独秀表示坚决反对，他的一个主要理由是："共产国际支援了国民党，就不会支援共产党了，就不会看重共产党了。"② 这个最初的反对理由，似有资源之争的意思，而非意识形态之争的意思。

1922年4月，马林自北京抵沪，表示国民党领导人允许中共在国民党内进行"共产主义宣传"，继续鼓动国共合作，而陈独秀等人则继续反对"到国民党

---

① 张国焘. 我的回忆：第1册[M]. 北京：东方出版社，1980：130.
② 刘仁静. 访问刘仁静先生谈话记录[M]//中共上海市委党史研究室. 上海党史资料汇编：第一编. 上海：上海书店出版社，2018：31.

中去进行政治活动"的建议。① 同月，陈独秀致函维经斯基，表明反对国共合作的具体原因："（1）共产党与国民党革命之宗旨及所据之基础不同；（2）国民党联美国，联张作霖、段祺瑞等政策和共产主义太不相容；（3）国民党未曾发表党纲，在广东以外之各省人民视之，仍是一争权夺利之政党，共产党倘加入该党，则在社会上信仰全失，永无发展之机会；（4）广东实力派之陈炯明，名为国民党，实则反对孙逸仙派甚烈，我们倘加入国民党，立即受陈派之敌视，即在广东亦不能活动；（5）国民党孙逸仙派向来对于新加入之分子，绝不能容纳其意见及假以权柄；（6）广东、北京、上海、长沙、武昌各区同志对于加入国民党一事，均已开会议绝对不赞成，在事实上亦已无加入之可能。"② 虽然罗列了种种原因，但归结起来是两个根本矛盾，其一，国共的阶级立场不同，缺乏合作的基础；其二，国民党派系林立、内部复杂，两者合作只会把水搅得更浑，对革命百害无一利。

对于阶级属性的坚持，陈独秀在1920年政治信仰转变时就已经确立了。他在《谈政治》一文中讲道："法国的工团派，在世界劳动团体中总算是很有力量的了。但是他们不热心阶级战争，是要离开政治的，而政治却不肯离开他们，欧战中被资产阶级拿政权强迫他们牺牲了，今年（1920年）五一节后又强迫他们屈服了，他们的自由在哪里？所以资产阶级所恐怖的，不是自由社会的学说，是阶级战争的学说。资产阶级所欢迎的，不是劳动阶级要国家政权法律，是劳动阶级不要国家政权法律。"③ 既然国民党是资产阶级，那就是决不可调和的对立面。然而马林认为，国民党"不是资产阶级的政党"，而是一个"各阶层革命分子的联盟"④。所以说，对国民党阶级性问题的争论，也就成了一个重要的焦点。

至于国民党内部的关系复杂问题，历史却在不经意间酝酿出了重大转折。6月16日，陈炯明竟公然叛变孙中山，炮轰总统府。这一明目张胆的撕破脸面，反而使局势明朗起来，这就为国共合作打开了一个缺口。中共旋即表明站在孙中山一边的立场上，电函广州支部立刻脱离与陈炯明的一切联系，并且严肃处理了仍继续支持陈炯明的谭植棠与陈公博。6月30日，陈独秀在给维经斯基的

---

① 唐宝林，林茂生. 陈独秀年谱[M]. 上海：上海人民出版社，1988：165.
② 唐宝林，林茂生. 陈独秀年谱[M]. 上海：上海人民出版社，1988：165.
③ 陈独秀. 谈政治[J]. 新青年，1920，8（1）：6-14.
④ 张国焘. 我的回忆：第1册[M]. 北京：东方出版社，1998：243.

信中说:"我们很希望孙文派之国民党能觉悟改造,能和我们携手,但希望也很少。"① 希望很少,总还是带着希望的。此时,他已经从坚决反对,改口为"携手"合作了。至7月,又被明确为"联合战线"。中共二大宣言中写道:"中国共产党为工人和贫农的目前利益计,引导工人们帮助民主主义的革命运动,使工人和贫农与小资产阶级建立民主主义的联合战线。"② 这就进一步拓宽了两党合作的空间。

8月10日,陈独秀发表了《对于现在中国政治问题的我见》,文中指出,民主斗争的目标是"我主张解决现在的中国政治问题,只有集中全国民主主义的分子,组织强大的政党。对内倾覆封建的军阀,建设民主政治的全国统一政府;对外反抗国际帝国主义,使中国成为真正的独立国家,这才是目前扶危定乱的唯一方法。"③ 可见,"联合战线"想法酝酿已久,且比"国共合作"的外延更加宽泛。

8月12日,马林在向莫斯科汇报中国情况后再次来到中国时,严厉斥责了"联合战线"的设想,认为那是空洞不实的。虽然马林有所斥责,但这一"联合战线"实际上已经提上了日程安排。8月18日,陈独秀、李大钊与国民党代表张继正式商议"民主的联合战线"④。

"联合战线"得以可行,或许有这样三个原因:其一,两党虽然阶级基础不同,但同为革命党,反帝反侵略反封建的目的总还是一样的;其二,中共在接受共产国际的组织领导时,其实对共产国际也并非深刻了解,相比国际合作,国内合作的空间显然更大,也更有底;其三,1922年8月9日陈独秀又被捕了,在营救的队伍里,又出现了孙中山的身影,马林的一次积极营救,彻底改变了陈独秀对共产国际的看法,那么孙中山对陈独秀的两次营救,则必然会对作为性情中人的陈独秀产生关键的影响。

(二) 加入国民党及其后果

1922年8月,在西湖会议上,陈独秀最终同意了国共合作。但是竟以共产党员个人名义加入国民党的方式进行的。应该说,这一方式是马林的创意。刘

---

① 陈独秀至吴廷康的信[M]//中国共产党第二、三次代表大会资料."二大"和"三大".北京:中国社会科学出版社,1985:55.
② 中国共产党第二次全国代表大会宣言[M]//中国共产党第二、三次代表大会资料."二大"和"三大".北京:中国社会科学出版社,1985:105.
③ 无题[J].东方杂志,1922,19(15):130-134.
④ 唐宝林,林茂生.陈独秀年谱[M].上海:上海人民出版社,1988:173.

仁静认为，马林特别佩服孙中山，因此坚定地主张国共合作，尤其认为共产党加入国民党是合适的。据刘仁静回忆说，1922年，张国焘、邓培在莫斯科见到了列宁。他们后来告诉刘仁静，列宁主张国共合作，但没有讲过要以共产党员身份加入国民党的方式进行合作。①

所以陈独秀虽然表示反对，但出于是共产国际的建议，也还是同意遵照执行。但表示，共产党以个人名义加入国民党时，不能采用打手模、宣誓效忠等国民党原先的入党方式，同时应根据民族主义的原则改组国民党。其实陈独秀从来也不是铁板一块，也从未釜底抽薪式地否定国民党。1922年3月，在听取了张国焘关于远东劳苦人民大会及会见列宁的情况汇报后表示："目前中国革命不是什么工人阶级反对资产阶级，只是反对侵略和反对军阀。环顾全国，除国民党可以勉强说得上革命外，并无别的可观的革命势力。"②

8月25日，孙中山已抵达上海，马林再次拜访并向他传达了国共合作的条件，孙中山表示接受。数天后，陈独秀、李大钊、蔡和森、张太雷拜会了孙中山，并在张继的介绍下正式加入国民党。8月26日，《民国日报》重新刊登了《对于现在中国政治问题的我见》一文，并在文前加了"记者附识"，其中写道："中国要组织强大的政党，最好的方法是全国民主主义的分子都来加入国民党。"③ 据刘仁静回忆，"到了党的'三大'时，陈独秀的态度完全转变了，由以前的反对共产党员加入国民党，变成主张'一切工作归国民党'"④。

虽然把国民党放在了中心位置，但陈独秀仍保持了最大的独立态度。如中共三大的宣言指出："我们希望社会上的革命分子，大家都集中到中国国民党，使国民革命运动得以加速实现；同时希望中国国民党断然抛弃依赖外力及专力军事两个旧观念，十分注意对民众的政治宣传，勿失去一个宣传的机会，以造成国民幸福之真正中心势力，以树立国民革命之真正领袖地位。"⑤ 对于国民党存在的问题，以及改造国民党的使命，陈独秀是非常清醒的。

然而随着时间的推移，问题愈发暴露，而最大的问题竟是分身不暇。1924

---

① 刘仁静．访问刘仁静先生谈话记录［M］//中共上海市委党史研究室．上海党史资料汇编：第一编．上海：上海书店出版社，2018：32.
② 张国焘．我的回忆：第1册［M］．北京：东方出版社，1998：212.
③ 无题［N］．民国日报，1922-08-26.
④ 刘仁静．访问刘仁静先生谈话记录［M］//中共上海市委党史研究室．上海党史资料汇编：第一编．上海：上海书店出版社，2018：31.
⑤ 中国共产党第三次全国代表大会决议案及宣言［M］//中国共产党第二、三次代表大会资料．"二大"与"三大"．北京：中国社会科学出版社，1985：194.

年1月，谭平山对鲍罗庭说，中共党员在广州忙不胜忙，如国民党在广州有9个区委会、64个支部，党员7780人，而共产党的干部党员只有30余人，主持5个区委和13个支部，完全无法抽出时间做群众工作，已经失去了同工人群众的直接联系。① 分身不暇导致的不仅是与群众失去联系，主要还是独立性的丧失。

刘仁静认为，共产党以个人名义加入国民党一开始就错了。除了认为国共两党的革命目标与指导思想不同外，他还认为，国共合作只是共产党的说法，而国民党的说法是"容共""溶共"，并没有把共产党放在平等的地位来对待。② 诚然，所谓合作，双方在本质上应保持独立性，以消解自身为代价的合作，只会使合作效果适得其反。但刘仁静完全将问题归结为国民党一方，没有挖掘到根本。

应该说，国共合作中，共产党的人数劣势才是导致全面丧失独立性的根本原因。我们看毛泽东在1927年八七会议上总结国共合作失败的原因，他首先认为共产党没有用好国民党这个平台，"大家的根本观念都以为国民党是人家的，不知它是一架空房子等人去住。其后像新姑娘上花轿一样勉强挪到此空房子去了，但始终无当此房子主人的决心。我认为这是一大错误"。在农民问题上，他认为："农民要革命，接近农民的党也要革命，但上层的党部则不同了。……广大的党内党外的群众要革命，党的指导却不革命，实在有点反革命的嫌疑。这个意见是农民指挥着我成立的。"③ 毛泽东指出的以上问题，都取决于人手的充分，结合谭平山对"分身不暇"的抱怨可知，人数劣势是导致共产党丧失独立性的现实因素。

唐宝林先生又在苏俄方面找到了原因，认为马林的主张是创造性的，对于国共都是有益的，但斯大林不顾实际情况，反认为马林碍手碍脚，于是派鲍罗庭替换了他，由此弄巧成拙，反而推动了蒋介石在斯大林、俄共中央、共产国际的协助下，迫使中共完全放弃了独立性，成为国民党的附庸，并进一步"为着苏联的民族利益和国民党新军阀的利益而严重损害共产党的利益，最后导致

---

① 鲍罗廷的札记和通信——与谭平山的谈话（1924年1月10日）[M]//共产国际、联共（布）与中国革命档案资料丛书（1920—1925）卷1. 中共中央党史研究室第一研究部，译. 北京：书目文献出版社，1997：443.
② 刘仁静. 访问刘仁静先生谈话记录[M]//中共上海市委党史研究室. 上海党史资料汇编：第一编. 上海：上海书店出版社，2018：32.
③ 毛泽东. 在中央紧急会议上的发言[M]//毛泽东文集：第1卷. 北京：人民出版社，1993：46.

大革命的失败"[1]。

总的来说,判断国共合作究竟是不是一步好棋,毕竟是一个角度问题。如果从目的上看,对国共都有益处,然而从结果上看,则国共都失败了。失败的原因也绝不是单一的,而是合力的结果。然而那些导致失败的原因的合力,却也不完全是意料之外的,可是,最终还是因此失败了。应该说,被意料之内的那些原因击败,倒是意料之外的。那么,为什么避无可避呢?或许只能说,历史的每次曲折,都有其必然性吧。

---

[1] 唐宝林. 陈独秀传 [M]. 北京:社会科学文献出版社,2013:326.

第三章

闹中取静：沉淀孙中山的南昌路

南昌路是一条不大不小的路，它北面的淮海中路（霞飞路）是一条主干道，它南面的香山路是一条更幽静的小路，应该说它们共同构成了南昌路区域的历史文化，尤其串联起了孙中山在上海活动的重要轨迹。孙中山在南昌路附近的活动时间段比较零散，大约可以分成三个地点、四段时期，即1911年12月25日至1913年3月期间住在上海宝昌路行馆，即宝昌路408号（淮海中路650弄3号）；1916年夏，从日本回沪，携宋庆龄入住环龙路63号寓所（南昌路59号），1917年7月离开去了广州；1918年6月26日回沪，搬入莫利爱路29号（香山路7号），1920年11月25日再次离沪赴粤；1922年8月14日抵沪后，又回到莫利爱路，1923年2月15日再次赴粤。

他从南昌路区域走向共和成为临时大总统，在南昌路上结束了北洋政府的通缉，又在陈炯明叛变后得到南昌路区域的庇护。他在这里憧憬共和国的未来，在这里规划他的建国方略，又在这里思考革命的方向。可以说，南昌路区域虽然狭小，但却为孙中山的充分沉淀提供了一片广阔空间。

第一节 宝昌路行馆：走向共和

1911年12月25日，孙中山抵达上海，入住宝昌路408号（淮海中路650弄3号），在此居住了一年多时间。他起初居住在此的一个重要工作，就是为前往南京就任中华民国临时大总统做准备。然而为实现全国的共和，孙中山不惜以总统之职与袁世凯迫清帝逊位做交换。于是，他在大总统任上未满半年便卸任，再次回到宝昌路居住。伟人之气度，不仅在于能"让天下"，还在于全心全意规划天下。失去权力后，他全身心地思考国家建设，其铁路规划就是在这里酝酿成熟的。然而人算不如天算，共和国所托非人，随着袁世凯复辟，一切憧憬归于泡影。为躲避通缉，孙中山不得不率国民党党部众流亡海外，以图再起，宝昌路行馆也随之结束了它的使命。

一、走向共和的标志

1911年12月25日，孙中山抵达上海，落脚在法租界宝昌路408号的一栋洋房内。这栋被称为"孙中山上海行馆"的房屋位于淮海中路650弄3号（南昌路的北面），因为在原来的宝昌路上，故亦称为"宝昌路行馆"。

行馆始建于1911年，原本是法国人屠榭的产业，该建筑坐北朝南，是一幢典型的法式三层砖木结构洋房，每层有八个砖砌的拱门式结构，底层为券廊，二三层为弧形券窗，层之间有明显突出的层间线。窗楣饰以山花，二层窗楣置券心石，窗之间由科林斯双柱隔开；三层窗楣无券心石，窗之间由科林斯单柱隔开。外墙以清水灰砖铺面，转角作束柱，饰以垂花。西立面底层有两侧券门，中间有三扇矩形长窗，并列四根方形壁柱。建筑整体典雅而大气。

1911年12月25日，孙中山首次落脚在宝昌路408号，这是沪军都督陈其美为他安排的暂住之地。几天后，孙中山从这里出发，赴南京就任中华民国临时大总统之职。由于和袁世凯约定，只要袁能敦促清帝退位，南北和议，承认民国，便愿意主动让贤。于是，几个月后，孙中山便卸任临时大总统回沪，后又赴北京与袁世凯交接，再次回沪后，至1913年3月间，都在此居住。

当然，赋闲住在这幢楼里时，孙中山并未真的闲着，而是规划着中国的未来，制定建国方略，尤其在谋筹铁路建设，甚至憧憬十年之中，全国筑二十万里线路。当然，随着袁世凯复辟，内战频仍，他的设想迟迟未能实现。他后来在《建国方略》的序言中感叹说："七年以来，犹未睹建设事业之进行，而国事则日形纠纷，人民则日增痛苦，午夜思维，不胜痛心疾首。"[①] 所以说，这幢楼见证了中国这片土地走向共和，也见证了孙中山在憧憬美好未来过程中的呕心沥血。

二、共和国的要职

（一）武昌起义，意义几何

1911年10月11日，孙中山在美国科罗拉多州丹佛市准备译读于十日前接到的来自黄兴的密电，"居正从武昌到香港，报告新军必动，请速汇款应急"。孙中山反复考虑后，决定复电"无法可得款，随欲拟电复之，令勿动"。时夜已

---

① 孙中山. 孙文学说[M]. 上海：上海新华书局，1916：3.

深,电报最终没有发出。当然,他也不知道,一日之前,武昌起义已经爆发,新军工程第八营迅速占领了楚望台军械库,湖广总督衙署被攻占。关于武昌起义成功的消息,那是他第二天在报纸上看到的。

后来,孙中山在自述中回忆,说:"惟时已入夜,予终日在车中体倦神疲,思虑纷乱,乃止。欲于明朝睡醒精神清爽时,再详思审度而后复之。乃一睡至翌日(10月12日)午前十一时,起后觉饥,先至饭堂用膳,道经回廊报馆,便购一报携入饭堂阅看。坐下一展报纸,则见电报一段曰:'武昌为革命党占领。'如是我心中踌躇未决之复电,已为之冰释矣。乃拟电致克强,申说复电延迟之由,及予以后之行踪。遂起程赴美东。"①

何以"思虑纷乱",因为他并不清楚"新军必动"的意义,毕竟教训惨痛的黄花岗起义(1911年4月27日)才过去没几个月。而且他看到电报时,还以为这次起义尚只处于酝酿阶段。因此对于汇款一事,犹豫不决。直到第二天在报纸上看到武昌起义成功的消息,他表示"为之冰释",也就是不再烦恼汇款是否会打水漂了。

的确只是不再烦恼了,至于其他,比如武昌起义的标志性意义究竟几何,他恐怕是不清楚的。但这也很正常,历史人物作为历史的当事人,对于非常偶然情况下促成的历史事件,的确很少能第一时间对其历史性意义做出敏锐的解读。陈独秀对于中共一大,其实也是如此,如果知道中共一大竟如此具有划时代性,他当时无论如何不会在陈炯明的教育部长任上踟蹰不定了。

所以,在得到武昌起义成功消息的孙中山,第一时间竟表示"此时吾当尽力于革命事业者,不在疆场之上,而在樽俎之间,所得效力为更大也。故决意先从外交方面致力,俟此问题解决而后回国"②。而后,准备取道纽约,赴英国继续募款。如果从1894年底兴中会在檀香山成立算起,那么至1911年底,他已经周游列国,为募集革命经费满世界奔走达17年之久。然而,在武昌起义成功之际,他首先想到的仍是要继续募集经费,而不是赶紧回去主持工作。

当然,随着情况愈来愈明朗,武昌起义的影响愈来愈广泛,孙中山逐渐意识到他为之奋斗的共和制即将实现了,古老东方的第一个共和国——中华民国就要诞生了。10月13日,孙中山抵达芝加哥,受到芝加哥同盟分会的邀请,他代拟了召开预祝中华民国成立大会(11月15日)的通告。为了巩固革命成果,

---

① 孙中山. 有志竟成 [M] //孙中山自述. 长沙:湖南出版社,1991:69.
② 中山大学历史系. 孙中山年谱 [M]. 北京:中华书局,1980:124.

进一步得到各方支持，并给清政府致命的最后一击，10月14日，他致函英国金融各界，向各国表示，"共和国承认满洲政府给予外国人的一切特权和租让权"①。由此，帝国主义各国驻汉口领事和驻北京公使相继宣告严守中立。这就为后来逼迫清廷退位，创造了极为有利的国际环境。

（二）民国甫成，时局艰难

1911年12月25日，在获知武昌起义成功，并认识到其标志性意义后，孙中山终于结束了他的募款旅程，最终抵达上海，落脚在法租界宝昌路408号的洋房内。

他在这里接受了各种各样的采访，发表了数次演讲。不久，便启程去南京，准备于1912年正月一日就职中华民国临时大总统。可以说，宝昌路行馆最大的标志性意义就在于，它是孙中山就任东方第一个共和国领袖的前哨站，更是孙中山筹建中华民国临时政府的见证者。

然而，一切并非顺风顺水。武昌起义的标志性意义当时所有人都认识到了，自然也包括了国际社会。孙中山在武昌起义两个月后回国，旨在寻求国际社会对这个新晋共和国的支持，而资金支持，自然是在必然的联想中的。因此关于这次回国，外界流传说他带回了巨额资金。于是，孙中山在自述中解释说："予离法国三十余日，始达上海。时南北和议已开，国体犹尚未定也。当予未到上海之前，中外各报皆多传布谓予带有巨款回国，以助革命军。予甫抵上海之日，同志之所望我者以此，中外各报馆访员之所问者亦以此。予答之曰：'予不名一钱也，所带回者，革命之精神耳！革命之目的不达，无和议之可言也。'"②

孙中山就任临时大总统时，陶成章便表达了不屑的态度，传说，"中山先生选为总统，组织临时政府于南京。公（陶成章）独以民国初成，北房未覆，功亏一篑，号呼警众"③。不仅如此，陶成章还曾一度发表过一些诋毁孙中山的言论，认为"孙党并有兵舰之照相，在南洋群岛发卖，骗取总统，在南京组织临时政府"④。革命并不容易，也遭人误解。不久，陶成章被歹人刺杀于金神父路，孙中山不计前嫌，发表唁电说："陶君报革命宗旨十余年，奔走运动，不遗

---

① 中山大学历史系. 孙中山年谱 [M]. 北京：中华书局，1980：124.
② 孙中山. 有志竟成 [M] //孙中山自述. 长沙：湖南出版社，1991：70-71.
③ 章乃毂，鞠僧甫. 民国浙军参谋陶公焕卿传 [M] //浙江省辛亥革命史研究会. 辛亥革命浙江史料选辑. 杭州：浙江人民出版社，1981：353.
④ 魏兰. 陶焕卿先生行述 [M] //浙江省辛亥革命史研究会. 辛亥革命浙江史料选辑. 杭州：浙江人民出版社，1981：346.

余力。光复之际，陶君实有巨功，猝遭惨祸，可为我民国前途痛悼。法界咫尺在沪，岂容不轨横行，贼我良士？即由沪都督严肃究缉，务令凶徒就获，明正其罪，以慰陶君之灵，泄天下之愤，切切。"①

树大招风，高处不胜寒，对于个人的攻击，十余年来，孙中山早就习以为常了，这也是革命的代价。然而，毕竟最为根本的辛亥革命的成就还是得到了主流舆论的肯定。孙中山在自述中对辛亥革命的意义总结道："此役所得之结果，一为荡涤二百六十余年之耻辱，使国内诸民族一切平等，无复轧轹凌制之象。二为铲除四千余年君主专制之迹，使民主政治，于以开始。自经此役，中国民族独立之性质与能力屹然于世界，不可动摇。自经此役，中国民主政治，已为国人所公认，此后复辟帝制诸幻想，皆为得罪于国人而不能存在。此其结果之伟大，洵足于中国历史上大书特书，而百世皆蒙其利者也。"② 诚哉斯言，将毁誉生死置之度外，换来的辛亥革命的成功，彻底将帝制贬为"过街老鼠"，清除封建思想的物质载体，这才是更为根本的成功，才是值得全力肯定的地方。

三、憧憬中国的未来

（一）共和虽成，所托非人

1912年2月12日，宣统三年（1911年），末代皇帝溥仪奉隆裕太后懿旨，颁布了逊位诏书。至此，长达2000余年的君主专制政权终结了。与此同时，孙中山履行诺言，宣布辞去临时大总统之职，回到上海（4月3日）。之后，由于袁世凯不肯南下南京就任大总统职，为权宜之计，孙中山不得不北上北京与袁世凯交接，随后再次回到上海（10月3日）。

两次回到上海，孙中山都怀揣着对新生共和国的满心憧憬。刚辞职离南京抵沪时，他便向《文汇报》（4月4日）记者表示："政治上革命今已如愿而偿矣；后当竭力从事于社会上革命。"③ 8月28日出席北京的袁世凯设宴，又再次表达了一遍，他说："以中国之力，练兵数百万，足以保全我国五大族领土，外人断不敢侵略我国边圉，奴隶我人民。但练兵既多，需费甚巨，我辈注重人民，须极力振兴实业，讲求民生主义，使我五大族人民，共溶富源。"④

---

① 孙大总统唁电[M]//浙江省辛亥革命史研究会. 辛亥革命浙江史料选辑. 杭州：浙江人民出版社，1981：357.
② 孙中山. 中国革命史[M]//孙中山自述. 长沙：湖南出版社，1991：95.
③ 无题[N]. 天铎报，1912-04-05.
④ 无题[N]. 民立报，1912-08-30.

孙中山之所以能满怀憧憬，是因为他对大总统袁世凯满怀憧憬，并报以强烈的希望。1912年8月24日，孙中山在北京与袁世凯晤谈了13次。8月25日，同盟会联合统一共和党等四个政团，在北京组成了国民党，并发布了《国民党政见宣言》。会后孙中山在与《大陆报》记者的谈话中表示，他目前与袁世凯的感情"颇为融洽"，表示将"赞助袁氏，使为正式总统"①。10月6日，在上海国民党欢迎会上发表演说，希望党员赞助政府，并再次表示了对袁世凯的认可："袁成共和，南北统一，袁与吾人意见已同。……余则决其出于真诚之意。"②在10月10日为英文版《大陆报》撰写的《中国之铁路计划与民生主义》（原标题为"Dr. Sun Yat-sen on Railways and Socialism in China"）一文中，又强调"余信袁世凯系一有力量之人物，能制驭现局，建设巩固之政府，可邀世界列强之承认"③。

今日读到这些孙中山对袁世凯的赞赏之词，我们会感到颇不可思议。但这里估计有两种可能，第一种可能，或是信以为真。袁世凯早先可能也有共和之志，但是得到权力后就变了，灵魂深处的幽暗意识被激活了。《中国之铁路计划与民生主义》收入《总理关于国庆纪念的遗教》后，文前加了"编者按"，表达了这个意思，说："总理著此文时，袁世凯异谋背叛民国，尚未显著，革命建设之前途，尚有一线希望，故置词立论，尚持与人为善之旨，冀于民国成立之后，继之以发展交通，振兴实业，实行民生政策。……孰知专制余孽，终不足与言建设，未几而袁逆叛国，开军阀祸国之端，建设计划，遂成泡影。故总理后日言及辛亥革命后之失败，每不胜太息痛恨者也。"④也就是说，袁世凯氏早先的确是忠于共和的，至少表现上是这样的，于是孙中山信以为真了，到处表达着对袁世凯的善意，以及对袁世凯治下中国社会未来的期待。

第二种可能，或是有意为之。将总统之位让与袁世凯是换取清帝逊位的代价，是不得不履行的诺言，既不能改，便要想办法警示他，也好有所弥补。所谓对袁世凯的"赞赏有加"，不过是孙中山专门说给袁世凯听的，提醒袁世凯应该做与新身份匹配的工作。

---

① 无题 [N]. 民立报，1912-08-30.
② 无题 [N]. 民立报，1912-10-07.
③ 孙中山. 中国之铁路计划与民生主义 [M]//中国国民党中央执行委员会宣传部. 总理关于国庆纪念的遗教. 广州：中国国民党中央执行委员会宣传部，1929：3.
④ 孙中山. 中国之铁路计划与民生主义 [M]//中国国民党中央执行委员会宣传部. 总理关于国庆纪念的遗教. 广州：中国国民党中央执行委员会宣传部，1929：1.

<<< 第三章 闹中取静：沉淀孙中山的南昌路

其实，在清帝退位之前，孙中山对袁世凯早有百般提防，甚至不信任。1912年1月22日，在致电伍廷芳及各报馆中说，"嗣就后来各电观之，袁意不独欲去满政府，并须同时取消民国政府，自在北京另行组织临时政府，则此种临时政府将为君主立宪政府乎？抑民主政府乎？人谁知之？纵彼有谓为民主之政府，又谁为保证？"①1月23日又致电伍廷芳，指斥袁世凯在一次军事行动中"违约失信，究何居心"②。1月25日，与媒体笔谈时说："袁氏电称：'南京临时政府应于清帝退位后二日内即行取消'。吾人以袁氏前既有可疑之状，今又有此举，莫不为之惊讶，决定不允照准。"③1月29日，又致电伍廷芳时，指斥袁世凯"种种失信，为全国军民所共愤"，"为民国之蠹"④。

由此可知，孙中山对袁世凯的不信任是显而易见的，绝无可能仅短短几日，便对袁世凯的态度与看法发生急速的转变。所以，极力说好话，必有隐情。可以说，孙中山一边对袁世凯极不信任，一边又不得不倚仗袁世凯。职是之故，他对袁世凯的所谓"赞美"与"憧憬"，都是说给袁世凯听的，是出于制约袁世凯以明白自己身份的目的，实在是良苦用心。

（二）美好憧憬，难以实现

不管孙中山究竟为何对袁世凯报以极大的好感，但他在回到宝昌路行馆后，便开始积极筹划中国的美好未来。

美好未来的首要条件就是铁路修建，也是所有实业救国内容的重中之重。他在《中国之铁路计划与民生主义》一文中说，"国人现已确知中国之将来全赖天然之富源"，"深信吾国家之巩固，所恃于自然宝藏之开发"，并指出"中国亦将自行投入实业旋涡之中……实业主义之行于吾国也必矣"，且要"争取以最少限度之穷困与奴役现象，以达到最高限度之生产"，而要实现所有事业中，"所急切需要者，乃交通之便。故目前关系吾国前途之最大者，莫如铁路之建

---

① 孙中山. 致伍廷芳及各报馆电（1912年1月22日）[M]//孙中山全集：第2卷. 北京：中华书局，1982：34.
② 孙中山. 致伍廷芳电（1912年1月23日）[M]//孙中山全集：第2卷. 北京：中华书局，1982：37.
③ 孙中山. 致《字林西报》等书面谈话（1912年1月25日）[M]//孙中山全集：第2卷. 北京：中华书局，1982：41.
④ 孙中山. 致伍廷芳电（1912年1月29日）[M]//孙中山全集：第2卷. 北京：中华书局，1982：50.

筑"，还称铁路"为国家兴盛之先驱，人民幸福之源泉"①。孙中山认为铁路不仅可以运输物产，开拓市场，创造财富，还可以沟通交流，消弭隔膜，促进全体国人共同进步，因此是民生主义的重中之重。

孙中山在8月中下旬致函宋教仁时也提到，解决当前内忧外患的根本之道是"发展物力，使民生充裕，国势不摇"，欲"舍政事，而专心致志于铁路之建筑，于十年之中筑二十万里之线"②。到达上海后，他又出席了一系列活动阐述铁路计划。10月12日，他出席上海报界公会欢迎会，再次阐述了修建铁路、开放门户等主张。10月13日，他又通电袁世凯及各省都督议会，告以中国铁路总公司即日将在上海开办，并在上海设立铁道督办办事处，成为专门办理铁路事务的部门。10月23日，他在安徽都督府欢迎会上又发表演说，继续强调"兴利之事亦很多，最要紧的就是修铁路，开矿产"③。

当然，后来我们知道，随着袁世凯复辟、内战绵荡，孙中山一心强国的铁路计划终成泡影。野心家们从不会把"天下为公"当一回事，只会窃公权以谋私利，罔顾民生，绑架民意，戏弄民主，其心可诛。直到一百年之后，孙中山的这个遥远的理想才真的被实现了，2020年底，中国铁路营业总里程已达到14.6万千米，已远远超过了孙中山当年憧憬的样子，真可告慰先贤乃尔。

第二节 环龙路63号：再造共和

1916年6月中旬，孙中山携宋庆龄入住环龙路63号寓所（今南昌路59号）；1917年7月，因护法运动的需要，搬去了广州。这是一幢让孙中山走出被袁世凯与北洋政府通缉阴霾的房子，然而旋即又令他深陷维护《临时约法》的斗争之中。袁世凯野心的发作与段祺瑞狡黠的隐蔽，是孙中山始料未及的，而再造共和，是他的使命所在。因此，这幢小楼成了孙中山继续斗争的战场。当然，这里也是他继续规划共和国的工作室，《建国方略》的《民权初步》与《实业计划》的第一计划就是在这里完成的。可以说，从这里发出的一次次讨逆斗争的信号、一项项共和国的建设方略，乃是驱动古老中国现代转型的历史脉

---

① 孙中山. 中国之铁路计划与民生主义 [M] // 中国国民党中央执行委员会宣传部. 总理关于国庆纪念的遗教. 中国国民党中央执行委员会宣传部，1929：1-11.
② 无题 [N]. 民立报，1912-08-22.
③ 无题 [N]. 民立报，1912-10-29.

<<< 第三章　闹中取静：沉淀孙中山的南昌路

动，它将在南昌路一隅，永远跳动不息。

一、入住环龙路 63 号寓所

1916 年 5 月 1 日，孙中山与廖仲恺、戴季陶等人由东京秘密抵达上海，因为遭受北洋政府通缉，于是一切都在秘密进行。抵沪后的孙中山住在法租界萨坡赛路（今淡水路）14 号，他的日本朋友山田纯三郎的家。

5 月 18 日，陈其美在山田纯三郎的寓所会客时，不幸遭袁世凯所派的杀手暗杀。陈果夫回忆说："五月十八日下午，叔由渔阳里到萨坡赛路十四号会客，出渔阳里时雇黄包车。车夫问是否到萨坡赛路十四号？似甚熟悉者然。故叔到十四号，即语杨春时先生曰：'今日奇怪，黄包车夫知我到此地来。'叔殉国后，乃知此固凶犯预为布置者。"① 吴忠信在《陈英士先生殉难史迹》中对当天的谋刺惨景进行了细致回忆。由此推测，陈其美在萨坡赛路 14 号遇害时，孙中山已有一段时间没住在那里了。否则，死死盯住陈其美的杀手是不会放过孙中山的。②

5 月 19 日，宋庆龄从日本抵上海，住在法租界洋泾浜 55 号法文日报《中国回声》编辑 Wai Yuk 的办公室里。估计在陈其美遇害前，孙中山已经搬入洋泾浜 55 号暂住了。5 月 20 日，孙中山向陈其美家属发出唁电，"英士兄惨遭变故，文不便亲临致奠，益增哀悼。此案关系至重，不能不彻底穷究，而文亦欲详悉内容，以便设法对付。所有关于此案文件、交涉等事，应托某某君经理，随时面告，以专其事为要。专此，敬维节哀。"③ 由于还在北洋政府通缉名单上，孙中山不方便现身，估计唁电也是在洋泾浜 55 号发出的。

迟至 6 月 6 日之后，孙中山才携宋庆龄搬入环龙路 63 号寓所。因为，袁世凯于 6 月 6 日去世，新晋总统黎元洪旋即解除了对国民党的禁令和对孙中山等人的通缉令。宋庆龄在一封信里这样写道："当然，我们不能出去，也不能探望同志们，但我穿上西式服装可以在晚上溜出去办事。袁世凯去世后，有人为我

---

① 陈果夫. 陈英士先生革命事迹 [M] //徐咏平. 民国陈英士先生其美年谱. 台北：台湾商务印书馆，1980：540.
② 据《日本外务省档案》（"朝宪机" 93 号、264 号），袁世凯于 1914 年 3 月下旬就派刺客到日本企图暗杀孙中山。（中山大学历史系. 孙中山年谱 [M]. 北京：中华书局，1980：167）
③ 徐咏平. 民国陈英士先生其美年谱 [M]. 台北：台湾商务印书馆，1980：546.

们在环龙路63号租了一所房子，对面环龙路44号很多年一直是国民党总部。"①

环龙路63号是一幢二层小楼房，一楼由客厅、餐室、会客室构成，楼上是办公室与卧室，再上是假三层。楼房正面有一个阳台，面前是一片正方形的草坪，楼房由一米高的围墙包围，东首石阶可进入内院。该建筑在南昌路与思南路的交界处，而思南路上有很多这样的小洋楼。然而可惜的是，环龙路63号建筑不幸被拆除，现在是上海科学会堂的新大楼。

图3-1 环龙路63号寓所

（引自《同仁——孙中山与梅屋庄吉》，上海辞书出版社，2011年版，第452页）

住进环龙路63号（南昌路59号）之前，孙中山和国民党人被北洋政府通缉，四处躲藏，而"二次革命"也在不断失败中令人沮丧。不过随着袁世凯的离世，黎元洪解除了党禁。在住进环龙路63号（南昌路59号）之时，孙中山与国民党人都能以自由身份活动了。由此，如胡汉民、朱执信、廖仲恺、古应芬、丁人杰等人便陆续活跃起来，并寄寓环龙路63号。

然而在环龙路63号寓所时期，封建势力并未终结，革命仍然继续着。在此期间，孙中山又继续经历了北洋政府的府院之争、张勋复辟闹剧、段祺瑞废除

---

① 宋庆龄.复陈锡祺等（1972年12月29日）[M]//宋庆龄书信集：下.北京：人民出版社，1999：693.

约法的种种倒退，于是他不得不在此策划"护法运动"，保卫年轻的共和国。然而更重要的是，他在这里先后完成了建国方略之三的《民权初步》（《会议通则》），建国方略之二的《实业计划》（International Development of China）的"第一计划"英文版也在这段时期内发表，建国方略之一的《孙文学说》在此定稿付梓，之后又在《建设》上连载《实业计划》的中译稿。也就是说，建国方略的主体部分，是在环龙路63号寓所内完成的。职是之故，环龙路63号寓所便不仅仅是革命策源地，还是孙中山建国思想的孕育地，这片寓所的底蕴也因此更显深厚了。

1917年7月6日，孙中山当选中华民国陆海军大元帅，元帅府设在广州。于是孙中山携宋庆龄从环龙路63号搬了出来，与廖仲恺、朱执信、何香凝、章炳麟、陈炯明等人乘"海琛号"军舰赴广州，至此再没回到该寓所。

二、从国民党到中华革命党

（一）孙袁斗争，祸及民党

时间拉回1912年，与袁世凯交接后的孙中山，对中国未来满怀憧憬。9月，在一篇谈话中，孙中山说："维持现状，我不如袁；规划将来，袁不如我。为中国目前计，此十年内，似仍宜以袁氏为总统，我专尽力于社会事业。"[1] 但很快他就觉得发展形势并不理想，有不少人针对铁路建设，"明知此事有益，而故意反对"[2]，为此特别召开记者招待会再次表明立场与利害关系。1912年12月20日，他在《民意报》周年纪念的祝词中还严厉指出，民生建设不尽如人意，其文曰："民生日蹙，何以苏之？边患日棘，何以纾之？外侮日逼，何以□之？我有财政，纷如乱丝；我有路政，芜秽不治；我有军政，窳败不支。"[3] 他没有规划好未来，而袁世凯也没有打算维持现状。

形势发展得很快，也就是袁世凯背叛革命的速度发展的特别快，他无心民生，原是为了巩固权力，铲除异己。1913年3月20日，袁世凯指使刺客在上海火车站杀害了宋教仁。3月27日，从日本考察回上海，孙中山在黄兴寓所开会，

---

[1] 孙中山. 与某人谈话（1912年9月3日）[M]//孙中山全集：第2卷. 北京：中华书局，1982：440.
[2] 孙中山. 在北京招待报界同人时的演说和谈话（1912年9月14日）[M]//孙中山全集：第2卷. 北京：中华书局，1982：456.
[3] 孙中山.《民意报》周年纪念祝词（1912年12月20日）[M]//孙中山全集：第2卷. 北京：中华书局，1982：558.

主张袁世凯的所作所为是排除异己，对于杀害宋教仁的主犯，非用武力解决不可。然而，黄兴和大部分与会者却反而坚持主张要用法律解决。为此，孙中山与黄兴产生了严重的隔阂。

因此，我们有理由相信，袁世凯从没有把孙中山"溢美"与"信任"当真过。而孙中山坚持与袁世凯开战，甚至不惜与黄兴决裂，虽说是因为宋教仁被刺，但也可以充分说明，孙中山对袁世凯的所谓"信任"也绝非出于真心，而是某种意义上的策略。所以，自孙中山离开北京也就三个多月，袁世凯正式向国民党开刀。而与袁世凯的开战，则根本就是在孙中山的设想之内。

4月26日，袁世凯政府与五国银行团，签订了2500万英镑的"善后大借款"合同。所谓"善后"，就是要除掉国民党，这笔经费就是派这个用处。5月24日，袁世凯在一次谈话中，更进一步公开辱骂孙中山与黄兴，称他们"除捣乱外无本领"，并表示不能"听人捣乱"，并公然喊出了要对国民党"举兵征伐"①。旋即又罢免了江西都督李烈钧、广东都督胡汉民、安徽都督柏文蔚。作为针锋相对，孙中山首先去电日本，阻止借款："袁氏知不能见容于国人，个人禄位将不可保，遂思以武力为压服国民之举。然现政府财力竭蹶，苟非得巨款以补充淫威，终莫由逞。"② 6月上旬，国民党国会议员团发表宣言，指出："政府不交国会决议，擅行签字，实为违背约法19条之规定。"③ 判定政府与五国银行团的签约属于违法。与此同时，江西、南京、安徽、上海、广东分别宣布独立，李烈钧则高举起义的旗帜，准备讨袁世凯，"二次革命"正式爆发。

7月22日孙中山发表了《告全体国民促令袁氏辞职宣言》："为公仆者，不以国利民福为怀，反欲牺牲国家与人民，以争一己之位置，中华民国岂容开此先例。"④ 同日他又致电袁世凯："杀一不辜以得天下，犹不可为，况流天下之血以从一己之欲。公今日舍辞职外决无他策。""必以前此反对君主专制之决心反对公之一人，义无反顾。"⑤ 随后，他又发表讨袁世凯通电，称"全国流血之祸，系于袁氏一人之身"，"今袁氏种种违法，天下所知，东南人民迫不得已以

---

① 白蕉. 袁世凯与中华民国[M]. 上海：上海人文月刊社，1936：49-50.
② 孙中山. 致井上馨函（1913年5月17日）[M]//孙中山全集：第3卷. 北京：中华书局，1982：60.
③ 无题[N]. 民立报，1913-06-07.
④ 孙中山. 告全体国民促令袁氏辞职宣言[M]//孙中山全集：第3卷. 北京：中华书局，1982：66.
⑤ 孙中山. 致袁世凯电[M]//孙中山全集：第3卷. 北京：中华书局，1982：69.

武力济法律之穷，非惟其情可哀，其义亦至正"①。

通牒从来都意味着宣战。7月22日，袁世凯撤销孙中山筹办全国铁路全权。9月15日，袁世凯正式通缉孙中山、黄兴、李烈钧、柏文蔚、廖仲恺、朱执信、邓铿、谭人凤、熊克武等人；11月4日，又下令解散国民党，并撤销国会中国民党籍议员资格。由此，孙中山等人不得不流亡日本。

回想5月9日，孙中山在上海发表二次讨袁世凯宣言，当时还信心满满，主张去袁世凯之后要还政于民，表示"不徒以去袁为毕事"，"袁氏未去，当与国民共任讨贼之事；袁氏既去，当与国民共荷监督之责，决不肯使谋危民国者复生于国内"②。然而时隔数月，国民党人在国内已无立足之地。

（二）革命政党，屡败屡战

1914年，流亡日本的孙中山决意秘密结社，组织中华革命党，重新将流亡日本的国民党组织起来，并将国内未解散的国民党组织一律改组为中华革命党。6月22日，中华革命党在东京召开第一次大会，孙中山被选为总理。

这次重新组党与之前最大的不同，在于要求党内高度统一，赋予党魁绝对权威。因为孙中山在重新组党的过程中发现，"刻已成立干部，各路进行，同志之勇往，团体之固结，远胜前此同盟会之组织。且此次同志皆一德一心，服从弟之命令，尤非昔比"③。因此，他认为之前的失败，皆源于思想涣散，进而认为"原第一次革命之际及至致第二次之时，党员皆独断独行，各为其是"，"即如南京政府之际，弟忝为总统，乃同木偶，一切皆不由弟主张"，"第二次革命之前，有宋案之发现，弟当时即力主开战，克强不允，卒迁延时日，以至于开战即败。可知不统一服从，实无事不利于败衄之地位"，"因鉴于前此之散漫不统一之病，此次立党，特主服从党魁命令，并须各具誓约"④。之所以称自己是"木偶"，乃出于两件重大决意遭到否定，其一，袁世凯自称受命于前清之隆裕而非民国，孙中山力争名分甚至不惜开战，而党内皆不以为然；其二，袁世凯百般拒绝南下受总统职，孙中山则力主其南下，党内又不以为然。此时，孙中山回想当初，于是下定决心要塑造党内权威，统一全党思想。这就出现了后来

---

① 孙中山. 致参议院等通电［M］//孙中山全集：第3卷. 北京：中华书局，1982：67.
② 无题［N］. 民国日报，1916-05-09.
③ 孙中山. 致南洋同志函（1914年2月4日）［M］//孙中山全集：第3卷. 北京：中华书局，1982：80.
④ 孙中山. 致南洋革命党人函（1914年4月18日）［M］//孙中山全集：第3卷. 北京：中华书局，1982：82.

"立誓约""盖指模"的入党条件。这让深受民主法治熏陶的黄兴不能接受,况且盖指模好像犯人收监,让人感到不适,故拒不入中华革命党。为此,孙中山致函黄兴,"因第二次之失败,全在不听我之号令耳。所以今后弟欲为真党魁,不欲为假党魁,庶几事权统一,中国尚有救药。"① 后又再次强调,"此次重组革命党,首以服从命令唯一之条件。凡入党各员,必自问甘愿服从文一人,毫无疑虑而后可"②。

虽黄兴不认同,但陈其美对此则表示坚定支持,他曾向林森解释为什么非要立誓约、盖指模,"如第一次之官僚劣绅,向来反对革命,杀戮党人,即一旦革命成功,此辈则争先自号为老革命党,把持一方权利,而向日真心革命志士,且多被此辈杀戮,真伪莫分,热诚志士,成败俱遭惨祸,实可痛也。故第三次成功之后,欲防假伪,当以指模为证据。盖指模人人不同,终身不改,无论如何技巧,终不能作伪也。此本党用指模之意也……他日革命成功,全国人民,亦当以指模为识别,以防假伪,此至良之法也。"③ 按照陈其美的解释,道理还是充足的,是为了保护真正的革命元老,但至于孙中山本人究竟是怎么想的,我们也很难了解清楚。当然,从陈其美对孙中山的坚决拥护来看,他认为信仰是第一位的,是成败的关键。据陈果夫回忆,"因而党人不绝对信仰总理,不能服从总理,故党的命令便不能统一。英士先生有见于此,每遇到一位同志,便劝告他:'你们要绝对服从总理,革命党没有领袖,指挥便不能统一;而革命永不会成功的。'当时兄弟常常引许多同志去见英士先生,英士先生总是要问:'你们是不是信仰总理?'中华革命党党员信条中有服从总理之规定,这便是中华革命党所以能够团结之最大之原因了"④。1914年7月8日,《中华革命党总理誓约》发布,《中华革命党总章》同日颁布,五权思想也由此确立。9月颁布《革命方略》,规定中华革命党的纲领为推翻专制政府、建设完全民国、启发人民生业、巩固国家主权。⑤

不久,中华革命党正式起事,包括成立了敢死队、炸弹队,行暗杀之事。然而,自中华革命党起事以来,从口诛笔伐到军事行动,虽频繁发动,却鲜有

---

① 孙中山.致黄兴函(1914年5月29日)[M]//孙中山全集:第3卷.北京:中华书局,1982:89.
② 孙中山.致陈新政及南洋同志书(1914年5月29日)[M]//孙中山全集:第3卷.北京:中华书局,1982:92.
③ 徐咏平.民国陈英士先生其美年谱[M].台北:台湾商务印书馆,1980:416-417.
④ 徐咏平.民国陈英士先生其美年谱[M].台北:台湾商务印书馆,1980:460-461.
⑤ 中山大学历史系.孙中山年谱[M].北京:中华书局,1980:172.

成功。1914年底，发表了讨袁世凯告同胞书；1915年12月12日，袁世凯宣布称帝。孙中山再次发表《讨袁宣言》，称："今袁背弃前盟，暴行帝制，解散自治会，而闾阎无安民矣；解散国会，而国家无正论矣；滥用公款，谋杀人才，而陷国家于危险之地位矣；假名党狱，而良懦多为无辜矣。有此四者，国无不亡，国亡则民奴……既忘共和，即称民贼。"

然而，之后的革命却始终一蹶不振。1916年1月6日，朱执信率中华革命军进攻惠州，占领平山，但不久败退。2月7日，朱执信率部进攻番禺县石湖村兵工厂，失败；9日，率部袭取广州，失败。2月18日，革命党人蔡济民等于武昌南湖策动马队起义，失败。2月21日，革命党人杨王鹏等百余人袭击长沙将军署与警署，旋即被捕遇害。4月16日，江苏中华革命党人袭击江阴，18日进据吴江时失败。4月25日，浙江中华革命党人潜入江西，占领玉山，27日进据上饶时失败。5月15日至25日，中华革命军东北军两次袭击济南，均失败。5月18日，陈其美在上海萨坡赛路（淡水路）寓所遇刺身亡。6月4日，中华革命军东北军三攻济南，失败。6月6日，奉天中华革命党人攻入兴京（辽宁省抚顺市新宾县），进而攻占辽宁昌图县后旋即失败。当然，半年来并非毫无胜记，但毕竟败多而胜少，小胜少而大胜几乎全无。

总之，讨袁世凯革命以来，中华革命党的行动频频受挫，然而革命党屡败屡战，最终将袁世凯最后的精力耗尽。1916年6月6日，袁世凯因病去世。孙中山遂致电居正等人，"袁死，内外情大变，应按兵勿动，候商黎解决"[1]。同时致电黎元洪，呼吁停战撤兵。7月25日，孙中山指示中华革命军通告国内外各支部，"袁贼自毙，黎大总统依法就职，因令各省党军停止进行"[2]。至此，一切告一段落。

也就是这个时候，黎元洪解除了对孙中山及中华革命党的通缉令，孙中山方能自由行动，并住进了环龙路63号寓所。可以说，在住进环龙路63号寓所前，他实在是居无定所的。

---

[1] 孙中山. 致居正电（1916年6月10日）[M]//孙中山全集：第3卷. 北京：中华书局，1982：307.

[2] 孙中山. 中华革命党本部通告（1916年7月25日）[M]//孙中山全集：第3卷. 北京：中华书局，1982：333.

三、争取民权与规划民生

（一）临时约法，国之重器

1916年6月，袁世凯新丧，似乎天下又回归正轨。孙中山即刻发表了《规复约法宣言》："今若举国人遵由神圣之约法，泯绝内讧，洵可为百世之模范。其反是者，则国本替而祸不忍言。""规复约法，尊重民意机关，则唯一无二之方，无所用其踌躇者。"① 接着又通电黄兴："袁死；黎能复约法，召国会。"② 不久，致电黎元洪，称："规复约法、尊重国会二事为根本要图。"③ 又致电段祺瑞："至于目前，规复约法，尊重国会，为共和根本大计。"④ 正轨就是共和，至少是形式上的共和，也就是《中华民国临时约法》（以下简称《约法》）的继续执行。所以，一旦时局相对平稳，孙中山便开始疾呼《约法》的恢复，重建国体，从全民宣言，到党内要员、最高掌权者，他都主要强调这一件事。

然而，平静之下，波谲云诡。即使黎元洪到任，《约法》在名义上得到恢复，但保守派的势力仍旧有着持续的强大影响力。推动中国社会走出顽固的封建思想，接受完全的共和不是一个线性的过程，而是螺旋式前进的，"二次革命"必然爆发。要知道，"二次革命"是因为袁世凯之死而自然告终的，并不是孙中山胜了，如若袁世凯不死呢？而站在袁世凯一边的保守势力极其庞大，这一点就表现在"二次革命"时没有响应独立号召的省份那里。孙中山也意识到这一点，他在6月6日当天即发表讲话说，对于"起义各省之执政者"，可"信其诚意拥护共和"；对于"未独立各省之执政者与乎伪内阁之人物"，在"彼等苟非今后表示其爱国护法尊重民意之真诚"前，"则予不敢信其真正忠于人民"，并提出"倘各执政者皆能表示其诚意之所在，则予愿与国民共助之；倘不然者，则予愿奋起而与国民同尽挞伐之责"⑤。这里有逼之前未宣布独立的省份进行表态的意思，当然，也有警告那些隐而未发的封建残余，最好看清浩浩荡荡的世界大势。至如张勋、倪嗣冲等早有明显的复辟倾向，这是他早就看在眼里的，

---

① 孙中山. 规复约法宣言（1916年6月9日）[M]//孙中山全集：第3卷. 北京：中华书局，1982：304-306.
② 无题 [N]. 民国日报，1916-06-14.
③ 孙中山. 致黎元洪电（1916年6月20日）[M]//孙中山全集：第3卷. 北京：中华书局，1982：310.
④ 孙中山. 致段祺瑞函（1916年6月23日）[M]//孙中山全集：第3卷. 北京：中华书局，1982：312.
⑤ 无题 [N]. 民国日报，1916-06-06.

"现在帝制余孽潜伏北方者尚不少，中央无不投鼠忌器之患。如张勋、倪嗣冲辈，跋扈依然，如世人所指"，"隐忧未息，则国人犹未得高卧也"①。至于新上任之总统黎元洪，孙中山则对其较为放心，"由于黎元洪为人随和懒散，不抱帝王野心，我相信，他会顺应民心为国效劳，而不至于假借权柄以谋私利"②。

然而，千算万算他只算对了一半，忽视了段祺瑞。内阁总理段祺瑞并不是一个"随和懒散"的人。1917年初，"府院之争"上演。代表日本利益的段祺瑞坚持要向德国宣战，而站在美国一边的黎元洪则坚决反对。段祺瑞要挟黎元洪解散国会，黎元洪则免除了段祺瑞国务总理之职。段祺瑞随即唆使皖系、奉系8省督军"独立"，积极进行扳倒黎元洪活动。6月，段祺瑞引张勋进京，向其许诺，若张勋能逐走黎元洪，解散国会，便允其复辟帝制。7月1日，张勋进宫恢复清末旧制。7月3日，段祺瑞在天津马厂誓师，摇身一变，成为"讨逆军"大元帅，"辫子军"随机投降。段祺瑞因讨伐有功，再次荣登内阁总理，而总统则由冯国璋继任。甫上台，段祺瑞便公开宣称"一不要约法，二不要国会，三不要旧总统"，并向日本借款购买军火，搞起了军政府。所谓"一日看尽长安花"，黎之无能、段之奸邪、张之愚蠢，几日间，众生之相，历历在目。

那是一个专讲实力的时代，法律只具有象征意义，如果无实力去维护法律，那么法律只是一纸空文，但孙中山那时并未清楚这一点。黎元洪一宣布恢复《临时约法》，孙中山便认为武装斗争结束了，"今幸元凶已死，国法恢复，武力告终，建设伊始，两院议员，不久赴京开会，共商建设之业"③。孙中山又认为党的使命也结束了，"破坏既终，建设方始，革命名义，已不复存，即一切党务亦应停止"④。其实，这是重复了上一次的错误，即以为袁世凯许诺共和，便认为完全共和实现了。这次，孙中山又以为黎元洪恢复《约法》，便认为无人敢撼动了。

所以在环龙路63号寓所居住的一年时间，孙中山忙着敦促黎元洪恢复《约法》，接着又反对张勋复辟，接着又不得不与段祺瑞进行斗争，继续维护《约

---

① 孙中山. 复郭标函（1916年9月2日）[M]//孙中山全集：第3卷. 北京：中华书局，1982：357.
② 孙中山. 致戴德律函（1916年7月5日）[M]//孙中山全集：第3卷. 北京：中华书局，1982：316.
③ 孙中山. 在沪举办茶话会上的演说（1916年7月17日）[M]//孙中山全集：第3卷. 北京：中华书局，1982：325.
④ 孙中山. 中华革命党本部通告（1916年7月25日）[M]//孙中山全集：第3卷. 北京：中华书局，1982：333.

法》。

与段祺瑞撕破脸后，孙中山不止一次在环龙路63号寓所召开会议，研究护法运动，与会者有唐绍仪、章太炎、程璧光、陈友仁等。最终，孙中山等人认为，要与北方抗衡，必须联合西南实力派军阀。于是致电桂、粤、湘、滇、黔、川六省都督，希望共建临时政府，共推临时总统。西南军阀出于各自的目的，也表示欢迎孙中山前来。1917年7月6日，为"根除元凶，维护约法"，孙中山等人离开上海，登上了前往广州的军舰。

（二）建国方略，民之前途

孙中山在环龙路63号寓所居住的时间非常短，1916年6月中旬至1917年7月初，总共一年出头。在这里，他除了要与段祺瑞政府对抗外，还在构思民权建设的理论，与民生未来的规划，这也是这片寓所的深厚底蕴所在。

1917年2月21日，孙中山写成《会议通则》，是为《建国方略》之三"社会建设"，同年4月出版。同年6月19日，又发表了《实业计划》的第一计划的英文版。

为什么首先作的是《会议通则》？孙中山认为，民权的争取不单是政客的事，还关系到国民的民权之素养。国民的生活要发生改变，首先要争取的是权利，而权利最基础的形式，就是能正当地发表意见。清朝之所以为专制，首在禁言，《会议通则》的序曰："满清之世，集会有禁，文字成狱，偶语弃市，是人民之集会自由、出版自由、思想自由皆已剥夺净尽，至二百六十余年之久。"革命斗争已是在争取实质之权利，就国民本身而言，应赶快学会如何正当地发言，即发言的规范。所以，《会议通则》的本质，就是要对国民言论素养进行规训。

《会议通则》又称《民权初步》，他解释说："此《民权初步》一书之所由作，而以教国民行民权之第一步也。"所以这是一部教化之书。为了对国民言论素养进行规训，这本书对国民集会发言中的基本问题做了非常详细的解释，细致到对一场几人参与的讨论中，各人的语态、用词、如何维持秩序、如何表达赞同或反对、如何完成一次有效选举、如何处理会议延期等规范都进行了举例说明，具有很强的操作性。孙中山很清楚，素养与权利是相辅相成的，今日争取民权，国民素养更是当务之急，所以他说："倘此第一步能行，行之能稳，则逐步前进，民权之发达必有登峰造极之一日。"[①]

---

① 孙中山. 建国方略［M］. 北京：中国长安出版社，2011：237-239.

紧接着撰成的是《实业计划》的第一计划，即宏观的实业计划，涉及了铁路网、港口、航运，强化东西部交通的密切联系，又强调了工业、矿业的开发，乃"国家之急需，亦厚利之实业也"①。所以说，"中国存亡之关键，则在实业发展之一事也"。与此同时，孙中山还敏锐地认识到了中国的特别优势，即拥有庞大的市场。孙中山预测说，"一战"结束后，军事工业将投入生产，由此世界范围内将发生生产过剩的危机，而中国则是重要的解救良方。他说："如使上述规划果能逐渐举行，则中国不特可为各国余货销纳之地，实可为吸收经济之大洋海，凡诸工业国其资本有余者，中国能尽数吸收之。"②细想想，今天我们何尝不是循着这个理念前行的。

总的来说，环龙路63号寓所是一个革命圣地，而它蕴含的价值又远比革命丰富，因为这里还是东方第一个共和国现代治国理念雏形的诞生地。可以说，孙中山的革命实在超出了军事争胜，更致力于整个民族的现代化转型。

第三节　莫利爱路寓所（上）：情满共和

莫利爱路③就是今天的香山路，与南昌路平行，被思南路（原马斯南路）贯通起来。这条小路上矗立的一幢小洋房，就是孙中山在上海最后的住所。他在这里的居住可分为两个主要时段，即1918年6月26日至1920年11月25日，1922年8月14日至1923年2月15日；北上时，又在此小住了4日，即1924年11月17日至21日。他两次从广州来沪居住于此，又两次离沪去广州建政。然而更重要的是，他在这幢寓所中，最终完成了他的思想理论著作——《孙文学说》与《实业计划》，前者是后者的哲学基础，后者是前者的物质理想。此外，他还在这里促成了第一次国共合作，虽然和他的大多政治活动一样，以失败告终。但孙中山旨在实现民权与民生的共和思想，推动古老中国现代转型的理念，却终于深入人心，绵延至今，仅此一项之成功，便足以成就莫利爱路寓所历史之厚重。

---

① 孙中山. 建国方略[M]. 北京：中国长安出版社，2011：97.
② 孙中山. 建国方略[M]. 北京：中国长安出版社，2011：83-86.
③ "莫利爱路"，也有写作"莫里哀路"或"莫里爱路"，因为孙中山在信中曾使用的是"莫利爱路"，故本书中统一使用这一写法。

一、莫利爱路寓所往事

（一）入住莫利爱路寓所

距离南昌路仅 200 米左右，有一条幽静的小路，名为"香山路"，法租界时期称为"莫利爱路"。"香山"是今天中山市的古称，孙中山的故乡。孙中山在世时，有人称其为"香山先生"①，如此称呼孙中山并不多见，但毕竟是有的。"香山"于宋绍兴二十二年（1152 年）设县，民国十四年（1925 年），为纪念孙中山而改名为中山县。民国政府收回上海法租界后，便将莫利爱路改名为香山路。这是因为，香山路 7 号的那栋欧洲乡村式小洋房，是孙中山在上海的又一处故居，也是孙中山和宋庆龄目前仅存的共同住所。可称之为莫利爱路寓所，或者香山路寓所。

1918 年入住前，孙中山遭到了段祺瑞向法租界要求引渡他的图谋，幸而未能得逞。7 月 4 日，他在给孙科的信中写道："得孙夫人由上海来电云：已与法国领事交涉好，上海可以居住。遂于六月廿三日由神户乘船，廿六日抵上海，平安登陆。现住上海莫利爱路二十九号。"②

但是 1922 年再次入住前，他和宋庆龄经历了一段险象环生的历程。因陈炯明"叛变"后，身处广州的孙中山夫妇不得不登上永丰舰躲避。当时除了永丰舰外，他们无处栖身，这是一段至暗时刻。宋庆龄于 6 月 25 日先期到达香山路寓所，孙中山还在永丰舰上待了一个多月，于 8 月 14 日抵达上海。当时宋庆龄正怀有身孕，那是她结婚七年来，也是人生中唯一的一次妊娠。到了上海以后，她便给好友写信，其中提到一些细节，回忆时仍心有余悸。"我于 6 月 25 日回到这里，由于我在广州深受了一场可怕的经历。我非常紧张不安。我不得不保持完全安静和休息。我经常想到你（阿莉——宋庆龄的美国同学）。不知道你是否收到了我的上一封信？那是在我的房子遭到炮击前几天写的。我所有的东西都丢了。所有我的皮衣、服装和首饰都被士兵抢去，事实上我们所有值钱的东西都丢了。但是感谢上帝，我们没有受到伤害，还能再度在我们自己的家里生活和呼吸。虽然我们的东西丢了，我们取得了道义上的胜利，公众舆论从来没

---

① 伍毓瑞上孙中山函（1919 年 11 月 1 日）[J]. 历史档案，1987（7）：63.
② 孙中山. 致孙科函（1918 年 7 月 4 日）[M]//孙中山全集：第 4 卷. 北京：中华书局，1982：485.

有像现在这样强烈支持我们的事业。"① 但也不得不佩服宋庆龄,这段话的后半部分,展现了她从容面对斗争的勇气。

值得一提的是,20世纪70年代,宋庆龄在给历史学家陈锡祺教授的一封信中回忆了当时的一些信息,其中关于入住香山路寓所的信息有误。她说:"认识到留在舰上无益,人们说服他回到了上海。加拿大的国民党同志们发现他没有固定的住处,他们买下了莫里哀路(莫利爱路)29号即今香山路7号的房子。在那个时候他才第一次走进这所房子。"② 其实这是孙中山第二次走进这所房子。孙中山在1918年7月4日给孙科的信中已明确讲了他的通信地址,就是莫利爱路29号。

孙中山在莫利爱路寓所居住期间,与西南军阀斗、与陈炯明斗、与封建主义旧思想斗,努力推动古老中国的现代转型。1923年2月15日,孙中山再次离开上海去广东,此后便再也没有回到这里。1925年3月孙中山在北京因病逝世,宋庆龄回到这里后,又居住至1937年抗战爆发。此后,宋庆龄移居香港、重庆。1945年底,宋庆龄回到上海,将该寓所捐赠给国民政府,作为孙中山的永久纪念地。

(二)身后的莫利爱路寓所

莫利爱路寓所在中国近代史上的意义可以分为两个部分:孙中山居住期间,他的一系列革命活动、理论创造都发生在此。但孙中山身后,这幢小楼里还发生了两次密会,继续推动了中国近代史的走向,一次是重启国共沟通的密会,一次是推动中共真实情况突破封锁的密会。

1. 重启国共沟通的密会

1927年"四·一二"政变后,国共之间的联系彻底被中断了。但是,这样的长期隔绝对于中国革命来说百害而无一利。1936年元旦,创办大同幼稚园的董健吾牧师接到了宋庆龄托董慧芳(董健吾的女儿)捎来的口信,宋庆龄希望能在莫利爱路寓所与董健吾面晤。董健吾与宋家的关系密切,其女董慧芳经常在香山路7号玩,被宋庆龄亲切地呼作"萝赛"。因此,接到口信后,董健吾立马就去了莫利爱路。

---

① 宋庆龄.致阿莉(1922年9月15日)[M]//宋庆龄书信集:上.北京:人民出版社,1999:29.

② 宋庆龄.复陈锡祺等(1972年12月29日)[M]//宋庆龄书信集:下.北京:人民出版社,1999:694.

元旦这天，董健吾匆匆赶到莫利爱路，在那里，董健吾得到了宋庆龄交付的一封密信。宋庆龄希望董健吾能把这封密信送到陕北瓦窑堡中共领导人毛泽东与周恩来的手上。这在当时是一件极难办到的事。由于国共合作破裂，国民党对共产党进行了五次"围剿"，并迫使共产党不得不决定进行艰难的长征。如今，国共之间视同水火，沟通彼此谈何容易。然而，全国抗日形势日趋严峻，战争导火索一触即发。迫于形势压力，蒋介石决定主动用政治手段解决国共问题，于是秘密派出几路人马，尝试沟通远在陕北的共产党。其中的一路，便是宋子文。由于董健吾是宋子文与宋庆龄共同的朋友，他们不约而同地想到了董健吾。

要到达瓦窑堡，西安是必经之地。当时驻守西安的是张学良，通过地下党的联系，董健吾知道张学良比较了解共产党的主张，也受到"左"倾思想的影响。于是，在宋庆龄和宋子文的帮助下，他化名周继吾，以"财政部西北经济特派员"的身份前往西安。

与张学良最初的一段交涉，是董健吾在与斯诺的交谈中回忆出来的，斯诺后来回忆说："就是在这当儿，也就是1936年初，有一天他（董健吾）去拜访张学良，开门见山地说：'我是来向你借飞机到红区去的。'张学良吃了一惊，跳起来瞪着眼睛说：'什么？你敢到这里来提出这样的要求？你不知道凭这一点就可以把你押出去枪毙吗？'"[①] 其实，当时的张学良已经受到共产党"中国人不打中国人"和"同我们一起打回老家去"等口号的影响，对于共产党的态度已经趋于善意。所以，经过与健谈的董健吾的详叙，他最终答应派专机与专人护送董健吾进入红区，成功转交了密信。由此，董健吾也成了促进国共双方重新建立联系的第一人。

2. 推动中共真实情况突破封锁的密会

1936年春天，仍然是莫利爱路29号，仍然是宋庆龄的口信，仍然是董健吾受命前往西安。时隔两个月多，这幢旧居里再次发生了对日后产生重大影响的密会。

这次，宋庆龄希望董健吾用好与张学良建立起来的关系，能够送一名美国记者进入红区采访，把共产党的真实情况传递出来。这位美国人，就是《密勒氏评论》的记者斯诺。斯诺想弄清真实的共产党究竟是怎么样的，而不仅仅满

---

① [美] 爱德加·斯诺. 红星照耀中国[M]. 董乐山, 译. 北京：作家出版社，2008：17.

足于毫无新闻自由环境下的期刊报纸上对共产党的负面评论。恰好共产党也希望有一个重量级的刊物与记者来为他们进行正面的宣传。于是，在宋庆龄的帮助下，斯诺与董健吾在西安的西京招待所会面了。

当时关于共产党的任何信息都是被严密封锁的，外界对共产党的情况一无所知，有人认为共产党根本就是不存在的，甚至有人说毛泽东早就死了。"事实是，在世界各国中，恐怕没有比红色中国的情况是更大的谜、更混乱的传说了。中华天朝的红军在地球上人口最多的国度的腹地进行着战斗，九年以来一直遭到铜墙铁壁一样严密的新闻封锁而与世隔绝。千千万万敌军所组成的一道活动长城时刻包围着他们。他们的地区比西藏还要难以进入。"① 斯诺是独立的，他绝不认同丑陋的新闻封锁下的媒体能讲什么真话；斯诺是勇敢的，他愿意对完全陌生的甚至被妖魔化的事物一探究竟；斯诺也是正义的，他希望所有的他的报道都能建立在亲眼所见的基础上。

在董健吾的帮助下，斯诺成功进入了被铜墙铁壁封锁下的红区，见到了毛泽东等中共中央领导人，获得了宝贵的第一手资料。这一年底，他便将所见所闻整理成书，突破了新闻封锁线，把中共的真实情况与真实主张传递到了外面的世界，这本书就叫《红星照耀中国》（原译《西行漫记》）。

总的来说，莫利爱路寓所延伸了孙中山居住时期的重要作用，继续推动了中国近代史的发展。当然，它也从另一个角度告诉我们，革命运动无法依靠一两个领袖人物取得胜利，而必须依靠无数的有识之士前赴后继地忘我奉献，才能真正成功。

二、真护法、假护法

（一）各怀鬼胎，艰难护法

1917年7月17日，孙中山到达广州，当天晚上即发表演讲，指斥段祺瑞毁约法、散国会的阴谋野心，说："中国共和垂六年，国民未有享过共和幸福，非共和之罪也。执共和国政之人，以假共和之面孔，行真专制之手段也。"② 同时又致电段祺瑞，斥其"总理"一职为非法，"乃总理一直既无同意，亦无副署，实为非法任命，果出黄陂手谕与否，亦未可知。足下当以义师首领自居，岂得

---

① ［美］爱德加·斯诺. 红星照耀中国［M］. 董乐山，译. 北京：作家出版社，2008：2.
② 孙中山. 在广州黄埔欢迎会上的演说（1917年7月17日）［M］//孙中山全集：第4卷. 北京：中华书局，1982：114.

以国务总理为号，以免职兴戎，而以复职自贵？狐埋狐搰，皆在一人，岂所谓为国忘身者乎？"① 7月20日在驻粤滇军欢迎会上进行演说，7月21日在广东全省学界欢迎会上发表演说，都进一步斥责段祺瑞、倪嗣冲的假共和阴谋天理难容。

为了与段祺瑞在军事上抗衡，孙中山致电西南军阀陆荣廷，邀其共同护法："民国之号虽复，而祸乱之机方始，与公倡议护国之旨，相戾已甚。""我公再造民国，勋在宇宙，救国之画，必有早定。继承勉以共济，尚乞协力主持。"② 又致电护法各省将领，以期合力恢复国会："诸公靖国护法，素有同心，尚希协力主张，俾早决定。""将来径以海陆军护送国会赴都，大局即可救定。"③ 此乃谋划以西南各省为主体的新政府，以对抗段祺瑞政府。

在孙中山的积极运作下，护法各省迅速组织了新政府。1917年8月19日，国会议员第一次谈话会召开；25日，国会非常会议在广州开幕；29日，《国会非常会议组织大纲》通过；9月1日，孙中山在国会非常会议第四次会议上被选举为中华民国军政府大元帅，唐继尧、陆荣廷为元帅；9月10日，孙中山就职，宣誓曰："当竭股肱之力，攘除奸凶，恢复约法，以竟元年未尽之责，雪数岁无功之耻。"④ 与此同时，军政府各部长由非常国会选举完成，并得到孙中山任命。一个代表中国的全新政府，在两个月内，从谋划到组建，一切看似顺利而极有效率。

事情往往都是这样，太过顺利，就不真实了。事实上，除北方外，南方很多势力也不承认军政府，因为它无军队、无土地、无人民。⑤ 而南方最大的军阀陆荣廷，虽荣任军政府元帅，却自始至终在敷衍孙中山。1917年10月，粤、桂、湘三省联军与北洋军已经开战，而陆荣廷并不打算增援。孙中山的军政府参议潘乃德专门做争取陆荣廷的工作，他回忆说："我对陆荣廷提到这个问题

---

① 孙中山. 致段祺瑞电（1917年7月19日）[M]//孙中山全集：第4卷. 北京：中华书局，1982：117.

② 孙中山. 复陆荣廷电（1917年7月24日）[M]//孙中山全集：第4卷. 北京：中华书局，1982：124.

③ 孙中山. 致护法各省将领电（1917年7月24日）[M]//孙中山全集：第4卷. 北京：中华书局，1982：125.

④ 孙中山. 就陆海军大元帅职答词（1917年9月1日）[M]//孙中山全集：第4卷. 北京：中华书局，1982：137.

⑤ 孙中山. 在宴请滇军第四师官佐会上的讲话（1918年1月18日）[M]//孙中山全集：第4卷. 北京：中华书局，1982：299.

（指北伐），陆就说：'孙中山坐镇广州好了，若说北伐，广西已有军队去了，不必另外组织了。'其实陆荣廷并不热心护法，他和北洋军阀的直系早有勾结了。"①陆荣廷代理广东的督军莫荣新甚至公开讥讽广东的军政府为"空头政府"，并公开说要对孙中山"不理睬""不支持"。至于这"空头政府"空到什么程度，据罗翼群回忆："帅府所属职员，当时亦无薪可发，各人不分职级，每人每月只能领到广东毫洋二十元，仅足供个人食用，生活十分艰苦。"②更为令人发指的是，1918年1月，莫荣新竟然以惩治"土匪"的名义，肆意屠杀大元帅府卫兵10名及连、排长多人；2月，甚至将孙中山的重要支持者海军总长程璧光谋杀。

无钱无兵，这样的政府实在只剩下形式了，而大元帅和傀儡毫无差别。然而，就是这样的傀儡，也终于被西南军阀所不容。由于北洋政府皖、直两系闹矛盾，直系开始主张南北议和，而西南军阀决定呼应直系。这样一来，坚持北伐的孙中山就成了必须要除掉的阻碍了。1918年4月10日，国会非常会议在桂系与政学系的操纵下，通过了《中华民国军政府组织大纲修正案》，决定将大元帅制改为七总裁合议制，彻底把孙中山仅有的形式上的权力也架空了。

孙中山的大元帅之职仅担任了半年光景，其中一半时间里却在疲于应付南方军阀，至于"护法"竟一事无成。终于，孙中山意识到，西南军阀根本是"假护法"。于是他愤而辞职，在辞职通电中，他索性与南方军阀撕破了脸，直斥"南与北如一丘之貉。虽号称护法之省，亦莫肯俯首于法律及民意之下"③。

因此变故，他失落地离开广州，赴日本小住。1918年6月26日，回到上海的孙中山第一次走进了香山路寓所。住进这所寓所后，疲惫的孙中山就病倒了。前来规劝孙中山赴任七总裁的吴玉章回忆说："中山先生当时气愤得很，坚决不干。他说那些人还革命？他们根本不革命！他们想拿军政府同北方议和以保个人权位，我决不与他们同流合污！"但吴玉章劝说他，南方虽然排挤孙中山，但仍忌惮舆论压力，至少还留出一些余地，至于广东的陈炯明、陕西的于右任、湖南的程潜和四川的熊克武，都还手握支持孙中山的完整的军队。听完吴玉章

---

① 潘乃德. 非常国会漫忆［M］//中国政治协商会议全国委员会. 孙中山三次在广东建立政权. 北京：中国文史出版社，1986：86-87.
② 罗翼群. 记孙中山南下广东建立政权［M］//中国政治协商会议全国委员会. 孙中山三次在广东建立政权. 北京：中国文史出版社，1986：4-5.
③ 孙中山. 辞大元帅职通电（1918年5月4日）［M］//孙中山全集：第4卷. 北京：中华书局，1982：471.

的分析,"他不胜感慨地流下了眼泪,随着说:'我听你的话,决定派汪精卫去。'"① 因为对他的故乡——广东,仍心存一丝希望,也就为不久后再次赴粤埋下了伏笔。

(二) 改组民党,觉悟大众

虽然身在上海,但仍心系广州军政府;虽然仅是象征意义,但与北洋政府相抗衡的合法性与合理性还是存在的。因此,7月16日,孙中山还是接受了七总裁之一的职务,他表示"昨以多数同志请文遣派代表列席政务会议,以免岑、陆等一致主和,不得已特派徐谦为代表"②。为了顾全大局,他在收到广州军政府颁发给他的七总裁之一的当选证书后,表示"始终尊重国会""不敢不请从诸公之后,稍有未尽之责,仍当效其绵薄"③。

在与军政府妥协的同时,孙中山想起了中华革命党,毕竟他还是中华革命党的总理。于是,改组革命党,重新振作起来,被提上了议事日程。8月,他通告海外革命党党员,"归沪而后,益感救亡之策,必先事吾党之扩张,故亟重订党章,以促使党务之发达"。为了筹集资金,他要求党员"依照党章,缴纳年金,以供总部经费。俾文得专力于国事,而无窘乏之虑。所有各项义捐,并期一律汇沪,由沪签还收据"④。然而,除了在经济上重整中华革命党外,进一步还要做什么,孙中山其实还是很茫然的。比如,1919年1月9日,孙中山被军政府推举为出席巴黎和会的代表,但是他很不自信地认为,"南方派遣特使,未得国际承认,断然不能代表发言。且文亦不能受北方伪政府所委任,此事当无从进行"⑤。5月12日,他又对许崇智悲观地表示:"吾人之生存成功皆靠冒险,能之则生,不能则死。"⑥

真正让他看清方向,并从悲观情绪中走出来的,还是受到了五四运动的猛烈触动。1919年,五四运动爆发后,上海有学生去拜访孙中山,孙中山热情地

---

① 吴玉章.对孙中山先生的一段回忆[M]//尚明轩,王学庄,陈崧.孙中山生平事业追忆录.北京:人民出版社,1986:266-267.
② 中山大学历史系.《国会非常会议纪要》"公函"[M]//孙中山年谱.北京:中华书局,1980:229.
③ 孙中山.复国会非常会议函(1918年7月)[M]//孙中山全集:第四卷.北京:中华书局,1982:492.
④ 孙中山.通告海外革命党人书(1918年8月30日)[M]//孙中山全集:第四卷.北京:中华书局,1982:499-500.
⑤ 中山大学历史系.国父批牍墨迹[M]//孙中山年谱.北京:中华书局,1980:238.
⑥ 中山大学历史系.国父批牍墨迹[M]//孙中山年谱.北京:中华书局,1980:241.

会见了他们,他鼓励学生革命热情再高涨一些才好。然而,学生却敏锐地发现,"他(孙中山)个人很注意宣传,素来主张宣传与军事并重,不过事实上宣传的工作做得不够,所以不能使一般青年和民众了解他的意见和主张。"① 孙中山显然也意识到了这一点,所以这次会谈后,他开始积极地倡导民众的觉悟。

6月下旬,他在香山路寓所与戴季陶讨论办刊物的问题,在谈到社会思潮时,他说:"不但在政治上要谋民权的平等,而且在社会上要谋经济上的平等……不过目前这个时候,我们对于许多不明白的人,要使他明白,应该怎么样呢? 有一点顶重要的,就是指导他们方法,很要注意。中国现在不但工人没有知识,连号称知识阶级里面的人,也是一样没有知识。"② 8月1日,朱执信、廖仲恺受命创办的《建设》杂志在上海出版,孙中山在《发刊词》中指出:"革命之后而不能建设也,所以不能者,以不知其道也。"所以,"鼓吹建设之思潮,展明建设之原理,冀广传吾党建设之主义,成为国民之常识;使人人知建设为今日之需要,使人人知建设为易行之事功"③。办刊物就是启发民众、觉悟民众的重要手段。其实,5月20日,他的《孙文学说》已经定稿,题名为《心理建设》。他在给于右任的信中说到其著作的目的:"文近著学说一卷,祛除其谬误,以立其信仰之基。"④

1919年8月7日,忍无可忍的孙中山终于坚决辞去了与北方勾结的军政府的总裁之职,并表示"觉护法之希望,根本已绝"⑤。9月2日,他复电刘治洲等,表示脱离军政府,是为了"另图根本之救国耳,非置国事于不顾也"⑥。

那么他的新方法是什么呢? 就是不再依靠旧军阀,而依靠现代政党,发动根本的革命。1919年10月10日,中华革命党正式改组为中国国民党,在原"国民党"前加上"中国"二字,以区别于1912年的"国民党"。1919年5月28日,他曾发表《护法宣言》,主张"今日言和平救国之法,唯有恢复国会完

---

① 许德珩. 难忘的会见 [N]. 团结报, 1980-11-07.
② 孙中山. 与戴季陶的谈话(1919年6月22日)[M]//孙中山全集:第五卷. 北京:中华书局,1982:68.
③ 孙中山.《建设》杂志发刊词(1919年8月1日)[M]//孙中山全集:第五卷. 北京:中华书局,1982:89.
④ 孙中山. 复于右任(1919年9月1日)[M]//孙中山全集:第五卷. 北京:中华书局,1982:106.
⑤ 孙中山. 复林森吴景濂函(1919年8月29日)[M]//孙中山全集:第五卷. 北京:中华书局,1982:105.
⑥ 孙中山. 复刘治洲等电(1919年9月2日)[M]//孙中山全集:第五卷. 北京:中华书局,1982:107.

全自由行使职权一途"。如今，他不再寄希望于和平救国，也不再图恢复旧国会，而是要搞政治斗争。他指出改造中国的第一步方法"只有革命"，说："八年以来的中华民国，政治不良到这个地位，实因单破坏地面，没有掘起地底陈土的缘故。地底的陈土是什么？便是前清遗毒的官僚"，政客和武人"也是陈土的一种"，"我们要改造中国……需用新的方法去建筑……便是上层越高，地基须越深，所挖出的陈土须远远丢开"①。因此，根本解决办法是："南北新旧国会，一概不要它，同时把那些腐败官僚、跋扈武人、作恶政客完完全全扫干净它。"②

何以重新"革命"必须改组政党呢？因为护国与护法两种运动的本质是不同的，"护国"在于国体的重塑，而"护法"则旨在政权的更迭。虽然两者都涉及武装斗争，但"护法"具有更强烈的政党政治意味。"中华革命党"本身是为"二次革命"重建共和国体而组织的，但现在是要在共和国体下实现政权更迭，所以党的性质需要重新定位。

现代政党的一个重要标志，就是与民众结合，这也是中华革命党必须转型的另一个原因。经过对五四运动的反思，孙中山深刻认识到觉悟民众的巨大力量。因为学生的团结反抗，北洋政府不得不免除曹汝霖、陆宗舆、章宗祥的职务。孙中山认为，这就是民众觉悟的结果。但民众是需要被领导的，现代政党就是引导民众反抗的领导力量，所以政党转型与对民众力量的认识密切相关。

总而言之，在香山路寓所的第一段时期中，孙中山彻底想明白了一个问题，那就是旧军阀是靠不住的，依靠军阀打军阀必然失败。必须依靠现代政党，觉悟民众，领导民众，才有实现目标的可能性。

三、建政广州，雄心再挫

辞职七总裁之一职务后的孙中山并没有意志消沉，他一方面改组中华革命党为中国国民党，一方面试图重新夺取广州的政权。他曾早有谋划，1918年7月，已函促陈炯明率粤军进攻闽中，讨伐福建的北洋军。这是一着险棋，但是闽军的士气不如粤军，正如孙中山所预测的，粤军很快占领了福建，建立了根

---

① 孙中山. 在上海青年会的演说（1919年10月8日）[M]//孙中山全集：第5卷. 北京：中华书局，1982：124.
② 孙中山. 在上海寰球中国学生会的演说（1919年10月18日）[M]//孙中山全集：第5卷. 北京：中华书局，1982：148.

据地，这也就成为后来孙中山重整旗鼓的重要依托。

1920年8月，粤军奉孙中山之命从闽返粤，广东地方派将领魏邦平、李福林随之呼应，率部及舰队陈师珠江；西南将领李明扬、林修梅同时进攻广西，堵住陆荣廷回山做贼的后路。又促湘赣各军入粤，同时广东的十六路军发布讨伐莫荣新的檄文，粤汉铁路广韶段工人罢工支援粤军，广东各地农民及香港工人也都给予粤军巨大的人力、物力支持。10月29日，粤军攻克广州，打败了盘踞广东的桂系军阀，重建广东革命根据地，护法大旗重新被树立起来。

11月9日，孙中山在上海中国国民党本部发表演说，解释了他的"训政"思想，再次强调了主权在民，但必然是训政以后的结果，"中国奴隶制已经行了数千年之久，所以民国虽然有了九年，一般人民还不晓得自己去占那主人的地位。我们现在没有别法，只好用些强迫的手段，迫着他来做主人"①。这次演说，就是为他去广州重组军政府，进行了理念上的铺垫。这也是他革命至今反思的结果，一边要进行军事革命，一边要教化民众何为民权。

1920年11月25日，孙中山应粤军许崇智请求，正式自沪返粤。1921年4月7日，非常国会选举孙中山为中华民国政府非常大总统；5月5日就职，改军政府为正式政府。随即，粤军继续攻下广西，在桂林设立北伐大本营。同时致电各国，望承认广州政府"为中华民国唯一之政府"②。

从正式反攻到平定广东，前后也就两个多月，与上次赴粤建政一样，起初也非常顺利，但往往暴风雨的踪迹就潜藏在这平静之下。这再次冲击孙中山雄心壮志的暴风雨，就是陈炯明。

陈炯明一直有自己的理念，他主张民选县长与联省自治，对统一中国实无兴趣。1920年秋，同时兼任广东省省长与粤军总司令两职时，他便草拟了《广东暂行县自治条例》《民选县长试行办法》，1921年4月和10月先后公布，随即举行民选县长。当时，陈秋霖、许崇智、魏邦平等曾加以劝服，认为秩序未复、民智未开，遽然搞民选县长不合适。孙中山在1920年底强调的"训政"思想，也有针锋相对的意思。民选县长实施后，果然出了很多问题，"搞得一塌糊涂"，

---

① 孙中山. 在上海中国国民党本部会议的演说（1920年11月9日）[M]//孙中山全集：第五卷. 北京：中华书局，1982：401.

② 孙中山. 就任大总统职对外宣言（1921年5月5日）[M]//孙中山全集：第五卷. 北京：中华书局，1982：532.

143

"指控违法舞弊、恃强压弱、操纵包办、冒名顶替等的控告书,亦纷至沓来"①。民选县长后,陈炯明又公布了《广东宪法草案》,主张联省自治。明眼人马上洞悉:"是将中国划分为二十多个小国。省宪本身,全是地方割据,没有统一的国家;各省若照此自治,省自为谋,各行其是,势必陷中国于支离破碎。"② 也正因为这个理念,陈炯明坚决反对总统选举。据高子厚回忆:"国会曾召开参众两院联席会交换意见,有人建议选举总统,很多人赞同,但反对的也不少。陈炯明等实力派曾表示不赞成,他是不愿有个'太上政府'在他头上的。"③ 虽然,最终因参众两院法定人数(八百人)不足,选出的是非常大总统,但两人的隔膜是越积越厚。

除了在政治上对抗,在军事上,陈炯明也早就在阻挠旨在统一中国的北伐。据林廷华回忆,孙中山驻军桂林筹备北伐时,陈炯明负责护法军的粮饷接济,他趁此便利"阻梗中山先生的北伐",导致"大扫总统的威信,致北伐部队无法前进"。后来在古应芬、魏邦平等人的调解下,陈炯明虽郑重向孙中山表态拥护北伐,但仍"始终拖延不出"④。尽管如此,孙中山还是非常信任陈炯明,甚至继续重用他。直到1922年3月21日,粤军第一师师长邓铿被陈炯明暗杀,"在广州和香港方面纷纷传说陈炯明将有异动,这是孙陈分裂的导火线"⑤。虽如此,但孙中山仍不明白他们间的分歧可能涉及性命之虞。

孙中山对陈炯明种种对抗的后知后觉,一直延续到炮轰总统府的前夜。其实1921年5月5日孙中山就职时,任命陈炯明为陆军部长兼内政部长。而5月11日,陈炯明便请辞两职。这早就有公然对抗的意思了,但孙中山并未觉察。1922年6月15日,陈炯明公然叛变前夕,其部叶举召集翁式亮、熊略、陈炯光(陈炯明的弟弟)、钟景棠、洪兆麟等人部署围攻总统府。据林廷华回忆:"熊略被定为攻城指挥官后,一面做攻城布置,一面暗地里派他的亲信连长通知陆志

---

① 林志钧,毕侣,钟凛之. 陈炯明畅行联省自治及民选县长见闻 [M]// 全国政协文史和学习委员会. 回忆孙中山三次在广东建立政权. 北京:中国文史出版社,2015:167.
② 林志钧,毕侣,钟凛之. 陈炯明畅行联省自治及民选县长见闻 [M]// 全国政协文史和学习委员会. 回忆孙中山三次在广东建立政权. 北京:中国文史出版社,2015:172.
③ 高子厚. 广州非常国会片段 [M]// 全国政协文史和学习委员会. 回忆孙中山三次在广东建立政权. 北京:中国文史出版社,2015:163.
④ 林廷华. 陈炯明炮击总统府前后 [M]// 全国政协文史和学习委员会. 回忆孙中山三次在广东建立政权. 北京:中国文史出版社,2015:174.
⑤ 李洁之. 陈炯明叛变炮击总统府的经过 [M]// 全国政协文史和学习委员会. 回忆孙中山三次在广东建立政权. 北京:中国文史出版社,2015:181.

云立刻转报总统,说十六日上午三时决定炮击总统府,请总统迅速出走。中山先生当时不为所动,仍在总统府坐镇。"林廷华又说:"在陈炯明炮击总统府前夕,中山先生仍不虞有变。事后陈策对我说,中山先生对熊略的密报,仍未置信,以为仅是陈炯明的恐吓手段。魏邦平、陈策等多次敦请中山先生暂时离府,均为中山先生所拒。迨事将发时,乃仓促由秘书林直勉、林树巍等强代中山先生更换便服,挟其出走,乃免于难。"①

1922年6月16日,叛军一边围攻观音山总统府,一边围攻国会议员所在的士敏土厂,议员高子厚回忆了当时混乱的情况,说:"我们这些住在楼上的议员,大都是文人,没有经过打仗的场面,听到枪声大作,子弹乱飞,大家都非常害怕,躲到墙角里。""不久,枪声停了,叛兵上楼来搜查……他们不管议员不议员,只说'你们都是帮助孙大炮捣乱的',乱翻东西,大肆抢掠。去了一批又来一批,先后共来了七八批。"② 最后所有人都被赶走了。与本节开头所引宋庆龄的信记载的一样,政变当天的气氛极为恐怖。

无奈何,陈炯明叛乱谋划在先,孙中山形势误判在后。终于,平叛失败,北伐军腹背受敌,坚持对抗也是枉然,孙中山遂决意再次离粤赴沪。

四、完备思想,情满共和

时间再拉回1918年6月26日至1920年11月25日,孙中山居住在莫利爱路寓所的第一段时期。当时他的工作可分为两个方面,一方面是在政治上维护国体,与南方军阀陆荣廷等继续周旋,这是民权上的工作;另一方面就是在理论上建构《建国方略》,为统一后的中国进行长远谋划,这是民生上的工作。

1918年12月30日,《孙文学说》自序撰成。《孙文学说》即《建国方略》之一"心理建设",正文在1919年5月20日定稿并付梓;1919年8月1日,朱执信、廖仲恺等受孙中山之命创办《建设》杂志,从第一卷第一号起连载《实业计划》中译稿,即《建国方略》之二"物质建设",至1920年12月1日第三卷第一号出版后停刊结束。

从发表顺序上说,先有《孙文学说》,再有《实业计划》;但从写作顺序

---

① 林廷华. 陈炯明炮击总统府前后[M]//全国政协文史和学习委员会. 回忆孙中山三次在广东建立政权. 北京:中国文史出版社,2015:176-177.
② 高子厚. 广州非常国会片段[M]//全国政协文史和学习委员会. 回忆孙中山三次在广东建立政权. 北京:中国文史出版社,2015:165.

上，是先有《实业计划》（英文版），再有《孙文学说》；在《建国方略》的安排顺序上，则是以《孙文学说》为第一，《实业计划》为第二，因为这才是符合逻辑顺序的。

《实业计划》勾勒的是一个宏大的全中国的整体建设计划，由于规划过于远大，在当时显得极为迂阔，常被人诟病为不切实际。为应对质疑，孙中山想到，应首先解决认识论问题，故《孙文学说》由此诞生。《孙文学说》主体上是一部哲学著作，是对形而上学与方法论的反思。孙中山在该书中认为，他发现革命之所以逡巡不前，乃是受到"知易行难"思想这个最大敌人的误导。然而"吾党之士，于革命宗旨、革命方略亦难免有信仰不笃、奉行不力之咎也，而其所以然者，非尽关乎功成利达而移心，实多以思想错误而懈志也"。"吾知其非不能也，不行也；亦非不行也，不知也。倘能知之，则建设事业亦不过如反掌折枝耳。"这就是孙中山的"知难行易"说，与王守仁"破心中贼"是一个内在理路，即"不知"是一切行动的障碍，而"知"又是绝难的，观念的更正是最不易的。所以他说："破此心理之大敌，而出国人之思想于迷津，庶几吾之建国方略，或不致再被国人视为理想空谈也。"① 他在该书最后一章，用自传体的写法概述了自己三十年来的，屡战屡败又屡败屡战的艰苦历程，旨在告诉革命同志，知比行更重要，只要志向明确且坚定，即使道路再艰难，也能一路走下来，故名曰《有志竟成》。

与《建国方略》三部曲同时进行的是《地方自治开始实行法》的撰写。1920年3月1日，该文在上海《建设》第二卷第二期发表，认为地方自治"当以实行民权、民生两主义为宗旨"。这是继续呼应《会议通则》（《民权初步》，《建国方略》之三"社会建设"）关于民权建设之旨的。

要知道，注重民权是现代政治的核心要义。"现代"之所以为"现代"不是一个时间概念，而是一个价值概念，因此孙中山强调民主共和，紧紧抓住了"民权"这个概念。

1919年1月14日，时任北京大学国史编纂处主任的蔡元培为编写《国史前编》咨询孙中山时，孙中山特意嘱咐他，秘密会党不应与民国史相混淆，其关键在于革命党的起义与秘密会党的起义之别，在于是否具有一种民权的自觉。"清世秘密诸党会，皆缘起于明末遗民，其主旨在覆清扶明，故民族之主义虽甚溥及，而内部组织仍为专制，阶级甚严，于共和原理、民权主义皆概乎未有所

---

① 孙中山. 建国方略 [M]. 北京：中国长安出版社，2011：3-4.

闻。故于共和革命，关系实浅。"① 同样是争取权利的革命，但是以民权的自觉为基础的革命，就属于现代政治范畴，对这一点做严格的区分，有着根本的意义。

在莫利爱路寓所里的一次谈话中，孙中山还将中国与日本的地方治理进行比较，认为日本的地方自治虽然成功，但绝对不是一种民权主义的社会。"政治的基础，在于地方自治。日本的市、町、村都很健全。日本之强，非强于其坚甲利兵，乃强于其地方组织之健全。……不过他们的这种地方自治官制气息很重，是不合乎吾党民权主义全民政治的要求。"② 他在给孙科的信中，还专门让孙科翻译美国政治学者威尔科克斯所著的《全民政治》一书，其信曰："明日叶夏声先生回粤，父托他带回西书八本，皆父已过目或从前重买者，中有一本 Government by all peoples（《全民政治》），父甚欲你译之，有暇可速从事，因中国急需此种智识也。"③

事实上，心理建设也好，物质建设也好，都是以实现民之权利为目标的。所以在三大建设完成后，还是要回过头来继续论民权的问题。抓住这个核心要义不断深究，也正是莫利爱路寓所的思想底蕴所在。

第四节　　莫利爱路寓所（下）：志在共和

1922年8月14日到1923年2月15日，正好半年光景，孙中山在莫利爱路寓所中，一方面指挥平定了陈炯明叛乱，一方面积极开展了国共合作的探索。在此期间，他也完成了《中国革命史》的写作，对共和国的制度建设做了阐释，并对长久以来的革命历程做了反思。一切甫定，他再次回到广州，进行第三次建政。1924年，冯玉祥发动北京政变成功，电请孙中山北上，共商国是。11月17日，途经上海，孙中山又在莫利爱路寓所小住了四天。这期间，孙中山再次

---

① 孙中山．复蔡元培张相文函（1919年1月14日）[M]//孙中山全集：第5卷．北京：中华书局，1982：7.
② 孙中山．在上海与李宗黄的谈话（1918年7月）[M]//孙中山全集：第4卷．北京：中华书局，1982：491.
③ 孙中山．复孙科函（1918年8月12日）[M]//孙中山全集：第4卷．北京：中华书局，1982：497.

驳斥了反对国共合作者的谬论，据曾琦说，当时与众人"辩论持久，不欢而散"①。孙中山还对革命的彻底性问题进行了思考。21日，孙中山乘"上海丸"轮船取道日本，转赴天津。

一、再回莫利爱路寓所

1922年8月14日，孙中山再次回到上海的莫利爱路寓所，已是死里逃生后的事了。胡应球在《孙中山移驻永丰舰经过及以后的活动》一文中，将孙中山在永丰舰内的筹划经过，永丰舰遭炮击重创的情况，船员拼死反抗的情况记载得非常详细。②而宋庆龄在《广州脱险》一文中也回忆了她这边的遭遇："有一次在我离房间几分钟后，房顶中弹，整个陷下。这时我准备随时就要中弹毙命。"③在军事政变最激烈的时候，宋庆龄"坚持先送中山先生撤离险境，才在卫士掩护下突破火线，身体受到无法补偿的摧残"④。因此，称之为"死里逃生"来到上海，诚不为过。

孙中山抵沪这天，受到了上海各界的热情欢迎，广东同乡会、海员工会、各路商界总联会、旅法归国华工会和中国劳工会等团体的代表们聚集在海关码头欢迎孙中山。他随后从吴淞乘汽车直往法租界的住所，途经新吴淞路、杨树浦路北、苏州路、河南路、南京路、西藏路，然后进入法租界，直到有人宣布孙中山抵达家中，这群人方才散去。⑤

孙中山在法租界的活动也不是自由的，受到了公董局全程监视。孙中山在抵沪时，英国陆海军联合情报局香港总部就给英国驻沪代总领事发了一份电报："如蒙将他留沪期间所进行的政治活动给我局每周一次报告，如有重大事情发生，送一份特别报告，则不胜感激。孙中山对广东和南方诸省的政治局势可能仍有重大影响，如蒙与我们保持联系，甚为感激。"⑥

尽管如此，革命还是要继续的。这次入住莫利爱路寓所，最重要的是两件

---

① 中山大学历史系. 孙中山年谱 [M]. 北京：中华书局，1980：364.
② 胡应球. 孙中山移驻永丰舰经过及以后的活动 [M] // 全国政协文史和学习委员会. 回忆孙中山三次在广东建立政权. 北京：中国文史出版社，2015：189-205.
③ 宋庆龄. 广州脱险 [M] // 宋庆龄选集：上卷. 北京：人民出版社，1992：19.
④ 人民出版社. 邓小平同志致悼词 [M] // 宋庆龄纪念集. 北京：人民出版社，1982：25.
⑤ 上海公共租界工部局警务处情报选译 [J]. 档案与历史，1986（3）：27.
⑥ 上海公共租界工部局警务处情报选译 [J]. 档案与历史，1986（3）：26.

事，其一是平定广东，其二是再次改组国民党，即完成国共合作。由于陈炯明在接手广东后的"乌托邦"计划实施失败，失去人心，使得孙中山的平叛努力很快成功。1923 年 1 月 14 日，滇桂联军便打进了广州，陈炯明率部逃亡惠州，大势已去。因此，莫利爱路寓所中之后的工作重点，主要是实现国共合作。

孙中山需要国共合作，原因有很多。一方面，孙中山当时的处境比较危险，急需找到可以联手的对象。据包惠僧回忆说："当时孙中山先生在广东，他内受粤军将领陈炯明、叶举等的挟持，外受北洋军阀的围攻。为了免除内部的冲突，希望向外发展……陈炯明一身兼九个要职，如军政部长、内政部长、广东省长、粤军总司令之类，可以说广东政府实际权力是在陈炯明的掌握中，已形成了陈炯明的'狄克推多'的局面。孙中山的非常大总统，北伐军大元帅不过是徒具虚名而已。"① 另一方面，孙中山也意识到，国民党的失败是由于组织不健全、纪律不严密，非采取积极有效的改组行动不可。"党务不如前，几成了散沙，把从前革命的精神都无形丧失了。"② 1924 年 1 月，他在分析革命失败的原因又说："本党以前的失败，是各位党员有自由，全党无自由；各位党员有能力，全党无能力。中国国民党之所以失败，就是这个原因。我们今日改组，并要先除去这个毛病。"③

因此在这个窘境下，孙中山在桂林见到不远千里来拜访他的马林后，很快接受了马林"联俄""联共"的建议，到了莫利爱路寓所期间便付诸实施。

其实，他来到上海后，还感到一个非常棘手的问题，即影响力还远远不够。孙中山抵达上海后，各路商界总联会想召开一个盛大的欢迎会，但这次会议从九月初一直忙到十月初，始终没有举办成功。根据工部局的情报，至 9 月 4 日止，这次会议"以带有政治性、违反工部局章程为由被捕房禁止"；9 月 11 日止，孙中山的支持者"迄今未能组织一次公开欢迎孙中山来沪的示威活动"，几个拥有适合集会场所的商业团体和剧场老板均表示了拒绝；9 月 18 日止，"孙的支持者至今尚未物色到为孙举行公开欢迎会的合适地点"；10 月 2 日止，"孙的同情者最终放弃了为他举行群众性欢迎的主意，借口说是公共租界、法租界及

---

① 包惠僧. 回忆第一次国内革命战争 [M] //中国共产党第二、三次代表大会资料. "二大"和"三大". 北京：中国社会科学出版社，1985：591.
② 孙中山. 在上海中国国民党改进大会的演说（1923 年 1 月 2 日）[M] //孙中山全集：第 7 卷. 北京：中华书局，1982：6.
③ 孙中山. 孙中山在中国国民党第一次全国代表大会上发言记录 [M] //中国第二历史档案馆. 中华民国史档案资料汇编：第 4 辑. 南京：江苏古籍出版社，1994：226.

华界的捕房都反对举行这种集会"。事实上，他当时还想帮助两个两年来一直唱对台戏的各路商界总联会进行和解，但"种种努力以归失败"①。可以想到，孙中山在南方以外的影响力，是相当有限的，急于扩大影响力，也是他寻求国共合作的重要出发点之一。

1923年2月15日，时机成熟了，广东平叛成功，国共合作意向初步达成。于是，孙中山偕陈友仁等再次离沪赴粤，这次离开上海后，他就再也没有回来过了。此后他与南昌路的纽带，就在"上海执行部"了。

二、国共合作的探索

（一）初步合作，各有原则

1922年8月23日，李大钊由北京到上海。那天他与孙中山讨论了"振兴国民党以振兴中国"的种种问题，根据《狱中自述》，他随后由孙中山亲自介绍加入了国民党。② 李大钊始终积极推动国共合作，他认为，一个政党加入另一个政党在国际上也是有先例的，如土耳其的共产党加入土耳其的国民党，美国共产党加入美国的劳动党，英国共产党加入英国劳动党，这对中国的革命都是有百利而无一害的。③ 当然，李大钊是根据共产国际的指示执行的，指示要求："共产党人为完成他们的任务，必须在国民党内部和工会中组成从属于他们自己的团体。"④ 不论如何，李大钊仍是中共里主张国共合作的先行者。

8月底，孙中山在寓所会见了苏联全权大使越飞的代表。1923年1月18日，经李大钊与林伯渠的安排，越飞以养病为由来上海，在孙中山的寓所见了面。⑤ 工部局的密报把整个监控过程记载得非常详细，1923年1月15日至22日，"这个星期国民党和布尔什维克之间的友好关系已进一步明朗化。苏俄来华特使越飞于一月十七日到达上海。第二天他和秘书们到莫利爱路二十九号孙中山寓所，从晚上六时留至十时三十分。一月二十日，孙中山的喉舌——《大晚报》编辑

---

① 上海公共租界工部局警务处情报选译［J］. 档案与历史，1986（3）：28-31.
② 张静如，马模贞，廖英，等. 李大钊生平史料编年［M］. 上海：上海人民出版社，1984：185.
③ 国民党一大会议上关于跨党问题发言记录［M］//中国第二历史档案馆. 中华民国史档案资料汇编：第4辑. 南京：江苏古籍出版社，1994：243.
④ 给共产国际驻中国特派代表的指示（1922年8月）［M］//中国共产党第二、三次代表大会资料."二大"和"三大". 北京：中国社会科学出版社，1985：122.
⑤ 尚明轩. 宋庆龄年谱长编（上）［M］. 北京：社会科学文献出版社，2009：126.

陈友仁去越飞的住处。越飞的秘书们在一月二十一日再次去孙宅访问"①。

1月26日,孙中山与越飞联名发表了《孙文越飞联合宣言》,其曰:"中国最要最急之问题,乃在民国的统一之成功,与完全国家的独立之获得。关于此项大事业……中国当得俄国国民最挚热之同情,且可以俄国援助为依赖也。""俄国政府准备且愿意根据俄国抛弃帝政时代中俄条约(连同中东铁路等合同在内)之基础,另行开始中俄交涉。"这标志了国共合作最重要之基础的达成。同时,这份宣言也表达了孙中山的保留意见,即宣言开头明确指出:"共产组织,甚至苏维埃制度,事实均不能引用于中国,因中国并无使此项共产制度或苏维埃制度可以成功之情况也。"②

这份宣言所达成共识的基础,在于1923年1月12日共产国际通过的关于国共合作的决议,决议指出"中国唯一重大的民族革命集团是国民党,它既依靠自由资产阶级民主派和小资产阶级,又依靠知识分子和工人"。"由于国内独立的工人运动尚不强大,由于中国的中心任务是反对帝国主义者及其在中国的封建代理人的民族革命,而且由于这个民族革命问题的解决直接关系到工人阶级的利益,而工人阶级又尚未完全形成为独立的社会力量,所以共产国际执行委员会认为,国民党与年轻的中国共产党合作是必要的。"当然,在这份决议中,共产国际也是有所保留的,它强调:"在这一工作中,中国共产党应当在自己原有的旗帜下行动,不依赖于其他任何政治集团。""中国共产党绝对不能与它合并,也绝对不能在这些运动中卷起自己原来的旗帜。"③"原来的旗帜",自然指的就是实现共产主义的目标。

1923年6月,中共三大正式决定共产党员以个人身份加入国民党,并"努力扩大国民党的组织于全中国,使全中国革命分子集中于国民党,以应目前中国国民革命之需要"。同时为自己确定了帮助国民党的任务,"阻止国民党集全力于军事行动而忽视对于民众之政治宣传","阻止国民党在政治运动上妥协的倾向,在劳动运动上改良的倾向","时时警醒国民党,勿为贪而狡的列强所愚"。当然,中共三大的决议也做了保留:"我们加入国民党,但仍旧保存我们

---

① 上海公共租界工部局警务处情报选译[J].档案与历史,1986(3):40-41.
② 孙中山.孙文越飞联合宣言(1923年1月26日)[M]//孙中山全集:第7卷.北京:中华书局,1982:51-52.
③ 共产国际执行委员会关于中国共产党与国民党的关系问题的决议(1923年1月12日)[M]//中国共产党第二、三次代表大会资料."二大"和"三大".北京:中国社会科学出版社,1985:146-147.

的组织，并须努力从各个工人团体中，从国民党左派中，吸收真有阶级觉悟的革命分子，渐渐扩大我们的组织，谨严我们的纪律，以立强大的群众共产党之基础。"① 当然，中共的保留也是源于共产国际的指示。

1923年10月28日，中国国民党临时中央执行委员会在广州成立，随即将环龙路44号（南昌路180号）的中国国民党本部改为中国国民党临时中央执行委员会上海执行部（简称"上海执行部"）。1924年1月底，中国国民党第一次全国代表大会在广州召开，通过了《中国国民党第一次全国代表大会宣言》，事实上确立了联俄、联共、扶助农工三大政策，标志着国民党改组完成以及第一次国共合作正式形成。1924年5月5日，上海执行部成员邓中夏、张继、胡汉民、汪精卫、向警予、毛泽东、沈泽民、邵力子、戴季陶等在莫利爱路29号寓所出席纪念孙中山就任非常大总统三周年庆祝集会，并在草坪合影留念，于是留下了一张非常珍贵的照片。

从事后来看，国共双方各自所保留的，也就是各自的原则。不论孙中山是否如共产国际所观察的积极保护工人的利益，国民党与共产党的终极目标总归是不一样的，因此所坚持的原则也是有差异的。国民党是致力于一国的，而共产党是致力于全人类的；国民党不进行绝对的阶级的区分，共产党则特别强调某一阶级的专政。因此，虽眼前关于民族独立的目标是一致的，但长远来看，合作只能够是在特定情况下的，而分裂则是必然的。

（二）认同差异，暗潮汹涌

在国民党一方，以国共合作为指向的改组一直有人反对，如戴季陶、谢持、居正、田桐、张继、冯自由等。有人反对共产党人以双重身份加入国民党，有人认为共产党是别有用心的，也有人认为与俄国合作会受制于人。1922年8月9日，孙中山在永丰舰上论及外交问题时说："今日中国之外交，以国土邻接，关系密切言之，则莫如苏维埃俄罗斯。"同时批驳那种"以为俄国布尔什维克为可怖，而不一究其事实"②的荒谬态度。

但是反对国共合作的人仍然固执己见。比如戴季陶在上海执行部工作时期，

---

① 中国共产党第三次全国代表大会决议案及宣言（1923年6月）[M]//中国共产党第二、三次代表大会资料."二大"和"三大".北京：中国社会科学出版社，1985：182.
② 蒋介石.孙大总统广州蒙难记[M]//尚明轩，王学庄，陈菘.孙中山生平事业追忆录.北京：人民出版社，1986：604.

<<< 第三章 闹中取静：沉淀孙中山的南昌路

在宣传部部长任上主要采取不作为的方式，进行消极抵抗。① 罗章龙回忆戴季陶在上海执行部的一段往事说："在一次会议上，戴对《向导》文字不满，悻悻地向我说道：'你们太霸道，目中无人，要知你们是客卿，我们随时可以下逐客令！'时汪精卫在旁，对其言感到惊讶，随笑道，你又说醉话了，我们并无主客之分，国共同志，大家都是好兄弟。几句话敷衍了过去。但戴季陶心里并不悦服，耿耿于怀，现于词色。"② 又比如茅祖权，在国民党"一大"前公开宣称："如果共产党员们接受我们的纲领，他们就应当离开自己的党。"③ 在上海执行部工作时期，也是消极对待。冯自由更是在给孙中山的信中对共产党员及国民党左派都进行中伤，"自是以来，共产党员日借中央执行委员会为营私作恶之利器。如谭平山之私制党员调查表，规定恋爱为结婚；廖仲恺之窜改大会宣言，明言靠租借、养土匪，奸谋邪行层出不穷"。诸如此类的留言很多，孙中山对此坚决驳斥，"反对中国共产党即是反对共产主义，反对共产主义即是反对本党之民生主义，便即是破坏纪律，照党章应当革除党籍及枪毙"④。因为孙中山的态度非常坚定，反对者无法撼动孙中山改组国民党的决心，也无法另立一套，"因此就造成了国民党内的反共暗潮"⑤。

宋庆龄在1927年曾表示，"现在更有人非难农工运动为新近的外国产物。这是谎话。二三十年前，孙中山在言论思想中就表示要用革命来改善中国农民的地位"，她表示，孙中山在1911年就说过，"中国社会经济改革的基础就是土地革命"。因此说，"孙中山的政策是明明白白的。如果党内领袖不能贯彻他的政策，他们便不再是孙中山的真实信徒；党也就不再是革命的党，而不过是这个或那个军阀的工具而已。"⑥ 那些非难"农工运动"与"土地革命"的，本质上还是非难共产党，或者说是非难"共产主义"这个理念，非难者心里是很明

---

① 马亦男. 国民党上海执行部里的左派与右派[M]//中共上海市委党史研究室. 环龙群英会：国民党上海执行部研究. 上海：上海人民出版社，2017：273.
② 罗章龙. 椿园载记[M]. 上海：上海三联书店，1984：301.
③ 中国国民革命军的北伐——一个驻华军事顾问的札记[M]. 中国社会科学院近代史研究所翻译室，译. 北京：社会科学出版社，1981：74.
④ 张爱平. 冯自由致孙中山先生函稿（1924年7月15日）[J]. 档案与历史，1986（1）：11.
⑤ 包惠僧. 回忆第一次国内革命战争[M]//中国共产党第二、三次代表大会资料."二大"和"三大". 北京：中国社会科学出版社，1985：594.
⑥ 宋庆龄. 对孙中山的回忆[M]//尚明轩，王学庄，陈崧. 孙中山生平事业追忆录. 北京：人民出版社，1986：514.

白的，所以宋庆龄的驳斥与解释并不能动摇非难者的意志。

共产党内最早激烈反对国共合作的是陈独秀，因为他早年对孙中山的民族观念非常反感。他认为，"中国同盟会"确立的"驱除鞑虏，恢复中华，创立民国，平均地权"的口号虽然理直气壮，但充斥了民族主义观念的狭隘逻辑。他在自己主办的《安徽俗话报》上，曾发表过署名为"三爱"的《亡国篇》一文，辨析了"亡国"与"换朝"两个基本概念："我们中国人不懂得国家与朝廷的分别，历代换了一姓做皇帝，就称作亡国，殊不知一国里，换一姓做皇帝，这国还是国，并未亡了，这只可称作'换朝'，不可称作'亡国'。必定这国让外国人做了皇帝，或土地主权被外国占去，这才算是'亡国'。""不但亡国与换朝不同，而且亡国还不必换朝。只要这国的土地、权利、主权，被外国占夺去了，也不必要外国人来做皇帝，并且朝廷官吏依然不换，而国却真是亡了。"① 提出这套看法时，陈独秀年仅25岁。

陈独秀的确看到了问题的症结，"革命排满"无法解决根本问题。而孙中山却以为清帝逊位，共和就成功了，竟安心搞起建设来。最终结果如陈独秀所料，乱局根本没完。所以陈独秀最初反对国共合作，就是基于他对国民党主导的辛亥革命的认识。他说："当时的党人，为信仰三民主义而加入同盟会的几乎等于零，囿于满清虐政之直觉，以为清倒则万事自好而加入革命的党人居最大多数。"② 所以他认为辛亥革命失败的原因是："单纯排满的种族革命而不反帝，单纯的军事行动而不发动民众。"③ 尤其是"注重军事行动而不发动民众"，这是国民党在辛亥革命之后一直未能认识到的问题。

共产党在中共三大前，反对合作的呼声也很高，他们和陈独秀的认识是一样的，据罗章龙回忆："特别是工人和做工运的同志，因为国民党并不注重工人运动，在工人中影响甚微。而国民党脱离群众，成分中官僚、政客不少，鱼龙混杂，却为人所共知，许多同志不愿与之为伍，反对加入国民党，形成一股阻力。"④ 所以最终决定国共合作后，在中共三大的决议里，特别强调了要"阻止国民党集全力于军事行动而忽视对于民众之政治宣传"这一条。

值得一提的是，由于对孙中山怀有敌意，中共广东省委代表中很多人没有出席讨论国共合作的中共二大，而毛泽东恰巧也没有参加。据毛泽东后来的回

---

① 陈独秀. 亡国篇[N]. 安徽俗话报, 1904-07-27.
② 陈独秀. 辛亥革命与国民党[J]. 向导, 1924 (86)：4-6.
③ 陈独秀. 二十七年以来国民运动中所得教训[J]. 新青年, 1924 (4)：18-25.
④ 罗章龙. 椿园载记[M]. 上海：上海三联书店, 1984：274.

忆说,他没有参加的原因是:"忘记了开会的地点,又找不到任何同志,结果错过了这次大会。"不少毛泽东的研究者认为,毛泽东不可能犯这样荒唐的错误。似乎唯一可能的解释是,他也不同意与国民党合作。比如肖特说:"更像是,他不开会是因为不同意与国民党合作。"① 但实际上可能未必这样,在第一章中已经提到,毛泽东的农民运动设想在中共党内高层一直没有得到足够的共识,反而国民党率先组织了农民部,率先发动了农民运动,是较早注意到农民问题的。他在国民党上海执行部的工作期间,表现出的工作热情非常高涨。1925年时,毛泽东还评价说:"孙先生的主义、遗教,绝对是为了'救苦',绝对不是为了'发财';绝对是使人类从压迫阶级解放出来,这不是为了准备做新的压迫阶级。无论将孙先生的主义、遗教如何曲解,这个意义绝对不能变动。"② 所以说,他是真心认同,愿意合作的,至于"忘了开会的地点,又找不到任何同志,结果错过了这次大会",这样一个理由看似不可思议,但可能是真实的,并不像传记作家们想象的那样有更多的隐晦的含义。

三、国共合作的成因

(一)倾慕苏俄,积极沟通

第一次国共合作表面上是中国国民党、中国共产党与共产国际三方的决定,但最终得以成功的关键却是在孙中山。苏俄寻求国共合作,根本的动机是寻求周边国家对共产主义新政权的支持,所以尽管主张国共合作,但其实还保留了一手,与北洋段祺瑞政府仍继续合作。中共与国民党合作,一方面是迫于共产国际的指示,一方面也是迫于新政党实力不济的压力。因此,国共合作的主导权,实际在孙中山。

孙中山对俄国革命的兴趣很早就产生了,1897年初,他在英国与旅英的俄国爱国者交往,了解了对方的革命状况时说:"他们(俄国革命者)的计划稳健,气魄雄大。"③ 因而表现出钦佩之感。1912年12月初,他通电呼吁政府和全国反抗沙俄,指出:"今者俄人乘我建设未定,金融恐慌,而攫我蒙古。……我国人皆知蒙亡国亡,与其不抗俄屈辱而亡,曷若抗俄而为壮烈之亡,故举国

---

① [美]菲利普·肖特. 毛泽东传[M]. 仝小秋,杨小兰,张爱茹,译. 北京:中国青年出版社,2004:120.

② 毛泽东. 国民党右派分离的原因及其对于革命前途的影响[M]//毛泽东文集:第1集. 北京:人民出版社,1993:27-29.

③ 黄昌毂. 孙中山先生演说集[M]. 上海:民智书局,1926:89.

一致，矢死靡它也。"① 所以他对俄国革命一直密切关注，并报以期望，包括对俄国革命成功的期望以及对中国革命形成积极影响的期望，因此，他对列宁的支持一以贯之。

1917年11月7日，俄国十月革命爆发的第三天，中华革命党机关报《民国日报》以《突如其来之俄国大改变》为题，表达了对俄国革命胜利的喜悦。1918年夏，孙中山便以"中国南方议会"的名义给列宁和苏俄政府写了一封贺信，表达了愿与俄国革命党交往的意愿，这是他"以俄为师"的最初动因。② 苏联外交人民委员格奥尔基·契切林在当年8月1日便给孙中山做了回信，只可惜孙中山最终没有收到，但这并未降低他对苏俄革命的持续热情。

1920年11月赴粤前夕，经陈独秀介绍，孙中山在莫利爱路寓所接见了维经斯基。维经斯基本来是想通过孙中山去认识陈炯明的，了解他关于社会主义的空想计划，但经过和孙中山的交流，却留下了深刻的印象。他说："孙中山一反通常的中国客套，马上让我们坐在桌旁，就开始询问俄国情况和我国的革命。""显然，他对这样一个问题深感兴趣：怎样才能把刚刚从广州反革命桂系军阀手中解放出来的中国南方的斗争与远方俄国的斗争结合起来。""他详细地询问，是否有可能在海参崴或满洲建立大功率的无线电台，从那里我们就能够和广州取得联系。"③ 孙中山希望能借俄国这个"势"，来助推中国革命前进，或许他当时并不知道维经斯基的真实身份。所以在1921年8月，他在答复苏俄外交人民委员会契切林的信中表示，希望与苏联代表进行个人接触，并愿与国际共产主义运动的代表建立联系。

1920年11月28日，孙中山抵达广州，在当天的演讲中，再次对苏俄表示了极高的赞美，说："俄国革命后，实行社会主义，遂酿成一种良好风气，而此种风气传到欧洲，欧洲各国竟莫能抗。"④

1921年12月，孙中山终于在桂林会见了共产国际代表马林。对于国共合作，勾画出了基本的蓝图。1922年8月9日，在陈炯明的炮火下，永丰舰上孙中山仍坚持批判反对苏俄的言论，"今日俄国之新经济政策早已变更其共产主

---

① 无题[N].民立报，1912-12-06.
② 姚金果.秘密档案中的孙中山[M].北京：东方出版社，2011：91.
③ [苏]维经斯基.我与孙中山的两次会见[M]//尚明轩，王学庄，陈崧.孙中山生平事业追忆录.北京：人民出版社，1986：315.
④ 孙中山.在广东省署宴会的演说（1920年11月28日）[M]//孙中山全集：第5卷.北京：中华书局，1982：430.

义，采用国家资本主义。并弛私有之禁，其事已逾一年，而国人不察，至今尚指其为共产主义，为过激派，其故盖有某国不能发展其侵略主义于东亚，而又与俄国利害冲突，积不相能，故俄国明明有政府，乃强指其为无政府，俄国早已弛去私有之禁，而又宣传其为共产国，为过激派，以彼之恐怖而不相容者，而又忌人缔交亲善，故特布此恐怖之宣传。"① 这段话中虽有对俄国共产主义转向的误解，但对俄国新经济政策的认识大体是准确的，对日本的侵略图谋也是了然于胸的。因此，在消解人们对列宁政府的恐怖认识方面，是有积极意义的。

后来，宋庆龄在一封信中说："1918年，孙逸仙有能力对列宁领导的俄国革命的伟大意义做出评价。他说十月革命是人类巨大希望的诞生。从此以后，只有沿着苏联指引的道路的革命才会取得胜利。"② 1924年时，宋庆龄在给鲍罗廷的一封信中告知，孙中山还想出版列宁的传记，"请告诉孙博士，你是否认为盖尔平所著作《列宁的一生》是一本好书，因为孙博士希望立即在中国出版此书"③。

反过来，苏俄对孙中山的印象也很不错。俄国布尔什维克在彼得堡发行的《星报》，曾在1911年2月4日刊出一张由孙中山署名的同盟会传单，其中指出："清朝压迫者是一群丧失天良不顾死活的人，他们实行了完全敌视我们的专制制度，这个制度必须铲除。"④ 俄共（布）对孙中山的动向洞若观火，并且也持肯定的态度。

马林在1922年给苏俄的报告中也指出，国民党的党纲留有给不同派别的人加入该党的空间，且其性质为民族主义，即反对剥削统治，争取民主和所有公民都得到人民的生活（即民族、民权、民生），"最后一项（指民生），孙逸仙和他的同志们解释成是社会主义性质的"。他还看到孙中山1920年的一本论中国经济发展的书的前言，认为"该书前言中提到的国家资本主义经济必将导致社会主义的生产方式"⑤。所以，通过对国民党的种种认识，马林认定国民党与

---

① 蒋介石. 孙大总统广州蒙难记[M]//尚明轩，王学庄，陈崧. 孙中山生平事业追忆录. 北京：人民出版社，1986：605.
② 宋庆龄. 复陈锡祺等（1972年12月29日）[M]//宋庆龄书信集：下. 北京：人民出版社，1999：692.
③ 宋庆龄. 致鲍罗廷（1924年9月9日）[M]//宋庆龄书信集：上. 北京：人民出版社，1999：38.
④ 中山大学历史系. 孙中山年谱[M]. 北京：中华书局，1980：114.
⑤ 马林给（共产国际）执行局的报告（1922年7月11日）[M]//中国共产党第二、三次代表大会资料."二大"和"三大". 北京：中国社会科学出版社，1985：115.

157

社会主义的距离并不遥远，苏共在中国应依仗的是国民党，而新生的共产党的弱小状况，也必须将通过国共合作来解决。

孙中山去世后，苏俄再次表现出了极大的善意，创办了莫斯科中山大学。早年在莫斯科中山大学学习，后来背叛中共成为国民党中统特务的盛忠亮在回忆录中说："孙博士之死，对于急切想使中国相信他们是一片好心的俄国共产党来说，正好提供了一个表示他们友谊的良机。为了纪念孙博士，他们于1925年秋季，在莫斯科开办了中国劳动者中山大学。这所大学的寿命不长，在1930年秋就停办了。尽管如此，他对于中国国共两党的事态发展都有重大影响，而且这种影响一直延续至今。"① 今天关于莫斯科中山大学的材料很少，盛忠亮的回忆至少可以提供一个佐证，俄共对孙中山的好感是持续性的，并且也是不容置疑的。

（二）同情劳工，真心扶助

共产党的政治基础无疑是无产阶级，要实现国共合作，首先必须对无产阶级的存在与力量有所认同。其实，关于这一点，孙中山很早就有体会。1911年9月初，他在美国北部十余个城市进行集会演说募款，极力论述革命与华侨的利害关系，号召海外的侨胞共御外侮。会后反应强烈，尤其引起了工人的共鸣："人心倾向革命，如水就下，即平时最不喜谈革命者，至今亦连声诺诺，以革命事业为救国之唯一上策。""捐款尤以工人为多，且有无工栖身而借债捐助者。"②

1920年5月1日，陈独秀主编的《新青年》刊发"劳动节纪念"专号，"天下为公"四个字，就是孙中山专门为劳工而题的，最早就发表在这次专号上。1920年10月3日，与上海共产主义小组有密切联系的李中与杨树浦电灯厂工人陈文焕，在新渔阳里的外国语学社召开"上海机器工会"发起会；11月21日，上海机器工会在白克路207号（今凤阳路186号）召开成立大会，出席者近千人，孙中山专程到会发表了演说，强调："欲贯彻民生主义，非在官僚手中夺回民权不可，否则我国徒用一专制制度变相之民国号耳。"③

1922年12月上旬，孙中山同约翰白莱斯福特又讨论劳工参政问题："余之目的在使劳工被认为社会间一种有资格之人。……余则确信公共生活若有劳工

---

① ［美］盛岳. 莫斯科中山大学和中国革命［M］. 奚博铨，丁则勤，译. 北京：现代史料编刊社，1980：7.
② 中山大学历史系. 孙中山年谱［M］. 北京：中华书局，1980：122.
③ 无题［N］. 申报（上海），1920-11-22.

势力参加其间,其意味当益浓厚。""凡关于改良劳工情形之运动,余皆赞同之。"① 1923 年 1 月 1 日,《中国国民党宣言》颁布,其中明确要"制定工人保护法,以改良劳动者之生活状况,徐谋劳资间地位之平等""改良农村组织,增进农人生活,徐谋地主佃户间地位之平等"②。

国民党"一大"时,张国焘并不是很认同国共合作,因此第一天的会议一言未发。而第二天,又因为全国铁路工人代表大会即将举行,他是主要负责人,所以他又向孙中山和大会主席团提出了提早离会的意向。这天晚上,孙中山特别会晤了张国焘。张国焘向孙中山直陈了国共合作的自己的看法。"孙先生知道我对国共关系问题有不同的意见,但他极力加以弥缝。就在这天的深夜,他派亲信送给我一封信,并附了 2000 银圆,托我捐给铁路总工会。祝贺这次铁路工人代表大会的成功,并希望我个人的工作能够顺利发展。"③

1924 年 5 月 1 日,广东各界举行国际劳动节纪念大会,孙中山发表演说,称:"现在中外的工人都是一样的,作战所向的目标都是一样的敌人,所以中外的工人应该连成一气。"并且称赞,"英国、俄国的工人便是中国工人的好榜样。"④ 1924 年 11 月,他又以大元帅名义公布条例,赞助工人运动。

对此,苏俄也是看在眼里的。斯特拉霍夫是最早与国民党人士接触的俄共(布)党员之一,他在 1921 年 4 月 21 日给苏俄政府的《关于广州政府的报告》中指出:"为了评估工人对国民党的态度,我去上海矮小泥泞的贫民窟,那里居住着工人和手工业者,在那里常常见到孙逸仙的画像。人们非常热爱和信任孙逸仙,这是因为近年来国民党几乎是唯一一个在小商人、小手工业者和工人中间开展工作的充满活力的党,也是因为在中国没有另一个更革命的更具有鲜明阶级性和组织性的力量,自然国民党在劳动群众中和在小资产阶级中比任何其他党都赢得了更大的同情。"⑤

马林在 1922 年给共产国际执委会提交的关于中国情况的报告中指出,虽然上海是中国最大的工业中心之一,但是"并没有我们所想象的工人运动";学生运动的领袖们在五四运动后都去国外深造了,"从此学生运动已经没有什么意

---

① 无题[N].民国日报,1922-12-09.
② 孙中山.中国国民党宣言[M]//孙中山全集:第 7 卷.北京:中华书局,1982:4.
③ 张国焘.我的回忆:第 1 册[M].北京:东方出版社,1998:320.
④ 无题[M].民国日报,1924-05-05.
⑤ 共产国际、联共(布)与中国革命档案资料丛书:第 1 卷[M].中共中央党史研究室第一研究部,译.北京:北京图书馆出版社,1997:63.

义";现代工厂在中国数量很少,虽然外国资本的投资在迅速增长,"但工厂工人在中国人民群众中只是很少的一部分";中国人口以农民为主,且同资本主义的外界几乎没有任何联系,所以类似俄国与印度农民的阶级斗争,在中国还没有发生,"因此农民群众之中差别不大,政治上不具有什么意义",所以"目前还没有可以在现阶段起指导作用的受过教育的阶级"。简言之,中国共产党在当前的情况下,很难在上海有所作为。相反,"我在南方才发现工作大有可为,而且能够成功",国民党领导的省港海员罢工非常成功,已促使12000名海员加入了国民党。所以他认为,"只要他们不敢与国民党联合,这些小团体(指广州的共产主义团体)开展宣传工作的前景是暗淡的"①。

英国在上海办的外文报纸《字林西报》曾劝告孙中山,要对煽动罢工的共产党组织进行"一网打尽"。而马林却认为:"英国人给孙中山这样的劝告,自然是白说的。因为无论哪个人都知道孙中山是一位忠诚的革命家,曾尽他所有的能力和智识谋达到中国的自由和改造,无论哪个人都知道国民运动的领袖从不会反对劳动阶级的新运动。"②

当然,对孙中山的劳工认同,中共也表示了积极的肯定。在1922年6月15日,中共中央执行委员会在《先驱》发表了题为《中国共产党第一次对于时局的主张》一文指出:"他(国民党)的党纲虽不完全,而表示于公众的三民主义和发展《实业计划》都是民主主义的色彩;他们的行为除了革命运动以外,该党议员民国元、二年及六年在国会和敌党抗争的内容,以及广州政府不禁阻劳动运动和废止治安警察条例、废止压迫罢工的刑律等事,都算是维护民主政治的表示。"③

总而言之,第一次国共合作的中心人物是孙中山,因为他对国共合作的态度,对于苏共的地缘政治利益与中共的现实处境,都起了关键的作用。幸运的是,孙中山的格局超越了北洋政府,超越了各路军阀,看到了社会最底层的劳工阶级,看到了民众的自觉对于现代化国家塑造的根本意义,因此对劳工阶级抱以真诚的同情,并给予实质的帮助,包括经济援助、法律保障,由此成功推

---

① 马林给(共产国际)执行局的报告(1922年7月11日)[M]//中国共产党第二、三次代表大会资料."二大"和"三大".北京:中国社会科学出版社,1985:110-115.
② 马林.外国资本家对孙中山的劝告(1922年11月15日)[M]//马林在中国的有关资料.北京:人民出版社,1980:151.
③ 中国共产党第一次对于时局的主张[M]//中国共产党第二、三次代表大会资料."二大"和"三大".北京:中国社会科学出版社,1985:40.

动了第一次国共合作的实现。

四、思想的裂痕

（一）三民主义，五权宪法

在莫利爱路寓所的第二段时期，孙中山又完成了著名的《中国革命史》一篇长文。① 该文共六节，阐述了三民主义的基本内容、革命方略及兴中会成立到护法运动的斗争史，并对过去的斗争加以总结。可以说，这是一部建立在革命史基础上的思想史。

《中国革命史》开篇即强调了近代中国最根本的问题，即"民族独立"问题："对于世界诸民族，务保持吾民族之独立地位。"然而，孙中山认识到，讲民族主义绝不能导向狭隘性，必须放在世界民族背景下来思考民族的独立问题，所以他紧接着说："发扬吾固有之文化，且吸收世界之文化而光大之，以期与诸民族并驱于世界，以驯致于大同，此为以民族主义对世界之诸民族也。"② 因此，中华民族的独立，就成了世界各民族和谐相处背景下的独立，是一种基于世界主义的民族独立。

要实现民族独立，在理念上是实现"民权"，在物质上是获得"民生"。孙中山引用"唐虞之揖让""汤武之革命"，孟子的"闻诛一夫，未闻弑君"的儒家思想，来为现代中国有实现民权的可能性做支撑。这可看作最早把民本思想作为现代民主思想之传统资源来使用的典型。当然，孙中山知道，传统民本思想只是一种思想资源，缺失制度支撑。为此，他结合传统与欧洲的制度，独创了集考试、纠察（监察）、立法、司法、行政于一体的五权宪法。而"民生主义"就是提高人民的生活水平，同时防止陷入令欧洲焦头烂额的巨大贫富差距。因此，他主张"国家产业主义，尤深稳而可行"，国家产业主义就是社会主义，所以孙中山也把民生主义译作 socialism，并一直坚持这一理解。后来在《建国大纲》中，他又调整了"三民主义"的秩序，改为"建设之首要在民生""其次为民权""其三为民族"，这是从理论逻辑又转向了实践逻辑。虽然只是秩序的调整，但足见其深思熟虑。

---

① 此书最早被申报馆编印的《最近之五十年》一书收入，当时作《中国之革命》，后来各类孙中山著作集收入此文时，多作《中国革命史》。
② 孙中山. 中国革命史（1923年1月29日）[M]//孙中山全集：第7卷. 北京：中华书局，1981：60.

为了实现三民主义，孙中山又正式提出了革命方略，即军政时期、训政时期、宪政时期的划分。军政就是要通过军法统治，革除旧制度；训政就是要通过规训，使人民懂得在民主制度下生活。每期以三年为限，即可进入宪政，即彻底实行现代政治制度。到时候，每个县都能实现自治，实现直接民权："人民对于本县之政治，当有普通选举之权、创制之权、复决之权、罢官之权。""此宪政时期，即建设告竣之时，而革命收功之日也。"①

要实现主义，还要有革命行动。他将革命行动确立为三个方面，即立党、宣传、起义。其实，这就是他最初革命的一个过程，兴中会是孙中山组建起的最早的革命党，后又改组为中国同盟会，遂从传统会党真正转型为现代革命政党。立党之后便要积极宣传，让所有人都知道革命党的主张；宣传之后就要起义，投入真正的革命，而不能纸上谈兵。孙中山的革命生涯中，最具有标志性意义的，就是辛亥革命。

辛亥革命的历史意义毋庸置疑，但孙中山于此处对辛亥革命进行了一定的反思，首先是急于求成，希望宪政一步到位，于是"第一流弊，在旧污末由荡涤，新治末由进行；第二流弊，在粉饰旧污，以为新治；第三流弊，在发扬旧污，压抑新治"；进入训政时期，于国虽有临时约法，"而于地方制度，付之阙如"；然而，地方自治已然先行，在国家立法机关之后成立，以为付重权于国会便是实现民权，"曾不知国会与人民，实非同物"。由于种种颠倒错乱，导致"政治无清明之望，国家无巩固之时，且大乱易作，不可收拾"②。

导致辛亥革命的失败，有袁世凯复辟在先，又有段祺瑞毁约法在后，几乎弄得孙中山心力交瘁。因此他在《中国革命史》中的反思极为重要，他迫切想弄清一系列失败的主观原因，为今后的行动厘清方向。那么，他究竟有没有弄清楚问题的根源呢？其实并没有。

（二）志在共和，寄望军阀

孙中山没能反思清楚屡战屡败的根本原因，乃是他始终对军阀抱以幻想。这个问题其实留在了他自己的总结语中，他说："中华革命之经过，其艰难顿挫如此。据现在以策将来，可得一结论曰：非行化兵为工之策，不能解决目前之

---

① 孙中山. 中国革命史（1923年1月29日）[M] //孙中山全集：第7卷. 北京：中华书局，1981：63.
② 孙中山. 中国革命史（1923年1月29日）[M] //孙中山全集：第7卷. 北京：中华书局，1981：67.

纠纷；非行以县为自治单位之策，不能奠民国于苞桑。"①"化兵为工"，就是放弃军队，就是他一直呼吁的"裁兵"。他没有意识到，裁兵不是前提，一厢情愿地鼓吹裁兵，真"不能解决目前之纠纷"。

裁兵的议题是孙中山在1923年初的上海记者招待会上正式提出的，"今者吾人救国，宜以裁兵为目标""数月以来，北方政府迭派代表来商统一，而鄙人主张，则独以裁兵为说"。而且他呼吁，"南北同时裁去现有兵额之半""裁兵之后以兵为工"。② 2月抵达广州后的第一场演说，又提出了"先裁兵，后统一"的想法。在香港工商界集会演说上，再次呼吁"苟广东有一十万兵，将其裁去一半，余一半之精兵，当能卫省及保护地方而有余""至所裁之兵用以筑路"③。至2月24日，又正式发表了《实行裁兵宣言》。

接着"裁兵"的问题，随即又转换成了"和平"的问题。当然，"和平统一"最早由北方的张绍曾首先提出，但孙中山积极呼应。在1月26日的《和平统一宣言》中，他说："今之大病，固在执政柄兵者未有尊重法律之诚心，而国中实力诸派利害不同，莫相调剂，亦其致此之缘故。试举今日国内势力彼此不相摄属者，辜较计之，可别为四：一曰直系，二曰奉系，三曰皖系，四曰西南护法诸省……文今为救国危亡计，拟以和平之方法，图统一之效果，期与四派相周旋，以调节其利害。在统一未成以前，四派暂时划疆自守，各不相侵，内部之事，各不干涉，先守和平之约，以企统一之成。倘蒙各派领袖谅解斯言，文当誓竭绵薄，尽其力所能及，必使和平统一期于实现。"追求和平当然是对的，然而孙中山和平统一的主张，却寄希望于军阀的主动裁兵，"四派互相提携，互相了解，开诚布公，使卒归一致，而皆以守法奉公引为天职，则统一之实不难立见"。"和平之要，首在裁兵""兵不裁则无和平，无和平则难统一"④。

提出"裁兵"进而呼吁"和平统一"，背后的意思是，与军阀之间还有谈判的余地。这就是问题的症结所在，军阀追求的仅仅是利益的无限扩大，而不是和平，寄希望于军阀，只能继续被军阀所误。然而孙中山不明白，他不仅呼

---

① 孙中山.中国革命史（1923年1月29日）[M]//孙中山全集：第7卷.北京：中华书局，1981：71.
② 孙中山.在上海招待新闻界时的演说（1923年1月25日）[M]//孙中山全集：第七卷.北京：中华书局，1981：47.
③ 孙中山.在香港工商界集会的演说（1923年2月20日）[M]//孙中山全集：第7卷.北京：中华书局，1981：118.
④ 孙中山.和平统一宣言（1923年1月26日）[M]//孙中山全集：第7卷.北京：中华书局，1981：50.

吁，甚至直接给军阀写信寻求合作，如 1975 年发现的孙中山给张作霖的信笺，希望张作霖能给予平叛的资助，"如能照前所拟数，速与汇寄，则士饱马腾，荡平逆气，可操左券"①。该信写于 1928 年 1 月 28 日，正是他在第二段莫利爱路寓所时期。孙中山与张作霖的交往始自 1919 年，当时是争取合作，共同反对直系。至孙中山病逝前，他们还有所交往。甚至 1924 年北上时，他还对与段祺瑞合作报以希望。然而不得不承认，裁兵固然没错，但是呼吁军阀裁兵，未免有些天真了。这就是孙中山思想的裂痕所在，一方面希望构建"天下为公"的理想社会，一方面却仍向拥兵自重的军阀妥协。

关于这一点，以陈独秀为代表的共产党人的看法很是深刻，就在孙中山积极呼吁"裁兵""和平"的时候，陈独秀说："非联合全国劳动者（工人农民）为一大团体，势不能与横暴之军阀相抗衡。军阀一日不除，劳动者必无自由之一日。"② 而《中国共产党第一次对于时局的主张》也指出："他们的党内往往有不一致的行动及对外有亲近一派帝国主义的倾向，对内两次与北洋军阀携手；国民党为保存他在民主革命上的地位计，这种动摇不定的政策实有改变的必要。"③ 这就是所谓"革命的不彻底性"，军阀所代表的是传统封建势力的残余，是绝对不值得寄望的。更何况，只有先实现统一，才能实现和平，而不能反过来操作。

但政治家的思想，往往有多重意思。1923 年 1 月 16 日，孙中山与记者谈话说："余对于时局，主张和平统一，希望北方军阀彻底觉悟。今日所以仅将战争限于广东局部者，在予北方当局以觉悟之机会；否则余为革命党人，当以贯彻主张为职志，势不能与人为虚与委蛇之周旋，是以余之设立政府与否，当以北方有无真正觉悟与办法为断，其责任并不在余。"④ 在发表《和平宣言》的同一天，他又发表了一席谈话："统一在于裁兵，一人传十，十人传百，虽有拥兵百万、据地千里之军阀，一朝可使之为独夫。故余之统一政策，即本此七年之经验，而知惟有以裁兵谋统一，则手段与目的完全一致，最容易得国民之直

---

① 薛景平. 新发现的孙中山致张作霖的信 [J]. 辽宁大学学报（哲学社会科学版），1981（10）：58-62.
② 陈独秀. 发刊词 [N]. 劳动周刊（广州），1923-04-14.
③ 中国共产党第一次对于时局的主张（1922 年 6 月 15 日）[M] // 中国共产党第二、三次代表大会资料."二大"和"三大". 北京：中国社会科学出版社，1985：40.
④ 孙中山. 与国际通讯社记者的谈话（1923 年 1 月 16 日）[M] // 孙中山全集：第 7 卷. 北京：中华书局，1981：29.

觉。"① 也就是说，呼吁"裁兵"的主张，他其实还寄希望于普遍的人性的觉悟，既包括国民的，也包括军阀的，这就与单纯呼吁裁兵的意义迥异了。因为这一寄托，具有了启蒙的色彩。然而，启蒙不是能通过放下武器实现的，尤其无法寄望野心家放弃权力而自我觉悟，"批判的武器，不能代替武器的批判"。

五、反思革命的彻底性

1924年11月17日，孙中山北上，途经上海，在前往莫利爱路寓所小住之前，接见了冯玉祥的代表马伯援。他问到，冯玉祥的革命是否彻底？马伯援问："何为彻底？"孙中山说："一是对外主张收回权利；二是对内主张和平民权。"② 由此可见，孙中山对彻底革命的看法，显然是不彻底的。中国当时的问题在表面上是帝国主义侵略，但根本问题还在萧墙之内，也就是封建制度。彻底的革命，应该是制度的革命。"收回权利""和平民权"只是下一步的目标，而目标的实现可以是虚的，也可以是实的；可以是长久的，也可以是暂时的。要让"收回权利""和平民权"真正落实并长久持续，只有建构新的政治制度。冯玉祥发动的北京政变，实质上仍是一次军阀间的斗争，即使能实现"收回权利""和平民权"，那也是暂时的，是因冯玉祥个人而实现的，缺少长效的保障机制。虽然孙中山也有制度建设的思想，包括三民主义、五权宪法、国民大会，但很明显，对这一次北京政变的军阀斗争的本质，似乎仍是忽略的。何况当时北京的军阀并不只有冯玉祥一人，他的对手段祺瑞当时也在北京。军阀不除，三民主义、五权宪法、国民大会的制度建设思想，就绝无实现的可能。他忽视了这一点，似乎忘记了段祺瑞当初废除《临时约法》的颠顶行动，由此可知，孙中山关于革命彻底性的问题，理解的并不彻底。

他对革命认识的不彻底性，有主观原因，也有客观原因。他是一个真正的和平主义者，但是他的这一主观情感影响了战略思维；其次，革命的经费自始至终都处在捉襟见肘的边缘，促使他将问题的客观原因归结到经费上，而不是人上。

孙中山的和平主义观，在他的演讲和生活中是保持一致的。他在香港大学的演说中就提到："我既自称革命家，社会上疑义纷起，多所误会，其实中国式

---

① 孙中山. 与王用宾的谈话（1923年1月26日）[M]//孙中山全集：第7卷. 北京：中华书局，1981：53.
② 陈锡祺. 孙中山年谱长编：下卷[M]. 中华书局，1991：2006.

之革命家，究不过抱温和主义，其所主张者非极端主义，乃争一良好稳健之政府。"①据宋庆龄回忆，"加拿大的国民党同志们派黄惠龙和马湘以及莫里斯·科恩来保卫孙逸仙，孙逸仙在非工作时间一直拒绝个人保镖。他总是戴着一只勃朗宁手枪自卫，在炎热的夏天也如此。"②要知道，孙中山一直处在被暗杀的风险中，最早袁世凯试图派人暗杀他，之后的军阀、陈炯明等都有置孙中山于死地的动机。然而，他将和平主义的理念贯彻到底，甚至拒绝保镖。

因为始终带着和平主义，将心比心后，也容易相信"人同此心"，故而先信袁世凯、后信段祺瑞、又信陆荣廷，还信陈炯明。直至陈炯明兵变后，他也承认自己有知人不善的缺点，"余乏知人之鉴，不及预寝逆谋，而卒以长乱贻祸，贼焰至今为烈，则兹编之纪，亦聊以志吾过"③。然而1924年，他还是毅然前往北京合议，尽管当时段祺瑞仍在北京执掌着国务。所以说，主观情感一直左右着他在战略上的判断。

在客观原因上，革命最艰难的时候，几乎完全靠情怀。1917年第一次在广州建政时，大帅府的日常开支，"只能靠借债及华侨方面捐款接济度日"④，狼狈之状难以言表。1911年5月7日，孙中山在给南洋同盟会谢秋的一封信中有过一个看法，他一方面赞颂广州起义参加者"勇敢英烈"，但同时进行了失败原因的总结，即"皆金钱不足"，认为"今日急务，必当筹足大款，乃能速收成效"⑤。并嘱咐谢秋要积极筹措款项。其实在整个早期的革命过程中，孙中山满世界地跑。从日本到美国再到欧洲、南洋，满世界地募集军费，然而广州起义还是失败了。之后屡战屡败的客观原因，仅仅是经费不够吗？

我们不妨做一个简单比较，孙中山满世界募款，革命却不成功；而毛泽东无处募款，却最终取得了革命的胜利。共产党的军队同样严重缺乏军饷，甚至长期在深山老林、雪山草地里活动，但何以愈挫愈勇、愈来愈壮大呢？其根本的差异在哪里？应该说，还是在"发动群众"与"依靠群众"的策略上。孙中

---

① 孙中山．在香港大学的演说（1923年2月19日）[M]//孙中山全集：第7卷．北京：中华书局，1981：116.
② 宋庆龄．复陈锡祺等（1972年12月29日）[M]//宋庆龄书信集：下．北京：人民出版社，1999：693.
③ 孙中山．《孙大总统广州蒙难记》序（1922年10月10日）[M]//孙中山全集：第6卷．北京：中华书局，1981：571.
④ 罗翼群．记孙中山南下广东建立政权[M]//中国政治协商会议全国委员会．孙中山三次在广东建立政权．北京：中国文史出版社，1986：4-5.
⑤ 中山大学历史系．孙中山年谱[M]．北京：中华书局，1980：117.

山始终依靠华侨的捐款,以及与军阀的合作,前者人数少,而后者异心重,都是难以长期维持的。然而人民则不同,底层农民虽然缺医少药,但人数众多,源源不断,翻身的欲望强烈,没有异心,"发动群众"与"依靠群众"是长久之计。是否聚焦人民,这就是孙中山与共产党的根本差异所在,也是他革命能否彻底的客观原因所在。

1925年3月12日,操劳一生的孙中山在北京逝世,终年59岁。在他留下的《国事遗嘱》中写道:"余致力国民革命凡四十年,其目的在求中国之自由平等。积四十年之经验,深知欲达到此目的,必须唤起民众及联合世界上以平等待我之民族,共同奋斗。"[1] 中国共产党发表《告中国民众书》,"为中国民族自由而战的孙中山先生死了,自然是中国民族自由运动一大损失",号召全国人民"加倍努力"[2]。

1926年4月,孙中山先生葬事筹备处先设于环龙路44号,后搬入陶尔斐斯路24号,杨杏佛任总干事。冥冥之中,他在生命的最终,又与上海的南昌路联系在了一起。当然,其中也是有必然性的,上海距离南京较近,南北名流容易会集,而且南昌路也仍旧是国民党的活动范围。

1951年,宋庆龄在给周恩来总理的一封信中,为孙中山的革命理想进行了高度的提炼,并建议周恩来将这三点提炼译成亚洲多国文字予以宣传,她说:"(1)孙先生始终关心被压迫民族,特别是亚洲的被压迫民族的解放斗争。他阐明了被压迫民族必须为其自身的解放而奋斗,在这个斗争中各被压迫民族要团结起来。(2)孙先生当时已预言第二次世界大战不可避免,而在这次大战中,美国将不站在被压迫民族方面。他还预言第二次大战将是正义与强权之争,据第一次世界大战经验,苏联胜利地进行了十月社会主义革命,在另外一些国家里也爆发了革命或独立运动。因此,预言第二次世界大战将有更多国家发生革命并取得胜利。(3)孙先生指出了日本追随欧美帝国主义是自取灭亡之道,他应该帮助中国与苏联联合和亚洲人民站在一起,才是自存和共存之道。"[3] 毋庸置疑,宋庆龄的三点提炼,是对孙中山一生革命历史的最准确的定位。其实,孙中山的种种失败,意义更为深刻,因为那成了中国共产党在后来革命运动中的最为重要的历史教训。

---

[1] 总理遗嘱[M]//孙中山.建国方略.北京:中国长安出版社,2011:326.
[2] 无题[N].向导周报,第107期.
[3] 宋庆龄.致周恩来[M]//宋庆龄书信集:下.北京:人民出版社,1999:407-408.

第四章

偶然与必然：近代上海历史整体中的南昌路

上海太开放了，没有这个前提要素，中国革命从上海起步是不可能的。"开放"是一个很具体的概念，本质上是思想的开放，表象上是物质的多样，它们又可以统称为文化的激荡。文化的激荡，自然会伴随着善的、恶的、中的、洋的，不断地交织中和，乃至融合创新。最终，这激荡的文化成了当时最亟须的思想变革的内在动力，催生出了中国近代史上最具彻底性的革命政党。南昌路坐落在法租界里，善的、恶的、中的、洋的，百家荟萃，包容了一切可能性，当然也包括了革命的可能性，这就是为何中国共产党的胚胎必然会在此孕育的原因。

第一节 文化杂处：多姿多彩的自由地带

南昌路的文化是值得一提的，它的前身环龙路，就是得名于最早在上海进行了飞行表演的法国飞行员的名字。这条路及其附近有着当时世界上最先进的物质文化，环境优雅的公园、带抽水马桶的洋房、内部结构前卫的高楼。尤其是这条路上的文化名人，给了这条路以深沉的思想与活跃的氛围，而且他们还透着爱国主义的铮铮铁骨，这一切都会积淀，然后发酵。摩登的物质文化，必然载着摩登的思想文化，可以说，这条小路最后被培植成了革命土壤，是偶然性与必然性综合的结果。

一、西来环龙始留名

南昌路的开放性、世界性、变革性、冒险性，从南昌路这条小路的开辟之初就被镌刻了上去，而且与一个法国人密切相关。

民国元年（1912年），法国飞行家雷内·环龙（Rene Vallon）带了山麻式（sommer）单叶和双叶两架飞机，于1月16日来到上海，并于2月20日在江湾进行了第一次飞行表演。当时的飞行表演是一件非常稀奇的事,为此,法商保孚洋行作为赞助方与主办方组织了这次活动,并收取了门票。门票分三等,头等五元,二等二元,三等六角。环龙的飞机则每天在江湾表演,飞行时间是每天下午三点到五点。

这样的表演维持了两个月,至四月末的时候,《中法新汇报》筹集了1035元的奖金,鼓动环龙从江湾飞行到上海跑马厅。这次表演不仅引起了巨大的轰动,而且也造成了一起严重的事故,甚至成了上海历史上第一起空难。

5月6日,这天天气很好,环龙的飞机于四点四十五分从江湾飞到了上海,至跑马厅上空环游一周准备降落的时候,飞机忽然震动起来,右翼发生了故障,飞机径直地撞向了看台前,机身撞裂。环龙的身体自右臂以下都受了伤,头被撞开,左手的手表定格在五点十三分。当时飞机上有三人,另两人因蜷缩在机舱内得以活下来,独环龙不幸被甩出机舱而亡。

1912年5月13日,法租界公董局召开了一次会议,决定将顾家宅北首新开的路(被填掉的小河马义浜)命名为环龙路。也许是出于愧疚,5月29日,《中法新汇报》筹集一笔巨款,建立了环龙氏纪念碑。6月20日,经公董局同意,该碑设立于顾家宅公园以北近环龙路的草地上。碑身为一整块白石,顶上铸一铜制苍鹰,向东兀立。碑的正面刻有法文撰写的碑文,两侧刻有中文。

碑的一侧刻,"纪念环龙君!君生于1880年3月12日,籍隶法京巴黎;于1911年5月6日殁于上海。"另一侧刻,"君为在中国第一飞行家,君之奋勇及死义,实增法国之光荣。"

碑的正面镌刻了埃德蒙·罗斯丹(Edmond Rostand)的诗:"有了死亡才有了产生,有了跌,才有了飞;法国是身受了这种痛苦,使得他认得命运是在那儿。""荣福呵,跌烂在平地的人!或没入怒涛的人!荣福呵,火蛾似的烧死的人!荣福呵,一切亡过的人!"[①]

[①] 董枢. 环龙路与环龙碑[J]. 大声周刊, 1933, 1 (11): 218.

图 4-1 法国飞行家环龙之遗照

(《协和报》，1911 年，第 30 期，第 10 页）

环龙是个法国人，在法租界里遇难。但当时的上海文人们并不以他是个外国人而表现出嗤之以鼻，反而就事论事，认为环龙具有高度的冒险精神，是值得肯定、值得纪念的人物。有文人写道："余读之（碑文）至再，虽寥寥数语而动人之深，不啻我乘虚凌宇、踏雾御风之发（飞）行家环龙君现身在眼前，俯而作揖而起，曰：'呜呼，人生在世界当如是也。'时则斜阳一角，子规三声，群姿被惕，众卉含吊，草芊芊而自断，烟霏霏以魂销。凭吊英雄之不幸，虽长沙之哀屈，周举之祭介，曾不足拟兹慷慨，喻此哀情也。摩挲徘徊，逗留之不忍去云。出华龙路（今雁荡路），行经环龙路，通衢驷马，方鸠匠经营。挹梅叹曰：'外人之纪念英雄，真无微不至也。'归校，静坐案头，感于先时之见闻，慕环龙君不置，爰笔记之，以不忘其所好也。"① 所谓"人生在世界当如是"，指的是环龙敢于尝试新事物的冒险精神与宏阔视野。

---

① 君武. 谒环龙纪念碑记［J］. 教育界，1913，2（4）：6.

<<< 第四章 偶然与必然：近代上海历史整体中的南昌路

也有文人从环龙的冒险精神中看到了科学发展的历史趋势，即从前人牺牲到后人安全的技术的日臻完善，作为开拓者的环龙因而意义重大。"吾以为，世界之事可因遇险而促其进行。君以遇险死，彼飞艇家之研究不以君故而辍其业，且将以君故而殚其精。君死矣，异日飞艇之进步可预知也。西人一艺之成，皆有冒险之精神以贯注其间。火车之行，风驰电掣；轮舟之驶，浪骇涛惊，而又有出轨之虞，裂锅之患。行驶之初，以此殒其生命以不知凡几，岂非危险之至哉！然而前者殒身，后者继踵至于今，能达安全之目的者，盖掷无数之生命以博之也。考飞艇之历史，自发明后，以机败柁折而死者，积数十人，而研究此业者如故，盖皆有冒险之精神，不达安全之目的不止。然则，君虽死，其无悔也！"①

除了对环龙表示认可，有识之士又借环龙之事件联系到中国的未来，"虽曰中国拟照军人死阵之例，赠以名誉纪念品。然窥其意，非奖环龙氏首以飞艇来华之功，实藉以提倡中国之工业日进无疆也，于环龙氏何与？呜呼！"② 20世纪20年代初，虽然飞机还是个新生事物，但中国社会已盛行起了"航空救国"的思潮。环龙的到来使得很多关心国际局势的人特别兴奋，故而把环龙的事件看作中国的事件，对环龙事件的启发性予以一定的揭示，实在是有独到的眼光。

总的来说，环龙来到上海是具有偶然性的，在法租界里坠机更具有偶然性，但当时人对环龙表现出了相当的赞赏，那是不分国界的赞赏，突出了海派品质的开放性；环龙作为一个法国人，在古老的东方表演如此大型的节目，突出了海派品质的世界性；飞机在当时的世界都还是新颖的东西，而上海接纳了最前沿的发明创造，突出了海派品质的变革性；最终，环龙为不成熟的技术而献出生命，上海人从中得出了富有趋势性的启发，突出了海派品质里的冒险性。不得不说，小小的南昌路，集中体现了海派品质里的优秀元素，难怪最为彻底的革命政党得以在这里孕育，其必然性当不容忽视。

二、摩登生活新时代

南昌路很短，它的尽头有一个公园，旧称"顾家宅公园""法国公园""环龙公园""上海的卢森堡公园"等，1946年时改称"复兴公园"并沿用至今。

在上海开埠前，今天的南昌路区域原是一片肥沃的良田，其东边区域有一小村名顾家宅，当时有个顾姓人家在此建造了一个私人小花园，人称"顾家宅

---

① 赵志学. 环龙君哀文[J]. 汇学杂志, 1912 (1): 3-4.
② 大飞行家环龙氏遭险记[J]. 协和报, 1911 (30): 10.

171

花园"。清光绪二十六年（1900）年8月，法国军队进驻上海后，法租界公董局以7.6万两规银买下顾家宅花园及其周围10.13平方米土地，其中7.47万平方米租给法军建造兵营。清光绪三十年（1904年），法军撤离后，这里便建起了一系列的娱乐场所。清光绪三十四年（1908年），法租界公董局决定将这块区域改建为公园。清宣统元年（1909）年6月公园建成，同年7月14日法国国庆日对外开放，时称"顾家宅公园"，俗称"法国公园"。1912年，为纪念法国飞行员环龙，园中建立了环龙纪念碑，故又得名"环龙公园"。因为这座公园保留了法国古典园林风格，中央花园采用了高度对称的制式，成了近代上海中西园林文化交融的杰作，常被人誉为"上海的卢森堡公园"。

图 4-2　租界时期的法国公园一角

（《图画时报》，1927年，第369期）

<<< 第四章　偶然与必然：近代上海历史整体中的南昌路

公园虽好，但是自建成始，中国人是禁止进入的，除了为外国人服务的中国保姆或仆从例外，当然，用绳子牵着的狗也是例外的，这一禁令直到1926年"五卅惨案"纪念日那天才解除①，解除的原因不知道。但限制还是有一些的，比如，"这个公园，是法租界的工部局用公款造成的。但只许外国人进去；中国人要进去，除非是穿西装的，或是衣服整洁的女人。此外，其他男子们要进去，非有一张特许的照会不可；否则，便要被看门的巡捕拒绝。"②

毕竟这座公园还是漂亮的，自向中国人开放以后，吸引了不少文人墨客。于是大量关于公园的优美描绘层出不穷，"我在这里所见到的菊花，却找不出半点隐逸的味儿。它们丛成列地，团结而规律地在显现鲜妍悦目的颜色、姿态"，"树木相当多。向来就喜欢树木多的地方……这里法国公园原来也有这些不至于令人失望的树木，有些地方望过去颇为丛密，好像那边蕴藏着点什么秘密"，"我向那类似更秘密的部分去，原来那里有连绵的假山，山上有更多的小丛树，有许多给山或树掩蔽的小空间"，"假山之外是一带池沼，其形势比虹口兆丰的似乎自然"③。除了景物，这篇文章中还描写了看报的人、恋爱的青年，以及闲逛的巡捕，一派静谧恬淡的风光。在一众诗人中，还有民国贤人蒋梅笙，他在与其友蒋兆和、外甥徐悲鸿同游法国公园时做了一首诗，云："快雪喜时晴，公园接武行。琼田千顷阔，绿树四围平。水面银鳞起，云容翠黛横。风光都入画，点染待关荆。"④ 蒋兆和与徐悲鸿都是现当代中国画坛的巨擘，有这三位的光临，对于法国公园美学本质的加持，又不知增添了多少倍。

这派美好的风光，还特别激发了许多文人墨客们的浪漫情怀来，如《游法国公园》云："自从我知道了伊是诚恳的爱我／伊的容貌声音都时时表现到我的心头来／在这繁枝茂叶里，我又想起伊来了／这些香味，好像是伊的芬芳／这些颜色，好像是伊的美丽……凉风从花枝里，送到我的面庞／我心里有些醉了／我为繁花醉了／我为凉风醉了／我为鸟声醉了／我是为伊醉了。"⑤ 又《夜游环龙公园》云："明月凄清／人影依微／踏碎满地银光／莫听落叶的哀鸣！你做尽了个悲凉的境地／呵！有个人／她悲凉的心底／还比你胜三分！她站在幽暗的树丛里／盈盈的

---

① 君豪. 法国公园：园景之二［J］. 上海生活，1926（1）：1.
② 白丁. 小游记：法国公园游记［J］. 小朋友，1928（293）：28-32.
③ 心佛. 法国公园［J］. 新文苑，1939，1（2）：66-67.
④ 蒋梅笙. 偕蒋君兆和徐甥悲鸿环龙公园踏雪［J］. 中央日报特刊，1928（1）：40.
⑤ 王怡庵. 游法国公园［J］. 文艺旬刊，1923（2）：3.

173

泪眼/对一泓静水/说不尽心头的——无言自慰/你看：月哪！/你比她/谁是憔悴？"① 因为这里太过浪漫，一些不学无术的青年学生便在周末打扮得很正式，跑进法国公园去"寻花问柳"，由于这样的事情多了，所以也招致一些文人对法国公园嗤之以鼻。②

法国公园不仅景色优美，主要还好在它的开放。作为一个法国人造的公园，但时不时地会举办不少中国文化的活动。比如1928年《上海画报》的一篇报道里提道："中华义勇团假座法国公园，举行游艺大会三夕。"游艺大会里的活动相当丰富："拉杂记之演艺之台，计歌舞台、京剧台、新剧台、国技台、杂耍台、音乐台等凡六七处。""两夕间节目极多，均可作长夜之欢，蝴蝶歌舞社之歌舞与其他三角戏、独脚戏等，极鱼龙漫衍之观；而第二夕之昆剧会串，尤有精彩，沈吉诚君之借靴，突梯滑稽，举重若轻，自是老斫轮手，俞振飞伉俪与张某良君合串小宴，尤为惬心贵当之作。""愚于游艺所见不多，盖以诸演台前，观者满坑满谷，无由涉也。"③

与上面的浪漫和欢娱不同的是，1929年，柳亚子在游玩了法国公园后，又生出了一种别样的历史感来。他作诗道："血海尸山事可惊，转从异域庆升平。绿阴芳草清幽地，点缀人间不夜城。罗兰玛利鸳鸯劫，马拉丹敦鹬蚌争。持比后来三一八，孰为失败孰功成。"④ 因为在法国公园，所以想起了法国革命，不论是中国的还是法国的，革命都是惨烈的。柳亚子知道革命在法国本土的惨烈，而殖民地公园里却特别宁静，两相比较，让他不禁悲从中来。就历史本质而言，又哪有什么成功的革命，所有的鲜血最终都是要化为宁静，化为遗忘的。

法国公园与毛泽东也有一段缘分，毛泽东的三个儿子就是经过这里被送去大同幼稚园。据钱希均在给黄浦区档案馆的一封信里回忆，1931年春节后的第三天，她和毛泽民在法国公园与一位姓李的人碰头，李拿着《新闻报》，毛泽民拿着杂志，他们的暗号是对姓氏。毛泽民问他姓什么，答曰姓李，李问毛泽民姓什么，答曰姓周。于是，几天后，毛泽民夫妇与杨老太太便把三个孩子送到法国公园，由李先生带去了大同幼稚园。⑤ 同年端午节，由于毛泽民夫妇要离

---

① 学昭. 夜游环龙公园［J］. 北新，1926（11）：29.
② 昼舫. 上海解剖之一：法国公园的认识［J］. 红玫瑰，1929，5（32）：2.
③ 瘦鹃. 花团锦簇之法国公园［J］. 上海画报，1928（375）：2.
④ 柳亚子. 夜游环龙公园惘然有作［J］. 诗与散文，1929（1）：31.
⑤ 王蔚. 大同幼稚园："红色摇篮"悉心抚育红色种子［EB/OL］. 新民网，2018-03-25.

开上海赴瑞金前线，临行前，夫妇俩又专门到法国公园看望由保育员带着在公园里游玩的3个侄儿。毛岸龙三兄弟唯一的合影，也是在法国公园里拍的。

物质文化的先进与否总是与区域文化的先进与否紧密联系，甚至是具有指标性意义的。法国公园主要突出了南昌路区域的开放性，而南昌路区域住宅的摩登，则可以反映南昌路区域的先进性。1933年，上海《关声》杂志上的一则地处"勤乐邨"的租房启事①，可以让我们领略南昌路区域物质文化的发达。

这则启事的广告语是"从外表一直到内部，完全摩登化的住屋。看门巡捕，水汀炉灶，新式浴盆，抽水马桶。"如何摩登？外观洋气，硬件齐全。"这房子的构造是非常美观的，令人一到其地，看见房子的式样，便会发生快感。房子是好莱坞式的三层洋楼，最合适高雅人士居住。而且设备非常周全，用科学美术化的布置；住户搬进去，简直无需装修，可以省去一笔花费。幽秘的浴室，配有摩登的磁盆及抽水马桶；宽大的厨房，装好了玲珑的炉灶，水汀管子也就盘藏在灶窟里，煮饭菜便有热水，一举两得，省钱省事；电灯电铃，一应具备，真正适意。"

不仅硬件设施相当摩登，关键它还突出了居住理念，其一，出行便利，"法租界金神父路贾西义路口，21路公共汽车直达巷口"，"况菜市近在咫尺，非常便利"；其二，居住安全，"弄堂里路灯加多，特别明亮。弄堂口雇有巡捕，日夜守卫，对于住户安全，保护秘密"；其三，价格公道，"至于房租又十分低廉，小租不收，并无别费，你在别处再也找不到像这样便宜而又富丽堂皇的住屋"。这三点居住理念，特别能反映大城市生活的特点。况且，对生活质量的追求，即使今天的我们也不过是这些要求。

据统计，1920年前的八年里，法租界共有欧洲人住宅423幢，1920年至1921年的两年内，又增造了住房552幢。至于交通，1912年，有登记的人力车每月平均6000辆，私人包车每季度平均900辆；到1921年，这两种车辆分别增加到9000辆和2650辆。②数据最能说明问题，这一带的繁荣程度可见一斑。

物质基础决定上层建筑，进步的思想必然依靠先进的物质文化得以传播。因此，南昌路区域的先进、丰富的物质文化，反映了这里的高度开放性，包含了一切的可能性，这是推动开放、进步之思想生根发芽的重要动力。

---

① 无题[J]. 关声，1933，2(7)：32.
② 徐雪筠. 上海近代社会经济发展概况(1882—1931)——海关十年报告译编[M]. 上海：上海社会科学院出版社，1985：216.

三、铮铮铁骨文艺界

先进的物质文化，必然伴随着开放的思想、艺术环境。事实上，南昌路上的文艺界集合了当时上海一流的人物，可谓大师云集，百花齐放，即使在今天，这些人物的影响力仍然是举足轻重的。他们的存在，也是促进该区域思想氛围高度活跃的催化剂。除了多伦路外，南昌路区域的海派文化之昌盛也是有代表性的。比如，南昌路53号是林风眠故居，南昌路136弄39号是傅雷旧居，南昌路136弄11号是徐志摩与陆小曼的旧居，巴金则分别短暂地居住过南昌路136弄1号与淮海坊59号。南昌路几百米开外的香山路上，孙中山故居是文化名流的荟萃之地；垂直于南昌路的思南路上，还坐落了梅兰芳优雅的梅邸。

南昌路富有百家争鸣的特色，因此南昌路上也活跃着不少左翼的文化人物以及同情左翼的文化人物，其中最重要的莫过于鲁迅。鲁迅对马克思主义非常熟悉，周建人说："鲁迅在这里珍藏着大量的马恩列斯的著作和其他社会科学方面的书籍，有中文版的，也有外文版的。斗争的历史使鲁迅深刻认识到，只有用马列主义的阶级论才能看清阶级社会纷纭复杂的现象，剖析其实质。"[1] 为了保障民权，鲁迅还身体力行，同中国的民主进步人士成立了"中国民权保障同盟"。20世纪30年代，白色恐怖笼罩在中国大地的各个角落。《鲁迅日记》记载："隔不了几天，就会听到一次谁被捕或谁被杀的消息。"为了营救爱国的革命的政治犯，1932年10月，"中国民权保障同盟"成立，宋庆龄、蔡元培任正副主席，杨杏佛任总干事，总会设于上海，鲁迅就是上海分会的委员之一。

距南昌路一步之遥的香山路上的孙中山故居，是鲁迅经常造访的地方。它的主人宋庆龄，经常在这里与文化名流们共聚，也是中国民权保障同盟成员开会的地方。1933年2月17日，英国文学家萧伯纳造访上海，中国民权保障同盟在此热情地接待了他。据鲁迅当天的日记记载，"午后汽车赍蔡先生信来，即乘车赴宋庆龄夫人宅（即孙中山故居）午餐，同席为萧伯纳、伊、斯沫特列女士（即史沫特莱）、杨杏佛、林语堂、蔡先生、孙夫人共七人，饭毕，照相两枚。"[2] 宋庆龄回忆那次会见时，说："英国文豪萧伯纳，有一次来我家午餐时，同盟的几位会员都在座。她早已受到英国政府的警告，因而他在我处很少发言。

---

[1] 周建人. 回忆鲁迅在上海的几件事 [M] //鲁迅回忆录：一集. 上海：上海文艺出版社，1978：8.
[2] 鲁迅. 鲁迅手稿全集·日记：第7册 [M]. 北京：文物出版社，1982：209.

当时林语堂和他滔滔不绝地谈话,致使鲁迅等没有机会同萧伯纳谈话。"① 鲁迅和林语堂后来因为立场不同而闹翻了,但从此处看来,或许他们的闹翻也有性格不同的原因吧。

当时聚餐后,众人合影留念。照片上共有七人,连同拍摄者杨杏佛,与日记中所说的八人聚餐,人数是一致的。

图 4-3 中国民权保障同盟总会欢迎英国作家萧伯纳时合影

(1933 年 2 月 17 日原始合影。左起依次为,史沫特莱、萧伯纳、宋庆龄、蔡元培、伊罗生、林语堂、鲁迅,摄影者为杨杏佛)

有趣的是,1951 年 9 月,为纪念鲁迅诞辰 70 周年,由巴金、唐弢任主编的上海《文艺新地》第 1 卷第 8 期上,赫然刊出了一张被涂去了林语堂和伊罗生的五人照。"伊罗生"就是上文所引《鲁迅日记》中的"伊"。

为什么要涂掉林语堂呢? 一方面,他曾就读教会大学、留学德国、定居美国、用英文写作,与"买办"二字难脱关系,在以阶级斗争为纲的日子里,林语堂的人生经历成了他的负担,因此与鲁迅的伟大形象并列一起就显得不再合适。其次,他与鲁迅有隙也有关系,1933 年这次聚餐前,鲁迅与林语堂分分合合已经有几次了。在厦门大学共事时,两人在文学理念上发生了很多分歧,志趣大异。林语堂《论语》杂志办了有一年,想叫鲁迅写点什么烘托一下周年气氛,却没想等来了鲁迅的批评:"老实说罢,他(林语堂)所提倡的东西,我是常常反对的。先前,是对于'费厄泼赖',现在呢,就是'幽默'。我不爱'幽

---

① 宋庆龄. 追忆鲁迅先生 [M] //鲁迅回忆录. 上海:上海文艺出版社,1978:2.

默'，并且以为这是只有爱开圆桌会议的国民才闹得出来的玩意儿，在中国，却连意译也办不到。"① 后来林语堂办了期刊《人间世》，鲁迅又批判说："先生自评《人间世》，谓花柳春光之文太多，此即作者大抵能作文章，而无话可说之故，亦即空虚也。"② 林语堂也是比较固执的，"《人间世》出，左派不谅吾之文学见解，吾亦不肯牺牲吾之见解以阿附，初闻鸦叫自为得道之左派，鲁迅不乐，我亦无可如何。鲁迅诚老而愈辣，而吾则向慕儒家之明性达理，鲁迅党见愈深，我愈不知党见为何物，宜其刺刺不相入也。"③ 鲁迅的刚烈与林语堂的寸步不让，使两人的关系变得无可挽回。随着日后风气使然，凡是与鲁迅作对付的，统统被打入另册，于是林语堂就成了不得不被篡改的人物了。

1951年的照片中另一个被篡改掉的人物是伊罗生，原名艾萨克斯。伊罗生是美国人，在中国革命最激烈和危险的20世纪30年代来到中国，曾在上海《大美晚报》《大陆报》工作，选编中国现代短篇小说集《草鞋脚》。他和鲁迅、茅盾的关系非常好，他们曾反复商讨过《草鞋脚》选编的内容。他在加入"中国民权保障同盟"后，还协助援救过身陷囹圄的薄一波、刘澜涛、刘尊棋等人。1934年，伊罗生因为反对在刊物上发表支持斯大林反托洛茨基的文章，于是与上海的中共地下党发生了矛盾。因为这层政治原因，非常时期的出版物里，便将他从鲁迅等人的合影中删去了。然而，也有人认为，后来出版的鲁迅日记里写的"伊斯沫特列"，是编辑故意把"罗生"去掉，而将"伊"与"斯沫特列"合并，也是出于政治原因。其实不是的，只要我们看到手稿便知道，《鲁迅日记》手稿本是竖排无标点的，其中的"伊斯沫特列"，原写作"伊：斯沫特列"，"罗生"二字被省写为了两点，至于为什么被省略，不得而知。所以说，照片曾因政治原因被篡改过，但鲁迅的日记的确没有被篡改过。

关于那张原版的七人照，为了找寻它，周海婴颇费了周折。据周海婴回忆，他曾千方百计地搜寻过那张原始照。"这张七人合影的原照，当年几乎没有人知道。许广平先生珍藏的四本鲁迅相册中没有，上海蔡粹盎女士保存的蔡元培先生的遗物中也没有，上海宋庆龄故居也没有。我们找了北京鲁迅博物馆、上海和绍兴两个鲁迅纪念馆，他们无论展出和收藏，也都是那张被涂掉了林语堂和伊罗生的五人照。后来我们知道此照片由杨杏佛先生拍摄，在杨杏佛之子杨小

---

① 鲁迅. "论语"一年［M］//鲁迅全集：第4卷. 北京：人民文学出版社，2005：582.
② 鲁迅. 致林语堂［M］//鲁迅全集：第13卷. 北京：人民文学出版社，2005：90-91.
③ 林语堂. 鲁迅之死［M］//林语堂文选：下. 北京：中国广播电视出版社，1990：3.

佛先生那里证实了这一点,但也未找到该照片的原照。最后,是唐弢先生帮助我们从他的收藏中找到的一张翻拍片。""这是1977年的事。原来,唐弢竟藏有'七人照'的翻拍照!虽然他手头有'七人照',而他主编的刊物只得用'处理过的'的'五人照',其无可奈何的心情是可以想见的。"①

再回到鲁迅,南昌路区域因为有了鲁迅的足迹,而使战斗有了思想的深刻性。他头脑清醒,又具有牺牲精神。有一次,有个"左"倾的人希望鲁迅写一篇文章骂国民党。但是鲁迅说:"写一篇文章是很容易的。但是,我在这与反革命斗争的要地就站不住了。"于是那个"左"倾的代表人物又说,"黄浦江里有外国船,你就上船到外国去嘛!"鲁迅听后气愤地说:"叫我离开这个地方到外国去,我就写不出文章了,也就无法参加这场战斗了!"② 鲁迅是一个有铁骨头的人,20世纪30年代的南昌路上,政治氛围很紧张,但鲁迅选择的是战斗到底,所谓"轻伤不下火线",是他的真实写照。

鲁迅生前只是在南昌路一带有过比较频繁的活动,去世以后,许广平、周海婴母子方才搬到了霞飞路上,所以鲁迅没有在南昌路附近居住过。但南昌路区域里还住着一位铁汉子,他就是唱花旦的梅兰芳。

鲁迅爱骂人,其实他也骂过梅兰芳的。他曾评论说:"他未经士大夫帮忙时候所做的戏,自然是俗的,甚至于猥下,肮脏,但是泼辣,有生气。待到化为'天女',高贵了,然而从此死板板,矜持的可怜。看一位不死不活的天女或林妹妹,我想,大多数人倒是倒不如看一个漂亮活动的村女的,她和我们相近。然而梅兰芳对记者说,还要将别的剧本改得雅一些。"③ 鲁迅讲的是他的一家之言,而梅兰芳还是要优雅下去的。当然优雅的是戏,至于为人,梅兰芳其实很刚毅。

1932年,梅兰芳全家避难上海,租住在思南路87号(马斯南路121号),这是一座四层楼的西班牙风格住宅,二层是梅兰芳的书斋,名曰"梅华诗屋"。寓居上海的梅兰芳早已留了胡子,这是为了"蓄须明志",不为列强唱戏。在思南路上的生活,一住就是20年。这二十年间,他培养了一大批梅派弟子。

下面这张照片就是梅兰芳的弟子和女儿在思南路梅兰芳寓所的合影。

---

① 倪墨炎. 鲁迅照片出版的曲折历程 [J]. 档案春秋, 2008 (6): 4-9.
② 周建人. 回忆鲁迅在上海的几件事 [M] //鲁迅回忆录: 一集. 上海: 上海文艺出版社, 1978: 10.
③ 鲁迅. 略论梅兰芳及其他(上) [M] //鲁迅全集: 第5卷. 北京: 人民文学出版社, 2005: 610.

图 4-4　《四美具》

（照片文字：1. 梅大王爱女梅葆玥；2. 梅门新桃李白玉薇；3. 李世芳太太姚宝琏；4. 过去名坤伶秦玉梅。载《游艺画刊》，1943 年，第 7 卷，第 6 期，第 2 页）

图中四人里有梅兰芳的女儿梅葆玥，当时 13 岁。根据这张照片的说明可知，四人的合照极为凑巧。合照的前后几天，白玉薇正随李少春在上海天蟾演出，于是拜入梅兰芳门下。借此，便不时地到梅宅去求教。同时李世芳也到沪，他的太太姚宝琏故而借机去梅府拜访。秦玉梅在过去也是梨园名伶，当时也住在上海，也一直有拜入梅门以求深造的愿望。因此，在种种的巧合下，这四位少女方有机会聚在一起，从而有了这张珍贵的照片。

梅葆玥 13 岁时开始接触京剧表演，师从其母福芝芳的师妹李桂芬，学唱老生，从小打下了扎实的表演基础。1949 年，梅葆玥考上了上海震旦女子文理学院教育系。毕业后被分配到中国戏曲学校任国文教师。但梅葆玥对京剧始终念念不忘。在工作之余经常走访名师，学习各种角色的表演技巧。1954 年，她终于如愿以偿，来到中国京剧院，从此开始了长达半个世纪的演员生活。

梅兰芳先生的儿子梅葆玖，正是出生于思南路上，他是唯一传承父亲衣钵的人，他从 10 岁开始正式学艺。白天到上海震旦学校上学，晚上刻苦学戏。13 岁就开始登台表演，18 岁就和父亲同台演出。虽然从小表现出了极高的戏曲天赋，但严谨的梅兰芳还是要求儿子在 40 岁之前不能演出他的成名曲目《贵妃醉酒》。据说梅兰芳所饰演的贵妃醉酒已臻化境，他认为在梅葆玖还没有足够的艺术和生活积淀之前来饰演贵妃醉酒，只会对这一曲目有所亵渎。前面引鲁迅批评梅兰芳，把戏曲表演得太"雅"了，但恐怕梅兰芳偏偏就吃这一套。梅兰芳追求的"雅"和林语堂追求的闲情逸致，本质上是一样的，都是各自艺术风格使然，无关乎品格，也无关乎战斗性。且偏偏梅兰芳是很有战斗性的，他坚持不给列强演戏，正是他的风骨体现。这可以说，在文艺界的价值引领中是不可或缺的。

总的来说，南昌路区域有很深厚的文艺底蕴，而这些活跃的文化人物有极富真诚的品格与铮铮的铁骨，这是南昌路区域革命精神不可或缺的一部分，更是把此地孕育成革命土壤的重要养分。

第二节　五方杂处：善恶交织的无序地带

南昌路静静地看着近代中国风起云涌、潮起潮落，看着进步人士匆匆走过，也看着反动人物扮演跳梁小丑，它像一尊佛，对一切都洞若观火。正面人物中除了陈独秀、毛泽东、孙中山等，陈其美、蒋介石、陈群等，也曾经在南昌路上留下踪迹，他们亦正亦邪，虽然历史自有公正的评价，但他们也为南昌路深刻的历史性增添了一笔浓重的油彩。

一、金神父路的惨案：壮志未酬陶成章

与南昌路紧密交错的瑞金二路，又叫金神父路，也是光复会领袖人物陶成章遇刺的地方。陶成章一生致力于革命事业，但性格过于豪爽，与人结怨也在所难免。但碰巧冤家太过残忍，最终英年早逝。这如同他对催眠术与神通颇感兴趣，终究落一个不明不白的结局。

（一）陶成章之死

陶成章是近代中国革命史上的重要民主人士，早年曾在家乡设馆教书，接触新学后便萌生了反清思想。1902年，陶成章赴东京留学，在留学生中倡言反清大义。1904年回国，与蔡元培等在上海发起成立光复会。1905年，与徐锡麟等在绍兴创办大通师范学堂。1906年，与秋瑾成立光复军，被推举为五省大都督。杭州起义未遂后，再次东渡日本。1907年，在东京加入同盟会。1910年，陶成章和章炳麟在东京成立了光复会。武昌起义爆发后，陶成章旋即回国。11

月6日到达杭州，积极组织江苏、浙江等地的起义，以呼应时局。可以说，陶成章的振臂一呼，对上海、杭州、松江等地的光复都起了很大的作用。

待南京临时政府成立后。浙江都督汤寿潜出任交通部长，陶成章便成了舆论大力拥护的浙江都督的继任者。当时舆论呼吁："吾浙倚先生如长城，经理浙事，非先生其谁任？况和议决裂，战事方殷，荣等已号召旧部，听先生指挥。"①"成章早一日莅位，即全浙早一日之福"；"非陶公代理，全局将改体矣！""继其任者，惟有陶焕卿，斯人不出，如苍生何！"② 陶成章因为谦虚，最终并未接任，不久即遭暗杀。

陶成章主张，把民族与国家应合二为一，"言民族主义，即为爱国主义，其根本固相通也"，"言我民族必推本于黄帝，而民族主义与夫爱国主义，于我国实相一贯而不可离"③。为此，他专门著《中国民族权力消长史》一书，鼓吹种族革命，不遗余力。为了革命，他把满汉置于是非、黑白、对错的立场上，这是有争议的，但他的爱国主义本身无可厚非。

这是一个风起云涌的时代，没有人能置身事外，但若想主动投身其中，就必须要做好身首异处的准备。当时，陶成章对杀机四伏已有所风闻，虽然更换了好几次居所。但由于患病未愈，最终还是落脚在法租界金神父路（瑞金二路）上的广慈医院（瑞金医院）。1912年1月14日凌晨两时许，王竹卿等二人潜入医院，"撬门而入，守门者觉，询以何为？则云来看陶先生。旋登楼，入先生卧室，呼曰：'陶先生！'出手枪击之，子弹从左夹入，斜穿脑部，而先生遂不明不白而死矣"④。

陶成章被刺事件发生后，全国为之震惊，革命党人极为愤懑，纷纷要求严惩凶手，《民立报》为此连发数天的悼念文章。与此同时，绍兴人，陶成章的同族人陶仲彝等，请求地方政府将东湖学堂改为"焕卿专祠"⑤，希望用儒家祠祀先贤的方法来纪念陶成章。

---

① 沈荣卿等致陶成章电（《民立报》1912年1月14日）[M]//浙江省辛亥革命史研究会.辛亥革命浙江史料选辑.杭州：浙江人民出版社，1981：356.
② 杭州电报[N].民立报，1912-01-11.
③ 陶成章.《中国民族权力消长史》序[M]//浙江省辛亥革命史研究会.辛亥革命浙江史料选辑.杭州：浙江人民出版社，1981：364.
④ 魏兰.陶焕卿先生行述[M]//浙江省辛亥革命史研究会.辛亥革命浙江史料选辑.杭州：浙江人民出版社，1981：346.
⑤ 无题[J].浙江公报，1912（317）：16.

(二) 刺杀疑云

陶成章被刺后,满人主谋论甚嚣尘上,"近日盛传满洲暗杀党南下,谋刺民国要人,公或其一也"①。然而猜测毕竟只是猜测。事后,黄炎培回忆,有知情人告诉他,"陈其美嘱蒋介石行刺陶焕卿,蒋雇光复会叛徒王竹卿执行"②。其实,知情者还不止黄炎培一人,只是当时都不方便发表看法。

案发后,刺客王竹卿被抓。王竹卿何许人?据1912年1月19日,王竹卿被捕后,上海公共租界工部局警务处刑侦股的《警务报告》记载:"1911年4月24日,他(王竹卿)在刑侦股受审时说,他是革命党人,该党在江浙两省拥有党徒六七万人。他曾于1910年某时在绍兴打死劝学署(Educational Bureau)成员吴振声。因吴振声曾杀害一个革命党人。警务处曾将王竹卿所说之事告诉中国当局,但他们不信。以后便于1911年5月9日将王竹卿逐出公共租界。"据张耀杰先生考证,这里的"吴振声"应是"胡钟生"③,王竹卿是杀害胡钟生的凶手之一。王竹卿何以要杀胡钟生?因为王竹卿怀疑胡钟生是导致秋瑾被捕的告密者,秋瑾就是《警务报告》里所说的吴振声(胡钟生)杀害的革命党人。所以,王竹卿要为秋瑾复仇。事实证明,王竹卿对胡钟生的怀疑并不准确,但为秋瑾的复仇却是带着正义目的的。也就是说,那时的王竹卿是鼓吹排满革命的光复会成员,应该算是革命者。然而时过境迁,王竹卿投靠了陈其美与蒋介石,竟反过来去刺杀另一个革命者,即陶成章,已经是叛徒了。当然,王竹卿最后并没有善终。1912年3月27日,王竹卿逃往嘉兴避难,倒在了光复会派遣的复仇杀手的枪口之下。这真算是革命党的自相残杀了,让人唏嘘不已。

王竹卿是蒋介石雇佣的,那么蒋介石与陶成章又有何瓜葛?其实,蒋介石与陶成章的嫌隙始于对竺绍康的轻信:"(竺绍康认为)徐锡麟之死,实陶成章逼成,否则其所成就当不止于此。公始悟。"1911年辛亥革命打响后,陶成章从日本回国,蒋介石又怀疑陶成章"蓄意破坏同盟会,拥戴章炳麟,抹杀孙黄历史,并谋刺陈其美,而以光复会代之为革命正统"④。此外,蒋介石是陈其美的

---

① 陶成章死不瞑目(《民立报》1月15日)[M]//浙江省辛亥革命史研究会.辛亥革命浙江史料选辑.杭州:浙江人民出版社,1981:358.
② 黄炎培.我亲身经历的辛亥革命事实[M]//中国人民政治协商会议全国委员会.回忆辛亥革命.北京:文史资料出版社,1981:66.
③ 张耀杰.胡钟生与秋瑾案[J].江淮文史,2017(1):148-150.
④ 毛思诚.民国十五年以前之蒋介石先生:第4编[M].石刻本.1937(民国二十六年印行):3.

死党，陶成章与陈其美的嫌隙，也就成了与蒋介石的瓜葛，"陈其美亦以陶至南洋回日，因为少数经济关系极诋"①。轻信、多疑、死忠，造成了蒋介石对陶成章为人的严重误解。当然，蒋介石对此从来也没有反思过。1912年，案发后不久，为避免陈其美遭人口实，蒋介石避往日本，赴日前，他给顾乃斌的信中说："东游以就旧业，足下加我以功成不居之名，闻之逾不自安也。"② 虽说"不自安"，但也不否认刺杀陶成章乃是他的"功绩"。

再回到具体刺杀的细节上，那两个杀手如何会摸清陶成章的具体位置？这可能与蒋介石之前和陶成章的一次会晤有关。陶成章遇刺前一天，与蒋介石在光复会机关所有过会晤。据魏兰记载，"及晤，介石与先生言论融洽异常"，"谈毕，介石询问先生住址，先生随书一条实告之"。当天晚上，"十时许，有人持书至广慈医院与先生，询以信之所由来，则言杭州快信，由蒋介石转交"③。也就是说，陶成章遇刺前的一小段时间，还与蒋介石有过比较密切的交往。而蒋介石非常可疑，尤其是他询问陶成章最后的住址。然而当晚就有人到广慈医院给陶成章送信，应该是再次确认陶成章的位置，且送信人表明是"由蒋介石转交"，似乎又把蒋介石给暴露出来，显得不合常理。但也许不合常理，也就是常理。

陶成章死后，骨灰被送回了杭州，参加追悼会的人达一万多人。当时人们群情激奋，表示要对参与谋害者以枪弹。毕竟刺杀陶成章的真正主谋是陈其美，为掩盖真相，他给了蒋介石一笔钱。于是，蒋介石便以出国深造为名，于1912年2月第三次去了日本。

（三）性格悲剧

陶成章的英年早逝当然是很偶然的，但其中的必然性也是显而易见的。除了革命本身的艰难，革命人物的复杂多样，忠奸难辨以外，性格悲剧不能不成为其中一个重要原因。

1915年10月24日，周作人在绍兴的《笑报》上发表了一篇题为《忆陶君焕卿》的文章。其中提到了几件轶事，可以让我们从侧面更为深刻地认识陶成

---

① 毛思诚. 民国十五年以前之蒋介石先生：第3编［M］. 石刻本. 1937（民国二十六年印行）：12-13.
② 毛思诚. 民国十五年以前之蒋介石先生：第4编［M］. 石刻本，1937（民国二十六年印行）：5.
③ 魏兰. 陶焕卿先生行述［M］//浙江省辛亥革命史研究会. 辛亥革命浙江史料选辑. 杭州：浙江人民出版社，1981：346.

章这个人。

周作人最早在上海偶遇陶成章，当时他的穿着非常奇怪，引人不解："余初见焕卿在丙午（1906年）夏，相遇上海，衣和服草履，左右异式，行马路上，见者疑为乞食沙门。"后来他们又在东京相遇，"尝出示所订约束，有一条云：不遵守规矩者以刀劈之，相与大笑。山林集会，其粗豪真率处殊不可及也"。不得不说，"以刀劈之"可谓邦规，实在是绿林人物的作风，周作人见了颇为瞠目。又有一次，与人饮茶时，陶成章竟将杯中茶渣倒回壶中继续再煮，不以为意："君（陶）在东，恒与龚君未生偕行，每来谈，饮茶甚豪，盏有余沥，辄交互注空盏中或倾壶中，又入沸汤仍注饮之，殊不自觉。"与人吃饭时，还把袜子和餐巾弄混："天雨赤足着皮靴，饭时探袂出巾将以拭面，则引黑袜出，已破烂失其踵，复纳之，探袂底始得巾焉。"周作人在场见了，恐怕颇不自在。种种不修边幅，始终活在自己的小世界里，难怪章太炎戏称他为"焕皇帝""焕强盗"[①]。

这几件小事，让我们看到了一个极其不修边幅的陶焕章。的确如此，在评论政治事件时，他也完全口无遮拦，甚至对刚诞生的中华民国极为不屑，与孙中山大唱反调，甚至贬损孙中山的募款行为。种种不修边幅，遭到了孙中山的追随者陈其美的记恨，由此埋下了祸根。

和陈其美的权力之争，是直接导致陶成章被杀害的主因。陈其美作为沪军都督曾企图控制浙江的权力，并且一直在阻止陶成章接任浙江都督之职，而陶成章则在上海设立"驻沪浙江光复义勇军练兵筹饷办公处"，两人的权力之争接近白热化。与此同时，作为沪军都督，各方皆向他寻求募集军饷，陈其美的压力也特别大。陶成章则坚持不赞成由浙江拨款支持上海，亦不准陈其美动用南洋华侨的捐款，于是两人结怨愈深。当时，陶成章甚至骂陈其美说："你好嫖妓，上海尽有够你用的钱，我的钱要给浙江革命同志用，不能供你嫖妓之用。"[②] 语气之重，不留任何余地，其矛盾可见一斑。

希腊人好言性格悲剧，这在陶成章的身上，恐怕得到了真切的反应。他的言行举止总不太顾及别人的感受，被得罪的若是君子，尚且罢了，但被得罪的是小人，就不得不该长个心眼了。最终，在陈其美的指使下，蒋介石雇佣杀手

[①] 陈子善. 关于周作人的《忆陶君焕卿》[J]. 鲁迅研究动态，1989（10）：76-78.
[②] 全国政协文史资料研究委员会. 辛亥革命回忆录：第6集 [M]. 北京：中华书局，1963：286.

王竹卿在广慈医院将陶成章杀害。

二、渔阳里的革命党：亦正亦邪陈其美

南昌路上的老渔阳里，是《新青年》的编辑部，是陈独秀的居所；新渔阳里，是外语学社旧址，是中国共产党的红色根据地。然而老渔阳里5号，还是亦正亦邪的革命党人陈其美的旧居之一，1915年初，他在此处成立了中华革命党机关总部。他的另一个旧居在淡水路92弄2号（萨坡赛路14号）。

（一）献祭革命的烈士

1915年1月，日本向袁世凯提出灭亡中国的"二十一条"，与此同时，袁世凯也正酝酿着他称帝复辟的计划。为此，孙中山召集陈其美、居正、许崇智等进行商议讨袁。10月，陈其美从日本来到上海，准备南下云贵二省，打算从西南入手，乘虚而入地瓦解袁世凯。而高层研究认为，上海一带海陆军有更强烈的归附基础，建议陈其美留在上海筹备举事。经孙中山同意，任命陈其美为淞沪司令长官。据《民国陈英士先生其美年谱》记载，不久，"陈其美设总机关于上海法租界霞飞路渔阳里5号"[①]，这里的霞飞路渔阳里5号，就是老渔阳里5号。

之后，蒋介石等也被召回此地，执行机要任务，成为陈其美的左右手。10月，蒋介石到达上海，便着手制定刺杀郑汝成的计划。郑汝成何许人？1913年7月，孙中山发动"二次革命"，上海的国民党人积极响应。7月16日，陈其美被推举为上海讨袁军总司令。袁世凯早有防备，他派去驻守上海防务的就是郑汝成。

当时，郑汝成将所有优势兵力都集中在江南制造局，同时，蒋介石收买了海军总司令李鼎新。但由于起义仓促，军队缺乏战斗力，又加之海军舰队炮火的猛烈攻击，讨袁军出师不利。败退后，蒋介石再次深入敌营，对他的旧部沪军第五团，后改为九十三团，进行策反。最后，只有张绍良一营的士兵被说动。7月28日，蒋介石率领这支义兵，配合钮永建部再次进攻江南制造局。然而战斗极为惨烈，讨袁军再次受到重创，《民国十五年以前之蒋介石先生》中这样记载："公乃召集各队，激以大义，遂提一营之众，冲锋奋进，与钮永建部猛攻制造局，死伤相枕藉，营长张绍良阵亡。我军炮毁海筹舰探照灯，各海舰惧，乱轰巨炮还击。至翌午，我军仍无进步，弹告罄，入夜战转剧，不支，次晨退至

---

① 徐咏平. 民国陈英士先生其美年谱[M]. 台北：台湾商务印书馆，1980：494.

闸北。而租界外人及商人团体与红十字会又皆袒袁，公部竟于闸北湖州会馆为英兵缴械，全体将士，相对饮泣。"① 最终，这次起义宣告彻底失败，陈其美与蒋介石不得不逃入公共租界（卡德路90号，今石门二路）躲避追杀，而郑汝成则更加稳固地控制了上海。

8月30日，袁世凯下令限陈其美等自首，同日，勒令北京国民党本部开除黄兴、陈其美、李烈钧、陈炯明、柏文蔚五人党籍，并对陈其美等四人悬赏缉拿，"不论生死，一体给赏"。租界当局虽然名义上自称中立，然却暗中偏袒袁世凯，打算驱逐陈其美等。于是陈其美给租界领事写了一封长信，力斥租界当局不义不公，其文曰："宁、皖、粤、湘、闽、川各省相继独立，宣布讨袁，而敝军亦迫于义愤，同时兴起……向使民党早有先发制人之心，即以沪上一隅而论，袁军未来，敝军一起，何难完全占领，岂有围攻一制造局数日不下者哉。"这是告诉租界当局，战事挑起乃是民族大义，而战事蔓延则是迫不得已。又说，"藉使贵领事团决议如此办法，然我友邦对于敝国内乱之事，苟与租界无关，按照国际公法，自应严守中立。即如前者工部局之示文，固明明曰'两方之人，于战事有关者，均不准逗留租界'，是以明示其无所偏袒矣。然何以程德全藏身租界，犹敢亲令刘福彪与吴淞谋变，袭击民军？岂非以租界为阴谋秘策之地点？而显然违背工部局之示文乎？可贵领事团而不闻驱逐程德全而独施之于鄙人也。且闸北及苏州河本敝国之土地，何以敝军于闸北设司令部，即遭各国兵士所毁，而事前并未有正式之通知，临时复强行解散敝军士卒，携去枪炮多件，苏州河亦不听敝军通过。袁军在闸北及苏州河则听其行动自由，相形之下，岂得谓平。"② 晓之以理，动之以情后，工部局对驱逐陈其美等人的意愿遂作罢。

"二次革命"在坚持了一个月后，终究宣告失败。孙中山、黄兴、陈其美等人成了袁世凯通缉的对象，而国民党的领袖者们不得不流亡日本。流亡期间，孙中山在东京重新组建了"中华革命党"。与此同时，陈其美与蒋介石则蛰伏在租界内，继续从事反袁斗争。11月3日，陈其美应孙中山电召抵达东京，赴日本共商讨袁大计。

陈其美提出，前次革命之所以失败，是因为我们只重视南方而忽视了北方，因此自告奋勇到东北组建革命基地，这一建议得到了孙中山的认可。1914年春，

---

① 毛思诚. 民国十五年以前之蒋介石先生：第5编[M]. 石刻本. 1937（民国二十六印行）：1-2.
② 徐咏平. 民国陈英士先生其美年谱[M]. 台北：台湾商务印书馆，1980：345-346.

陈其美等人前往大连筹建奉天革命党机关部。然而途中遭遇感冒，触发胃肠旧疾，"头昏脚疲，坐卧不安。到大连后，即住医院内，以便治疗。仍扶病见当地的志士，共商大计"①。由于袁世凯密探众多，陈其美在大连住了约50天，并无展开活动的可能性，不得不返回东京。

临行前，陈其美给他的大哥和三弟写了一封信，读来比较感人，"现今我国百不如人，将来欲诸发达，须各方面各科皆求进步，方可有为也。美为视察东省同志，于正月廿六日到大连，不意病发迁延，迄未痊愈。现定15日动身，回东京调养，料无大害。……家中人尽请放心，勿以美在外为念可也。"② 家书总是报喜不报忧的，到了东京以后，他因吃了一个蜜柑而再次病倒，住院三个月。就在此时，浙江当局奉袁世凯之令，查封了陈其美在湖州的家产，眷属不得已，避难上海，来不及带走的革命文献，全都付之一炬。

1914年7月8日，中华革命党在日本筑地精养轩召开成立大会，孙中山就任总理，陈其美当众宣誓加盟，并自盖手印，旋即被任命为中华革命党总务部长。同年9月20日，革命人士范鸿仙被刺，主谋正是陈其美当年在江南制造局一役的对手郑汝成。范鸿仙曾任《民呼报》《民吁报》《民立报》的编辑，坚持倡导革命，对袁世凯口诛笔伐，是党内元老级人物。1914年初，范鸿仙奉孙中山之命赴上海以图再举，却未想遭到郑汝成的暗杀。1915年11月10日，日本天皇举行加冕典礼，郑汝成前往日本驻沪总领事参加庆祝大会，行至白渡桥北墩，被陈其美暗中盯梢的人用炸弹和手枪击毙，此仇终于得报。

1914年12月5日，因范鸿仙死，上海革命势力遭受重创，陈其美返沪主持军事活动。此时，袁世凯因内交外困，决定以50万元贿金收买陈其美，然而被陈其美拒绝。据陈果夫回忆："叔在东京时，袁托人以资50万许叔，欲叔仍赴欧美考察工商，不再过问革命事业。……叔言：'个人无需此款，欲用此数，无非为国耳；如能一次交来，可做革命费用也。'彼说：'付君以款，非欲军进行，欲军退耳；君如不用此款，袁即准备此款杀君。'……叔怒曰：'尔以此来买我耶？余之一生，与中国国命有关，如中国将来有望，我绝不能见杀于袁，袁必见杀于我；中国无望，我必死，何惜此身！'"③ 袁世凯的50万元，是贿金，也是威胁，加之国际局势愈发紧张，孙中山电令陈其美速回东京，然而陈其美

---

① 徐咏平. 民国陈英士先生其美年谱［M］. 台北：台湾商务印书馆，1980：360.
② 徐咏平. 民国陈英士先生其美年谱［M］. 台北：台湾商务印书馆，1980：367.
③ 徐咏平. 民国陈英士先生其美年谱［M］. 台北：台湾商务印书馆，1980：425-426.

回电曰:"事不成,吾死,不复更东渡矣。"① 在接下来的一年内,陈其美连同蒋介石发动了一连串的起义,然鲜有成功者。

1916年5月18日,陈其美客舍萨坡赛路14号寓所时,被叛徒出卖,惨死于袁世凯所派的杀手的枪下。据邵元冲记载,那天,"李海秋招许国霖等五人皆来,语次,李海秋谬为未携约稿来者,谓将外觅之,去未几,突入二人,出勃朗宁枪傱公连发,声甚厉,别室诸人,闻声毕出,欲擒刺客,刺客举枪狂击,弹纷飞,丁仁杰、曹叔实皆创,遂悉逸去。余祥辉入视,公已仆血泊中,颊微动,顾不能言,脑部被数伤,须臾遂绝"。后来法国巡捕抓到许国霖等人,他们对刺杀行动供认不讳。陈其美遇害后十九日,袁世凯暴死,当时人流传说"公之灵实为之也"②。死在袁世凯屠刀下的又何止陈其美一人,而世人的这一留言,也不啻为一种评价,多少能反映陈其美在革命事业上的确是有贡献的。

(二)捉摸不透的小人

我们现在总是批判"两面人",但那不是一个纯粹的政治语言,如果就一个活生生的人而言,他或许不仅是两面的,甚至可能是多面的。陈其美便是这样一个人,在革命大局上,或许是个烈士,但在权力纠纷上,或许还是个小人。

光绪三十三年(1907年),21岁的蒋介石在陈其美的介绍下,加入了同盟会,开始了他的革命之路,因此陈其美算是蒋介石的领路人。为此,蒋介石对陈其美忠心耿耿、言听计从。前面说,陶成章之死,是蒋介石雇的凶手所为。蒋介石虽与陶成章有嫌隙,但不至于下此杀手。事实上,陈其美的一声令下,才是其所作所为的根本动力。所以说,要论刺杀陶成章的主谋,这笔账应当算在陈其美头上。

陈陶两人的嫌隙素来已久,前面讲过,陶成章曾对着陈其美骂道,"我的钱不够你嫖妓之用",这说的是事实。在《沪都督复徐震书》中,他曾承认说:"虽鄙人昔日为秘密结社之故,偶借花间为私议之场,边幅不修,无须自讳。"③所以,两人的结怨不会仅仅因为一句实话,根本上还是在于权力之争。彼时,陈其美作为沪军都督企图控制浙江的权力,欲全力阻止陶成章接任浙江都督之

———————

① 杨庶堪.陈英士先生墓志铭[M]//徐咏平.民国陈英士先生其美年谱.台北:台湾商务印书馆,1980:574.
② 邵元冲.陈英士先生行状[M]//徐咏平.民国陈英士先生其美年谱.台北:台湾商务印书馆,1980:571-572.
③ 沪都督复徐震书(《民立报》1912年1月13日)[M]//上海社会科学院历史研究所.辛亥革命在上海史料选辑.上海:上海人民出版社,1966:960.

职，而陶成章则在上海设立"驻沪浙江光复义勇军练兵筹饷办公处"，两人针锋相对，权力之争接近白热化，是故陈其美决定对他痛下杀手。

在权力上，陈其美的野心其实很不小。1912年2月，辛亥革命之后，天下甫定，陈其美便向孙中山提出辞呈。他的理由是，上海隶属江苏，称都督名不副实；又"各省援鄂、攻徐、援皖、攻鲁以及北伐各师，皆取道申江，纷纷供应，饷糈告匮，则问沪军；军械不敷，则问沪军。大至一师一旅之经营，小至一宿一餐之供给，莫不于沪军是责……推之全国，海军之饷，多出沪军，每月用款之繁，数逾百万。纵系巧妇，无米难炊"①。请辞信发出后不久，就得到了孙中山对他极力挽留的回电。用称名和军饷的名义来辞职，看似是出于谦虚与无奈，实则是以退为进的计谋。

得知陈其美请辞沪军都督之职，谭人凤去电斥责，或许点出了陈其美的心思："南北尚未统一，诸事待理。如以为大功告成，可以捧身而退耶，是谓不智；知而放弃责任，听其糜烂，是谓不仁；畏其难而希图苟安，是谓不勇；捐弃会中秘密条约，是谓不信。不智、不仁、不勇、不信，而犹以孤洁鸣高，图个人之便利，则党中最后之手段将于公施之。"② 急于请辞，别有用意，"图个人之便利"罢了。似乎说到了重点，所以陈其美在给谭人凤的复信中，毫不客气，近乎辱骂道："公年老荒诞，牵率至此。他日如得卸此肩责，必与公一拼死命。"③ 短短一语，流氓气质，几乎跃然纸上。

事实上，在都督府内，陈其美还制造过一起冤案。这件事发生在民国成立前某年的阴历十月二十三日，沪军都督府参谋陶骏保被闪电处决，处决第二天，官方才公布犯人罪状，到第三天才公布了处决的告示。整个程序完全颠倒，不合法，不公开，不透明。为此，陶骏保的哥哥陶逊上书陈其美，历数八大质询：如此重大的刑罚，何以不通过法庭裁判而直接行刑；未经被行刑者供认服罪，何以能够直接定谳；"揹压子弹，遗误前敌"的罪状，未经指实，何以定罪；"拨弄是非，几酿大变"的罪状，无从说起；"散布谣言，煽惑人心"的罪状，无凭无据；"拥兵自卫，占据要隘"的罪状，对于无兵权的参谋，完全不可能；

---

① 为请取消沪军都督事呈孙中山文（《申报》1912年2月11日）[M]//上海社会科学院历史研究所. 辛亥革命在上海史料选辑. 上海：上海人民出版社，1966：336.
② 谭人凤君致陈其美君书（《民立报》1912年3月5日）[M]//上海社会科学院历史研究所. 辛亥革命在上海史料选辑. 上海：上海人民出版社，1966：964.
③ 陈其美君复谭人凤君书（《民立报》1912年3月5日）[M]//上海社会科学院历史研究所. 辛亥革命在上海史料选辑. 上海：上海人民出版社，1966：963.

"致使临时政府未能及时成立,延误北伐战机"的罪状,简直上纲上线,根本不切实际;"汉奸决难宽纵"的罪名,完全是"是可忍,孰不可忍"。从八大质问来看,沪军都督府对陶骏保的处决,可以说是草菅人命,并无人道可言,遑论法治。这件事的原委虽无从知晓,但仅从执法顺序而言,说它是无法无天,也许并不为过。

陶逊在上陈其美书的开篇即说道:"革命军起,以人道为前提,以推翻违背人道之专制政府,建设主张人道之共和政府为目的;谓非欲援救我全国同胞生命,使得共受保护于维持人道之法律之下,不致有所冤死而无可告语欤?"① 后文所点明的也就这一个意思,陈其美的所作所为,完全违背人道,不可理喻。

惜乎哉!怪乎哉!"人无完人"本是人之常情,然而人的正反两面之差异邈然可以如此巨大,或许可以给我们学习观人之法以启示。

三、藏书家与大汉奸:可悲可叹的陈群

曾居住在南昌路63号,也在南昌路180号工作过的大藏书家陈群(1890—1945年),也是一个拥有两张面孔的近代史人物。他一生保护了不计其数的孤本、善本,为中国的文化事业做出了重要贡献。然而,他同时又是助蒋介石发动"四·一二"反革命政变的刽子手,还是前后两次事奉伪政权(日伪与汪伪)的汉奸,实在可悲可叹。

(一) 不得不肯定的文化贡献

陈群并不是一个著名的政治人物,且有着巨大的污点,但不可否认的是,他对于中国的社会文化事业,的确有着极不一般的贡献。

他在自杀前夜,作《自剖书》一封,其中说道:"我生平特好聚书,为全国人士所共知,三十年来贮藏不下一百万册。"所言不假,陈群在三处建有私家书库,南京建"泽存书库"第一库,上海建"泽存书库"第二库,又将苏州寓所改作"泽存书库"第三库。书库"泽存"之名是汪精卫替他取的,取自《礼记·玉藻》之"父殁而不能读父之书,手泽存焉尔"。据后来统计,陈群在南京的书库及家中藏书总数超过40万册,而上海和苏州的书库里也有藏书30万册。国民党撤退台湾时,"中央图书馆"从南京的泽存书库精选了一批书运往台湾,

---

① 陶逊质问陈都督函(《时报》1912年)[M]//上海社会科学院历史研究所. 辛亥革命在上海史料选辑. 上海:上海人民出版社,1966:964.

但还是留下了358689册图书,成为后来南京图书馆古籍部的主要藏书。① 据《南京泽存书库图书目录》统计,其中善本书约3300种,40000册,占藏书总量的十分之一左右;所藏普本书,约有19000种,36000册,此外还有日本刻本约900种,高丽刻本约300种。② 陈群藏书之巨,令人叹为观止,称其为藏书家,恐不为过。

值得称赞的是,对于处理数量如此之巨的藏书,他持的倒是公心。他在《自剖书》中写道:"京沪二书库于中国书籍之外,尚有日本新旧书籍13万册,亦足供参考。今后亦应保存,不可毁弃。""南京泽存书库建筑及书籍七万册(已统计的书目)早已决定为南京公有,今后是否仍存泽存旧名。'泽存'二字见《礼记》,为我个人纪念父母之意,如改用别项名称,在我并无意见,求书能永久保存,不致散失,以供众览,可作龙蟠里国学图书馆之续,吾愿已矣。聚书之事甚难,保存书籍之事更属不易……"王坚评论说,尽管陈群对书籍的收藏带着个人色彩,但最后都为国家所有,他在战火中对书籍的偏爱和抢救是值得称道的,对藏书的处理也是出自公心,也算在自己耻辱的一生中留下了一个亮点。③

陈群死后,1946年4月,"国立中央图书馆"接收了泽存书库南京第一库的书,特藏组主任屈万里前来主持这里的工作,书库改称"中央图书馆北城阅览室",5月18日对外开放。1948年12月到1949年2月期间,国民党撤离时并未忘记这批书,于是责令"国立中央图书馆"从馆藏中进行拣择,精选出13万余册善本古籍,其中有善本古籍4352部,41311册,分3批渡海运台,后全部入藏台湾"中央图书馆"。1952年,南京中央图书馆、国学图书馆合并组建南京图书馆,原泽存书库藏书成为南京图书馆古籍部藏书的主要来源之一。④ 藏于上海、苏州书库的书则仍留存本地。至此,全部图书分藏两岸,皆得到了妥善保存。

(二) 不得不批判的历史罪人

中国的古书,其核心无非"道德"二字,陈群爱书,却不得书中之精髓,甚是可惜。所以说,爱好是中性的,且他的爱好在客观上也对文化保存做出了

---

① 尤小平. 陈群与泽存书库 [J]. 闽台文化交流, 2009 (5): 150-153.
② 夏晓臻. 民国时期南京泽存书库藏书研究 [J]. 图书与情报, 1997 (6): 56-59.
③ 王坚. 陈群是民国大藏书家 [N]. 厦门晚报, 2006-01-06.
④ 刘传吉. 泽存书库的"沉"与"浮" [N]. 中国档案报, 2020-01-10.

贡献，但我们无法由此推出他是个有风骨之人，事实上他也不是。只是当我们集他的藏书爱好，与其现实中的为人于一体来参评时，就显得颇为吊诡了。

陈群早年是一个彻头彻尾的革命青年，他于1913年赴日留学，攻读法律和经济，并在日本参加了孙中山领导的中华革命党，一度变卖家产支持革命。1916年，陈群回到上海，在中华革命党总部充干事。1921年出任广州孙中山总统府秘书，后参与北伐。1922年10月，上海总部派林森为福建省省长，陈群亦被派回福建工作。之后，周旋于闽沪粤之间。黄埔军校创办后，陈群任三民主义教员，此后又任广东民政厅民政科长、警官学校校长和课吏馆馆长等。

陈群的反革命身份的转变始于1927年。1927年4月初，时任北伐军东路军前敌总指挥部政治部主任的陈群驻赣，"蒋介石派遣邓祖禹寻陈于江西某旅社。陈随邓晤蒋，蒋以巨款交陈自江西至上海，嘱其就'清党'办法商诸青红帮头子杜月笙、张啸林、黄金荣"①。于是，陈群奉命前往上海，任上海警备司令部军法处处长，与杨虎主持上海"清党委员会"。同年4月12日，上海爆发了"四·一二"事变，以蒋介石为首的国民党新右派在上海发动反对国民党左派和共产党的武装政变，大肆屠杀共产党员、国民党左派及革命群众。这是一次使中国大革命受到严重摧残，并标志着大革命部分失败，同时宣告国共两党第一次合作失败的重大历史事件。陈群就是主持这场"清党"运动的负责人之一。

4月12日凌晨，"共进会"组织的流氓武装佩戴白色"工"字样臂章从法租界出发，向闸北、吴松、浦东、南市、曹家渡等处进发，第26军便衣队到来后，向当时抵抗的中华书局工人纠察队大呼"我们是来调解的"。在骗取了工人信任之后，将2700名工人纠察队的1700支枪全部缴械，并展开残忍屠杀，造成300余人死伤，多人被捕。而在宝山路三德里附近，军队直接向游行人群进行机关枪扫射，当场打死数百余人，伤者无数，尸横遍地，血流成河。至4月15日，共产党员、工人领袖和革命群众被杀害者达300余人，被捕者500余人，5000余人下落不明。②惨烈细节，在乔纳森·芬比的《蒋介石传》中有更为详细的描述。陈、杨二人当时手段之残忍，上海人用谐音称之为"养虎成群"③。

1937年，上海、南京相继沦陷，日本人冈田尚、冈田清兄弟先后来沪，拉拢陈群投日，陈群遂生投敌之志。上海《文汇报》披露此事后，有识之士曾联

---

① 汪伪政权内政部长陈群任孙揭秘先人尘封往事[N]. 厦门晚报，2006-11-06.
② 严如平，郑则民. 蒋介石传（1887—1937）：上[M]. 北京：中华书局，2013：143.
③ 汪伪政权内政部长陈群任孙揭秘先人尘封往事[N]. 厦门晚报，2006-11-06.

名电告陈群悬崖勒马，返回内地共同抗日，但陈群以眷属均在沪为由，以示不从。1938年3月28日，伪中华民国维新政府于上海新亚酒店成立，陈群出任内政部长兼教育部长。同年12月，汪精卫公开投日。1940年3月30日，汪精卫伪国民政府成立，陈群任行政院内政部长并国史馆馆长。1943年，任伪江苏省省长。1945年5月，随着法西斯阵营的垮塌，陈群预感末日来临，常叹曰"事蒋难，投敌较此更难"。8月17日，于南京寓所服毒自杀。死前留下《自剖书》一封，对蒋介石说："行者、居者各因其时，君行能远走高飞，我既不能行飞，只有居于失地，时也，命也，望君勿前门拒虎后门进狼（前者指伪，后者指共产党）。"

历史这面镜子无所偏袒，赤裸裸地照出人性百态。镇压革命者，手段残忍；投敌卖国，罪不容诛。如陈群者，哪里有好圣贤书者的风骨呢！

第三节　华洋杂处：革命潜流的滋养地带

南昌路区域内，华洋杂处的"洋"，除了泛指一般欧美人外，主要指俄国人。这里充斥着浓郁的俄罗斯文化，霞飞路上的商铺，皋兰路、新乐路上的东正教堂，都深深地打上了上海俄国侨民的烙印。这些俄国侨民中，有流亡者，有商人，也有布尔什维克。这就成了马克思主义在此得以传播的重要条件，也是中国共产党得以在此孕育的重要基础。当然，这一切聚合都是偶然的。

一、俄国文化的弥漫：南昌路上的俄国人

南昌路是段小路，不妨以此为圆心，以300到500米为半径画个圆，就会发现，这个狭小区域内竟有两个规模较大的东正教堂；不计其数的俄国老牌商铺，从日用品到食品应有尽有。因为这里是俄国侨民的重要聚居中心。中国革命的早期，尤其是中国共产党在南昌路上的初现雏形，不能说不与该区域浓郁的俄国文化关系密切。

聚居在上海，尤其在南昌路区域的俄国人身份多样，但以难民为主，主要是因为地理上的便利。1916年，十月革命前的最后一年，据海关统计，旅居中国的外侨中，俄国人达55235人。[①] 大量俄侨，尤其是难民，是十月革命（1917

---

① 外人旅居中国之详数[N]. 申报，1917-05-04.

年）以后进入中国的。据中国外交部统计，1929年夏，中国俄侨达95672人。①1929年5月18日在日内瓦举行的国际会议上，难民事务最高委员会发表了一份关于俄国难民问题的调查统计，近十年间，至1929年初，世界俄国难民总数约为95万人。其中，法国约有30万到40万人，德国约10万人，波兰接近10万人，中国8.8万人，生活在中国的俄国难民总数位居世界第四，与中国统计的数字出入甚微。1935年夏，在华俄侨人数增至135000人。②他们最先从东北一带进入中国，20世纪20年代后，随着东北政局的紧张，包括中苏之间武装冲突的爆发，为了避免卷入战事，大批俄侨南下，进入上海、武汉等主要城市。安顿以后，他们有的找到了工作，有的嫁给了中国人，不同程度地融入了中国社会，有的人甚至获得中国国籍。

关于上海外国侨民的人数不易统计，长期缺乏统一权威的来源是一个原因，比如公共租界工部局每5年会进行一次人口调查，法租界公董局每年秋季进行人口调查，华界由上海特别市公安局外事股进行不定期的调查。由于多头管理，对上海外国侨民的人数统计，历来只能进行一个约略的计算。且俄侨多为流民身份，居无定所者甚多，具体数字更不易详考。

根据上海1915年的调查，上海租界中的外国侨民有十余类，按人数多寡排前十位者，依次是日本人、英国人、葡萄牙人、美国人、德国人、俄国人、法国人、西班牙人、丹麦人、奥匈帝国人等。其中，俄国人在公共租界中约有361人，在法租界中约有41人，总人数408人③，人数排名第六。十月革命后，上海俄侨人数逐渐增加，《上海公共租界工部局年报》1925年的数据显示，上海公共租界与法租界登记在册的俄侨有4169人。根据沙俄驻沪总领事馆相关资料，1900年至1921年，抵沪俄侨约1174人；1922年至1931年，抵沪俄侨约13910人。④抵沪的俄侨很多，但大都不在华界内。1929年《上海特别市寄居俄侨统计表》显示，华界的俄侨仅185人。⑤

租界内的俄侨又大多集中在法租界的霞飞路（今淮海中路）一带，与南昌路一步之遥。至1930年，上海俄侨人数暴增，据当时人的感受亦如此，"上海

---

① 白俄侨华总数调查［N］.申报，1929-07-29.
② 汪之成.上海俄侨史［M］.上海：上海三联书店，1993：76.
③ 无题［J］.东方杂志，1916，13（3）：2-3.
④ V. Grosse: Report on Russian Refugee Situation (Shanghai, Mar. 24, 1931)［M］//汪之成.上海俄侨史.上海：上海三联书店，1993：57.
⑤ 无题［J］.公安旬刊，1929，1（3）：48.

外侨，除日人外当以俄侨为多，多数散居于霞飞路一带"①。俄侨也是这样认为的，1930年的俄文报纸上有人议论说："法租界早就应该改称俄租界，霞飞路应改称涅瓦街，须知，我们至少有8000人住在法租界。"② 这个数字只是约略的，但这个感受是真切的，俄侨在南昌路附近的密集程度可见一斑。

20世纪30年代开始，大量从哈尔滨来到上海的俄侨集中到霞飞路一带，他们中很多人具备建筑、工程、医生、冶金等技术，很快能找到工作，经济状况相对较好；还有一部分经济状况较好的俄国侨民来自中东铁路沿线各地，他们虽是被中东铁路当局解雇的人，但拿到了一笔相当可观的遣散费。"一·二八"事变后，大部分北四川路上的俄侨也搬到了霞飞路上，这使得霞飞路有了一个新的别名——"神秘之街"③。这样一批经济状况稍强的俄国侨民，带动了霞飞路及其附近一大批俄国特色的工商业，比如信谊化学制药厂、瑞成号瓷器店、普罗托夫百货公司、哥利郭利夫有限公司、科涅夫男士用品公司、正章洗染公司、西伯利亚皮货行（霞飞路分行）、包尔鹊格良面包房（后更名为海燕食品厂）、克来夫特西式食品商店（后为上海食品厂）、光明照相馆（后更名为瑞民照相馆）、乔其照相馆（南昌路上，后更名为人民照相馆）等，都是当时上海闻名遐迩的俄商名店，其中著名的哈尔滨食品厂，是在俄国人食品店学手艺的山东人杨冠林创办的，虽非俄国人创办，但却是俄式风味。著名的俄文报纸《上海柴拉报》，原先在百老汇路121—123号，后来也迁入霞飞路，经历过652号、795号、774号、918号四个门牌。④ 这里的俄文化之丰富，影响之巨大，是有根有据的。

据统计，至20世纪30年代中期，上海俄侨的日子开始好起来，他们拥有自用汽车约1000辆，商号达1000多家，各类俄侨学校、医院、银行、报馆、俱乐部、杂志社、出版社和图书馆应有尽有。周海婴曾记录过他住在霞飞坊时对俄侨的印象："早晨弄堂里弥漫着一股酸溜溜牛臊味，洗碗的排水沟里，漂浮着很厚的黄白色油腻。这是从我家右侧隔6家的70号白俄住宅里流出来的。这家的俄国主妇每天总要烧一大锅汤，用的是大块牛胫骨、番茄、洋山芋、洋葱头。据说还要加发酵的酸奶油。这倒是真正的'罗宋汤'。那时，白俄手头尚有从国

---

① 与俄侨往来非绝对无希望[J]. 海光，1930，2（12）：32.
② 汪之成. 上海俄侨史[M]. 上海：上海三联书店，1993：80.
③ 周贤. 东方的圣彼得堡[N]. 申报，1937-01-12.
④ 褚晓琦.《上海柴拉报》考略[J]. 社会科学，2007（10）：147-153.

内带出来的细软可以变卖,生活还比较富裕。"① 那些有情调的高雅之士,有时还会"独自坐在阴暗的角落里,一声不响地喝着咖啡,追想着沙皇时代的光荣历史和眼前的沦落。他们高兴时也会和侍女调笑,难过时便痛哭一场。内心的追怀、悲哀和痛恨,使他们常常演出一幕又一幕的浪漫悲剧。"② 汪之成评价说:"只经过短短的七八年间,便使霞飞路及其周围地区彻底改观,成为上海新的现代化闹市中心,甚至可以说,似乎形成了一块俄侨区:豪华的公寓大楼、鳞次栉比的商店、剧院、餐馆……中国的老式住房在霞飞路上几乎连痕迹也没留下;平坦的沥青路面,宽阔的人行道,汽车、电车川流不息;入夜,马路和橱窗更是灯火辉煌。数年前还是那么不乐意接受俄侨的上海,此时也不得不承认俄侨的成功。"③ 俄文化鼎盛时,霞飞路一带甚至被称为"东方的圣彼得堡"。

特别是在宗教文化上,"霞飞路—环龙路"区域尤为鼎盛,两座东正教堂距离很近,一座在皋兰路上,距南昌路百米之内,另一座在襄阳北路新乐路上。据统计,1924年,手持蜡烛参加复活节的俄侨有1000名左右;至1935年,参加复活节晨祷仪式的俄侨已达1万人以上,亨利路(今新乐路,襄阳公园旁)尚未竣工的圣母堂及高乃依路(今皋兰路)的圣尼古拉斯教堂内外及附近路上,都分别挤满了5000名左右的俄侨。④

当然,繁荣的表象外,穷人到底还是大多数的,有的还是落魄的贵族和文化人,如20世纪40年代初,金神父路口有一个沿街托碟乞讨的"将军",专收拾人们的残羹冷饭⑤;又如俄国画家拉戈里奥的儿子,给列夫·托尔斯泰画过肖像的科万采夫等,都住在救助站里。不少穷苦的白俄,在上海工人罢工期间,还乘机替掉了工人的工作,招致工人们的愤慨;还是因为穷困,"此等侨民,皆贫苦无以为生,在商埠则贩卖零碎货物,甚至沿街叫卖,青年妇女甚有操皮肉生涯者,至于狡黠一流,渐将流为盗匪"⑥。实际上,俄侨的犯罪率始终居外侨犯罪率之首,且主要是盗窃罪⑦,由此,俄国流民也成了社会的不稳定因素。因此上海人当时不太看得起俄国人,"俄罗斯"在早期汉译中作"罗宋",于是上

---

① 周海婴. 我与鲁迅70年[M]. 文汇出版社,2006:117.
② 雅非. 优美的霞飞路之夜[N]. 申报,1936-08-25.
③ 汪之成. 上海俄侨史[M]. 上海:上海三联书店,1993:94.
④ 汪之成. 上海俄侨史[M]. 上海:上海三联书店,1993:382.
⑤ 贻猷. 没落的王孙——白俄[J]. 警备车(旬刊),1947(1):21.
⑥ 运炎. 社言:俄侨流落于我国的问题[J]. 兴华,1924,2(22):4.
⑦ 上海市年鉴编委会. 上海市年鉴(民国二十四年)[M]. 上海:上海通讯社,1935:33-35.

197

海人不分贵贱地把流亡上海的白俄都贬称"罗宋瘪三"。

虽然俄侨并不富裕，但非常乐观。1937年的《申报》刊登了一篇描写俄侨在复活节上疯狂庆祝的文章，写道："晚上他们屋里更热闹起来。上来下去的全是些很高兴的白俄，像疯狂了似的尽情吵闹着。10点以后，当所有其他房客都要安眠时，他们却吵闹得更起劲了：拍掌、弹琴、尖叫、脚踩着地板，一起唱起歌来。他们唱的是些赞美俄罗斯、赞美沙皇的歌曲。接下去便是赌博、玩麻将、玩好牌，后又传来了刀叉和盘子撞击的声音，仿佛是故意违反西人之用餐习惯，仿佛在告诉邻居：你们看啊，听啊，我们在吃东西呢！你们不是都认为白俄是穷鬼吗？最后又响起了《快乐的人们》这首歌，一位俄妇用发沙的高音领唱，至'快乐的人们神采飞扬'这句后，跟起了合唱。"然而，这其实是一户母亲无业，两个女儿都在咖啡店当女招待的，近乎贫困的俄国人。①

二、俄国革命的流布：南昌路上的"激进派"

南昌路区域弥漫着浓郁的俄国文化，聚集着各种身份的俄国人，其中自然也包括了带来马克思主义的俄国革命者。老渔阳里2号的社会主义研究社②，新渔阳里6号的上海社会主义青年团、外国语学社等，都与俄国革命者在本地的活动关系密切。

虽然有俄侨聚居区的掩护，但俄国的革命者，也就是布尔什维克，在上海的活动并不容易。一则是因为俄侨的难民实在太多，于是当局对俄国人不得不特别盯紧；二则是出于世界政治格局变化的应对本能，当局对俄国激进运动的渗透逐渐警惕起来。

20世纪初，大量俄国人流入上海，而难民尤多，上海政府不得不尽力应付。1922年时，竟有大量俄难民被军舰运送至上海，"上海八日电：昨有俄国史达克上将率领俄船五艘，装载海参崴难民由朝鲜开抵吴淞。闻此外尚有俄船十艘亦将来沪"③。然而难民无法安置，只能长时间待在船上。"天气炎热，住居舰中，深恐发生疫疠，易滋蔓延……日前由该局（俄车务局）备款二百元作分配警士饷薪及一切杂用开支之需……滞留沪滨者为数不少，若辈生计困难，衣食难继，

---

① 马蜂. 流亡人的狂欢 [N]. 申报，1937-04-09.
② 任武雄. 1920年陈独秀建立的社会主义研究社 [J]. 党史研究资料，1993：12-16.
③ 俄国崴埠难民抵沪 [J]. 国际公报，1922（3）：50.

<<< 第四章 偶然与必然：近代上海历史整体中的南昌路

且于社会安宁亦不无关系。"①一方面安置俄侨不易，另一方面遣送俄侨归国也相当困难。但日子总还是要过的，留下的日子自然很艰辛。再加上俄国人似乎信誉不好，有的银行明确不愿意贷款给俄侨，"彼等全恃逐日门市收入以给开支，设一旦进货或门市清单时，即有捉襟见肘之虞，尤以俄侨信誉未孚，银行类多不愿与以经济上之辅助"②。幸"人而能群"，在沪俄侨渐趋规模后，他们也会组织自救，组织俱乐部。据《中国导报》一则报道称："组织上海苏联公民俱乐部之发动团，邀请住沪之一切苏联公民参加组织大会，该会将于十二月十三日（星期日）上午十时，在北四川路五二三号'上海大戏院'举行。入场时请示苏联护照。"③经过十多年的经营，进入20世纪30年代，在沪俄侨的生活才开始有所起色。

借着人员众多，各色背景的俄国人都有可能混杂其间，尤其是"过激党"，即布尔什维克，很早就引起中国和租界当局的警觉。1919年3月初，江苏特派交涉公署接北京政府外交部电令："准驻俄公使电称，俄国过激党密在东亚扰乱，诚恐蔓延，请饬各机关慎密防范。"江苏特派交涉公署随即转函各机关查照。④同年4月，淞沪护军使卢永祥也接获了外交部电令，让其密查俄国过激党在沪活动情况。同年10月，淞沪护军使又接到北京政府国务院《关于限制过激党办法》的通电，要求对过激党"邮件不与寄送""航海不准通行""银行团不供借款""各国禁与通商""拒绝购置军械"。⑤1920年2月13日，淞沪护军使又接到了北京政府陆军部关于查究过激党之咨文，该文称："据宪兵第三营报称：探闻现有某国过激党来沪联络中国工党首领，及某工会主任等，在法租界贝勒路（今黄陂南路，距南昌路一步之遥）原总会地址，组织农工联合会，以厚其势力。"⑥

1920年，北洋政府对全部俄侨进行了专门的管理，但最多是一种日常监督意义上的管理。⑦至1923年，北洋政府外交部再次对俄侨管理制定了专门的办法，尤其突出了对"过激党"的排查，"密查"转为"明察"。"近来，俄国侨

---

① 留沪俄侨问题[J]. 国际公报，1924（32）：74.
② 与俄侨往来非绝对无希望[J]. 海光，1930，2（12）：32.
③ 无题[J]. 外论通信稿，1936（1679）：1.
④ 防范俄国过激党之蔓延[N]. 申报，1919-03-14.
⑤ 限制激党办法之院电[N]. 申报，1919-11-01.
⑥ 查究过激党之陆军部咨文[N]. 申报，1920-02-15.
⑦ 无题[J]. 兴华，1920，17（45）：21.

民居留中国各地者往来靡定,殊无查考,且难免不有过激派混杂其间,于华人治安问题关系甚巨。兹为预防起见,特规定取缔俄居民规定五项,通电各省查照办理:(1)俄人入境居留者需领居留执照;(2)俄人领请执照者,须查明非过激行为,方准发给护照;(3)居留照征费两元印花一角;(4)不领执照者,照违背国际公约处罚;(5)出镜各民须将执照缴销。"①"须查明非过激行为",方准发给护照,这显然是当局感受了"马克思主义的幽灵"在中国上空的飘荡带来的威胁了。其实,布尔什维克在上海的活动本身也不再是秘密了。1920年3月,《时报》转载《上海泰晤士报》报道,"过激派人已在虹口及法租界旅馆内设立机关,而在中国人中散布过激主义……又查俄人在租界外已立印刷所发行各印刷品云"②。

所以说,布尔什维克与中国共产党在上海的活动,即使是在租界内的活动,虽然较为自由,但其实是相对的。比如1921年,马林一到上海,就接到了必须到荷兰领事馆报道的通知,他随后在南昌路一带的活动,全都受到了租界当局的严密监视。总的来说,革命终究是革命,虽有孕育环境的优势,但仍是非常艰难的。

三、租界的意义:中国革命的机遇

租界对于中国革命,的确有不一样的意义。租界是帝国主义的象征,国家无能的表现,所以革命势在必行。然而,革命又不得不需要中立地带作为根据地,于是租界又鬼使神差地成了第三方势力,成了革命的策源地。

前面已经说过,租界在物质生活上是先进的,思想文化上是多元的,因此具有一定的现代性,而现代社会的一个重要特点就是互不干涉,即陌生人社会。陌生人社会意味着其中的成员将不太关注彼此的秘密,这一特点对于革命政党的孕育具有一定的前提性的意义。

租界早期便已经出现了陌生人社会的端倪。19世纪末,有人也想在上海搞保甲制度。所谓保甲,就是以"户"为基本单位,十户为甲,设甲长;十甲为保,设保长。保甲始于宋代,是依托宗族社会形式的一种政治制度,一直延续到清代。很显然,这一制度的潜在条件是,必须建立在熟人社会的基础上。然而,租界里的上海人,非但互不沾亲带故,就连相互熟识的热情都没有。1883

---

① 无题[J]. 国际公报,1923(44):83-84.
② 俄侨实行传布过激主义[N]. 时报,1920-03-24.

年的《申报》对这一现象进行过描述，说："竟有同在一弄，甚至同在一门，而彼此姓名不知，见面不识，问以尔之邻何氏而茫然，问以尔之邻何业而又茫然，问以尔之邻共有几人，而无不茫然。问此则此然，问彼则彼亦然。"① 该文还对上海居民的特点进行了高度概括，一是高度异质性，即人员构成多元；二是高频流动性，即市民迁居频繁；三是极端疏离性，即邻里之间也互不深交。陌生人社会不算是个贬义词，它有它形成的原因，也有它导出的有益的价值。比如熊月之先生认为，近代上海人具备的一些特点，如独立、自由、务实、自强、好学、创新、法治、爱国等。② 虽然陌生人社会看似非常冰冷，但无形中塑造了上海市民的独特个性，或者说是，不得不独立、不得不务实、不得不自强，而能力得到培养以后，自然也就自由了、创新意识也就强起来了，法治观念也就加深了。所以说，这些有益的特点的形成，与租界里的陌生人社会有极为密切的关系。

除了社会特点，租界之所以为租界，还有它独特的政治特点，也就是在行政执法上游离于中国中央政府，即所谓的治外法权。袁世凯死后，北洋政府宣布解除党禁，原来遭到通缉的革命人士都能够公开身份活动了，只要不是明目张胆地搞反政府暴动，租界当局都不会过分干涉。法租界的管制尤其松懈，因为相比于公共租界，法租界的工商业发展不算发达，税收较少，因此对某些特殊的违法犯罪甚至还比较纵容，比如大烟、赌博、娼妓等，因为公董局能从中获利，不受中国中央政府约束。因此，法租界对于地下组织的活动特别合适。

当时，孙中山在上海法租界的活动就是非常安全的，并无生命危险之虞。比如他在给孙科的一封电报中提到："已与法国领事交涉好，上海可以居住。"③ 1918年时，孙中山从广州返回上海前，已在法租界的家门口雇用了巡捕站岗。雇佣巡捕这在当时的法租界是可能的。上海的《关声》杂志在1933年刊登的一则法租界里的房屋租售广告，罗列了很多优点，其中一条是环境安全，文曰："弄堂口雇有巡捕，日夜守卫，对于住户安全，保护秘密。"④ 可以看到，巡捕不仅仅是一种公共资源，原来只要出钱，也是可以受雇于私人的，雇主是谁并不是太重要。

---

① 论上海办保甲之难[N]. 申报, 1883-07-16.
② 熊月之. 红色文化形成于上海, 与江南文化海派文化的关系一如树木之于土壤[N]. 文汇报, 2018-05-09.
③ 孙中山. 致孙科函[M]//孙中山全集: 第4卷. 北京: 中华书局, 1985: 485.
④ 无题[N]. 关声, 1933, 2 (7): 32.

租界游离于中央政府是一把双刃剑,一方面,对革命人士管得都不太严,另一方面,对中方的行政执法甚至可以出现蔑视。此时,对于租界内的中国人来说就未必是件好事了。1905年末,上海会审公廨爆发了一起轰动一时的华洋冲突事件。这一年末,广东一官员眷属黎黄氏由川返粤时,遭所乘之船的海员敲诈未遂,途经上海时,该海员便通过船上的神父向上海公共租界的巡捕诬告黎黄氏为人口贩子。于是,在客轮靠岸后,工部局巡捕房遂扣押了黎黄氏及其仆从20余人。2月8日,公共租界会审公廨对这起案件开庭审理。会审公廨于1868年成立,当初订立的规矩是,租界内若有华人犯罪,则由华人审理;洋人犯罪,则由洋人审理;若牵扯到华洋冲突,则共同审理。然而,在黎黄氏这个案子上却出了问题。黎黄氏案是典型的纯粹华人案件,因此,时任华方会审官的关炯之进行了审判,最后认定,黎黄氏案证据不足。在他判处将黎黄氏诸人关押在会审公廨女押所等待进一步侦查的命令刚刚发布时,冲突随后爆发了。时任英国陪审官的德为门(B. Twyman)大声说道:"此案固然需要做进一步调查,但犯人必须由捕房带回。"关炯之以会审章程未有相关规定为由,拒绝了德为门的要求。随后,双方僵持不下,竟然演变成了严重的肢体冲突。① 最终,黎黄氏等还是被强行押往工部局巡捕房监狱关押。这件事激起了民怨,上海道台、江苏巡抚到总理衙门都关注了此事,并向英国领事发去了照会,然而中方反被倒打一耙,被指中方会审官心存偏见,遂酿成冲突。之后,上海民众的抗议一浪高过一浪,从统一罢市、示威游行到捣毁工部局巡捕房,然以民众的死伤无数告终。

这个事件充分说明了治外法权的两面性,外国领事对于租界内涉及中国与中国人的事务的干涉,有极大的选择权。因此,这对于地下组织的活动是相当有力的,只要地下组织暂时不侵犯到洋人的利益,洋人必定会选择睁一只眼、闭一只眼。

因为上海的地下活动有社会和政治两个条件,所以,比起中国的其他地方,上海对于革命人物显得特别开放。这一点,在从参加中共一大的各地代表的身份上,表现得特别突出。除了京沪两地的代表,其余小组都是该组所在省份的人为代表,比如武汉小组成员有董必武、陈潭秋,济南小组的成员是王尽美、邓恩铭,长沙小组是毛泽东、何叔衡,广州小组是陈公博,而上海小组代表为李达(湖南)、李汉俊(湖北)、北京小组代表为张国焘(江西)、刘仁静(湖

---

① 马长林. 1905年大闹会审公堂案始末[J]. 档案春秋,2007(4):44-49.

北），他们不是本地人，但却可以作为本地代表，并无不妥。上海的情况，应该说，与租界的存在有密不可分的关系。

其实，活跃在租界内，尤其活跃在南昌路区域的革命人物，除了这些有共同理想的中国人外，还有一个特别值得一提的外国人。时人赞赏他对革命活动的义务宣传以及工作成效，把他引为同志，但他其实不是苏俄或共产国际的工作人员，不领取苏俄和共产国际的任何津贴，共产国际档案中也没有留下他的名字，甚至一些正统的布尔什维克对他还有所怀疑。然而，上海租界警察当局和英国情报部门却始终把他当作"布尔什维克的代理人"和"狂热的布尔什维克工作者"，并对他实行严密监视。这个人叫作李泽诺维奇，一名拥护苏维埃政权的俄国籍的犹太人。

李泽诺维奇于1917年到上海，狂热地宣传布尔什维克，并为上海进步人士与苏俄派来的人牵线搭桥，英国工人运动的代表人物、国际主义者潘克赫斯特与孙中山之间的沟通，也是通过他实现的。出于宣传的需要，他与新渔阳里的《星期评论》和华俄通讯社都有很深的交情。李泽诺维奇积极地把大量西方共产主义宣传品引进中国。比如李汉俊翻译发表在1920年4月30日《星期评论》上的《强盗阶级——肖伯纳赞美布尔什维克》及其翻译的发表在《新青年》第八卷第二号上的《俄罗斯同业组合运动》，都是由李泽诺维奇提供的；《星期评论》"劳动节纪念号"上刊登的《五一》一文，则是由李泽诺维奇撰写的。他还为华俄通讯社提供《每日先驱报》《呼声报》《纽约呼声报》等多种西方刊物，由通讯社将相关文章译成中文后，分发给中国的各类报纸。李泽诺维奇对布尔什维克宣传的积极性还表现在改变他人的思想上，据相关档案解密，1920年9月，李泽诺维奇与几名俄国布尔什维克在一次有无政府主义者参加的会议上，竭力说服与会者改变思想，信奉布尔什维克，当时甚至通过了一项无政府主义者与布尔什维克合作的提案。①

由此可见，租界特殊的社会生态与政治生态，使之成为一个特别能容人的地方，尤其对异议分子的包容，对于革命活动来说实属难得。有趣的是，浸淫其中的革命者们本身也表现出了高度的包容性。熊月之先生指出，当时的政治精英们在倡导各自的主义时，彼此能包容，交叉重叠，都是很平常的，熊先生

---

① 李丹阳. 红色俄侨李泽诺维奇与中国初期共产主义运动［J］. 中山大学学报（社会科学版），2002（6）：59-70.

称之为理论混沌的年代①。比如戴季陶既倡导三民主义，也宣传马克思主义；既找陈独秀商讨，也找孙中山合作；李汉俊、邵力子、胡汉民、沈玄庐等都是游走于马克思主义与三民主义两种主义之间的人物。其实，与其说他们的理论是混沌的，不如说是社会存在决定了社会意识。

  然而，不得不说的是，革命在租界内孕育诞生有其必然性，但发生在俄侨聚居区，却也实在有高度的偶然性。陈独秀最早来到老渔阳里居住，仅仅是因为好友柏文蔚的府邸在此；孙中山的宝昌路行馆在此，完全是由陈其美为他安排的；毛泽东则是循着陈独秀而来的。可见，没有人是因为俄侨聚居区而选择在此搞社会主义。但是阴差阳错，历史的偶然性把巧合的内生价值发挥到了极致，成为社会革命的引擎，激发出一股强劲的力道，彻底改写了中国近代、现代乃至未来的历史。

---

① 熊月之．中共"一大"为什么选在上海法租界举行——一个城市社会史的考察［J］．学术月刊，2011（3）：104-108.

第五章

多伦路区域红色文化挖掘推广的他山之石

"他山之石,可以攻玉",要深入认识南昌路区域历史文化价值,开发南昌路区域的整体红色资源,我们需要借鉴已经成熟的区域红色资源挖掘项目以为"他山之石"。上海市在注重保护、修缮多伦路红色遗迹的同时,高度关注发掘与之相伴的红色历史,持续发扬、推广与之俱存的红色文化。目前,上海市已开发出一批成熟的集党员教育、社会价值观教育以及城市红色旅游等于一体的,以"现场教学"为载体的,区域红色文化品牌。经过比较研究,我们发现,与南昌路区域情况极为相似的是多伦路区域的红色文化状况,而且目前多伦路现场教学的开发已经相当成熟,若能借鉴好这样的优秀经验,再结合南昌路区域的实际情况,必将进一步推动南昌路区域红色文化资源的挖掘与发扬光大。

第一节 红色文化的基石与积淀

虹口区的多伦路是一条五百多米长的小路,呈一个 L 型,静静地躺在法租界的最深处。一路上的复古小洋楼,青色与红色,深受法国文化熏陶。然而,以多伦路为中心的区域文化却毫不小资,而充满了红色传奇。可以说,这是一条深刻烙着中国共产党秘密战线印记的小路。"中国共产党的战斗历程不仅包括正面战场的正面斗争,也包含着白色恐怖下隐蔽的城市斗争。我党早期城市斗争对正面斗争发挥着巨大的支持作用。大批优秀革命者曾经默默无闻地从事地下斗争,留下了无数可歌可泣的革命故事,他们的革命精神值得代代相传。目前的党性教育基地中,以'城市斗争'为主题的现场教学基地尚不多见"[1],而作为其中珍贵的代表,"多伦路的红色记忆"示范性党性教育基地却有二十几处。

---

[1] 中共上海市委组织部. 建设示范性教育基地 把握党性教育规律——以"多伦路的红色记忆"党性教育基地建设为例 [J]. 党政论坛, 2015 (4): 21-24.

虽然是中国共产党早期城市斗争的著名"红色印记",但多伦路的历史并不悠久。在20世纪的初期,多伦路还是宝山县一处不起眼的无名小浜。其后,随着淞沪铁路和北四川路的建成,这一地区才逐渐发展起来,并由此引起了一些外国人士的关注。1911年,英国传教士窦乐安在这里进行规划建设,并以自己的名字予以命名——"窦乐安路"。而多伦路也因此有了自己的前生。

1943年7月30日和8月1日,当时的上海市政府通过努力,先后收回了法租界和公共租界的管辖权。同年10月1日,又将租界中的街道进行更名,窦乐安路也正是在此期间,以内蒙古自治区多伦县为名,改作多伦路。自此之后,其传奇的历史也就逐渐展开。

一、公啡咖啡馆遗址

说来也是有缘,上海的第一家独立营业的咖啡馆,也是在虹口区,叫作"虹口咖啡馆"。其后咖啡馆的发展比较缓慢,"到20世纪初期,独立营业性的咖啡馆数量还很少。据1918年的《上海指南》记载,'上海有西餐馆35家,而咖啡馆只登记了一家'。直到1920年以后,独立营业性的咖啡馆才大量出现"①。公啡咖啡馆也是于此时建立起来的,由于其经营者的精心设计,被称为老上海装修最小资的咖啡店之一。2006年1月5日,虹口区人民政府公布并确认了公啡咖啡馆遗址——多伦路8号。一个富有浪漫情趣,常被用来约会闲谈的休闲娱乐之所,如何成为"革命咖啡店"(鲁迅戏称)的?

实际上,20世纪二三十年代的上海,随着国民党对革命力量的逐渐高压,城市革命斗争逐步转入地下。公啡咖啡馆逐渐走入革命者的视野。一是由于其地处租界之内,算是处在三不管地带,"租界本身就是英、法、中国权力控制的边缘地带,距离英、法、中国权力中心都特别远"②。因此具有较好的迷惑性和隐藏性。二是由于中国人没有喝咖啡的传统,咖啡馆的活动就更不太引人注意了,"公啡咖啡馆是外国人开的,因为这个地方一般中国人是不去的,外国人对喝咖啡的人又不大注意,开会比较安全"③。三是咖啡馆无疑也是先进思潮的物质载体,"上海咖啡馆是西方文化的移植,也必然和时尚、自由、现代、革命联系在一起,而当时上海的左翼思想和共产主义思想,也代表了一种先进、革命

---

① 陈文文. 1920—1940年上海咖啡馆研究[D]. 上海:上海师范大学,2010:8.
② 熊月之. 异质文化交织下的上海都市生活[M]. 上海:上海辞书出版社,2008:4.
③ 郑伯奇. 沙上足迹[M]. 哈尔滨:黑龙江人民出版社,1999:144.

和时髦,这些思想正好与咖啡馆所象征的现代、革命相一致"①。所以,革命者渐渐将其作为革命活动的掩护场所,进行秘密会议的召集和革命活动的策划地。公啡咖啡馆的红色历史也就依次拉开了序幕。

著名的左翼作家联盟在成立之前,多次的筹备会曾在公啡咖啡馆召开,最初的左翼作家联盟策划人,阳翰笙和潘汉年就曾共同商议,"决定在公啡咖啡馆中召开党员会议"②。夏衍也曾回忆,"筹备会一般每周开两次,有时隔两三天,地点几乎固定在公啡咖啡馆二楼一间可容十二三人的小房间"③。鲁迅更是用文学的语言写道:"洋楼高耸,前临阔街,门口是晶光闪烁的玻璃招牌,楼上是'我们今日文艺界上的名人',或则高谈,或则沉思,面前是一大杯热气蒸腾的无产阶级咖啡。"④

1930年2月16日,左翼作家联盟筹备会召开,这会议就是《萌芽月刊》上所报道的"上海新文学运动者讨论会",在公啡咖啡馆召开,鲁迅出席了会议,并在会上发表讲话。据《鲁迅日记》记载,"午后同柔石、雪峰出街饮咖啡"⑤,就是指到公啡咖啡馆去参加左翼作家联盟筹备会。其后,鲁迅还经常在公啡咖啡馆接待文学青年并与之亲切交谈。据老作家魏猛克回忆:"1933年我参加左联不久,周起应周扬带我到内山书店见到了鲁迅,一同到马路对面一个挪威人开的公啡咖啡店去谈话。这个咖啡店比较僻静,鲁迅常在这里跟文学青年交谈,是值得纪念的地方。"⑥ 由此可知,公啡咖啡馆必将在红色革命史上留下不可磨灭的印记。

二、中华艺术大学

"中国左翼作家联盟"虽然常在公啡咖啡馆进行筹备,但其真正的成立地点却在中华艺术大学。1930年3月2日,"中国左翼作家联盟"在位于多伦路201弄2号的中华艺术大学一间教室里秘密举行了成立大会,与会者自然也包括鲁迅。

地处窦乐安路233号(今多伦路201弄2号)的中华艺术大学旧址,是一

---

① 陈文文. 1920—1940年上海咖啡馆研究[D]. 上海:上海师范大学,2010:84.
② 阳翰笙. 风雨五十年[M]. 北京:人民文学出版社,1986:133.
③ 夏衍. 懒寻旧梦录(增补本)[M]. 上海:生活·读书·新知三联书店,2006:99.
④ 张直心. 革命咖啡店与当下新锐批评[J]. 鲁迅研究月刊,2001(10):78-80.
⑤ 鲁迅. 鲁迅全集:卷14[M]. 北京:人民出版社,1981:810.
⑥ 魏孟克. 回忆左联[M]//左联回忆录. 北京:中国社会科学出版社,1982:390.

幢砖木结构的三层楼花园洋房，建于1929年。但是，它并不是中华艺术大学的出生地，中华艺术大学初创于1925年，是由上海艺术大学的部分学生，在其老师陈望道、丁衍庸、陈抱一等老师的支持下建立起来的。最初的校址在闸北区青云路广益里，1927年搬迁至江湾路花园街；1929年，因为经费不足，由中国共产党的地下组织接管这所学校，陈望道任校长，夏衍任教务长，教师中有陈抱一、许幸之、郑伯奇等。此后，中华艺术大学就逐步成为培养进步文艺青年，开展革命文化宣传与实践的重要场所。

"中国左翼作家联盟"在多伦路201弄2号的中华艺术大学的成立大会上，通过了《中国左翼作家联盟理论纲领》，为左翼作家之后的革命活动指明了方向，极大地促进了上海乃至全国革命事业的发展。其中号召与会左翼作家，要"站在无产阶级的解放斗争的战线上"，把文艺"作为解放斗争的武器"，向"帝国主义的资本主义制度"作斗争，旗帜鲜明地提出："我们的艺术是反封建阶级的，反资产阶级的，又反对'稳固社会地位'的小资产阶级的倾向。我们不能不援助而且从事无产阶级艺术的产生。""为人类社会的进化，清除愚昧顽固的保守势力，负起解放斗争的使命。"同时，《中国左翼作家联盟理论纲领》还要求左翼作家"支持世界无产阶级的解放运动，向国际反无产阶级的反动势力斗争"①。这份纲领充分表明了当时左翼作家明确的革命理想，也确定了当时左翼作家的行动指南。对此，鲁迅给予充分肯定，并在此次大会上发表了《对于左翼作家联盟的意见》的重要讲话，成为《中国左翼作家联盟理论纲领》的重要补充，该文对左翼作家们的呼吁至今犹在耳畔，值得怀念。比如，其中提出的，要"对于旧社会和旧势力的斗争，必须坚决，持久不断，而且注重实力"，"我们要造出大群的新的战士，但同时，在文学战线上的人还要'韧'……要在文化上有成绩，则非韧不可"，"我惟希望就是在文艺界，也有许多新的青年起来！"②

三、鲁迅旧居

鲁迅对于中国革命的意义，是毋庸置疑的；对于中国人民的价值，也同样是毋庸置疑的；他的旧居对于后世了解伟人、缅怀伟人，也自然是毋庸置疑的。

---

① 中国左翼作家联盟的理论纲领[J]. 纪念与研究，1980（0）：7-8.
② 艾克恩. 发现人才培养人才——学习鲁迅教诲的联想[J]. 文艺研究，1980（3）：62-66.

＜＜＜ 第五章 多伦路区域红色文化挖掘推广的他山之石

1927年10月3日，鲁迅和许广平从广州来到上海，暂住在长耕里689号（现延安东路158弄）的共和旅馆。本来只是将其作为一处中转站，在10月4日写给台静农的信中还提到"我现在住在旅馆，三两日内，也许往西湖玩五六天，再定何处"①。但是，也许是看中了上海的繁华开放，也许是看中了上海工人阶级的蓬勃发展。三天之后，鲁迅就决定暂住在上海，并于10月6日和其三弟周建人一起去看房。几经比对，选定了景云里23号（今横浜路35弄），后搬至17号。

据许广平后来的回忆，"1927年10月，鲁迅和我初到上海，住在共和旅店内，建人先生天天来陪伴。旅店不是长久居住之处，乃与建人先生商议，另觅一暂时栖身之所。恰巧建人先生因在商务印书馆做编辑工作，住在宝山路附近的景云里内，那里还有余房可赁。而当时文化人住在此地的如茅盾、叶绍钧，还有很多人等，都云集在这里，颇不寂寞。于是我们就在1927年10月8日，从共和旅馆迁入景云里第三弄的最末一家23号居住了。（后来让给柔石等人居住）"。当时因为事出仓促，并没有购置多少家具，加之周围环境也不大安宁。于是，在"1928年9月9日移居到18号内，并约建人先生全家从一弄原来的住所搬在一起"，时隔不久，"听说隔邻十七号又空起来了，鲁迅喜欢它朝南又朝东，因为它两面见到太阳。是在弄内的第一家。于是商议结果，又租了下来，并拟在17—18号之间，打通一木门，为图两家来往方便，就从18号出入"②。

鲁迅在景云里居住期间，也就是1927年10月8日至1930年5月11日，近三年的时间。不仅结识了冯雪峰、柔石、殷夫等共产党员和文学青年，结交了内山完造、史沫特莱等外国友人，还与郁达夫合编《奔流》，与柔石等组织新文艺团体"朝华社"，创办《朝华》周刊、旬刊，以及《艺苑朝华》，编辑《近代世界短篇小说集》，并与冯雪峰合编《萌芽月刊》。而且主动发起并参与中国自由运动大同盟和中国左翼作家联盟筹备与建立工作，且由此机缘，被推为中国左翼作家联盟的主席团成员、常务委员。其间，多伦路景云里作为鲁迅的居住地，默默地见证了这些伟大的红色历史，并将其完好地记载了下来，供我们后人凭吊纪念。

---

① 鲁迅. 鲁迅书信集：上卷［M］. 北京：人民文学出版社，1976：165.
② 许广平. 家深处是景云［M］//鲁迅的写作和生活——许广平忆鲁迅精编. 上海：上海文化出版社，2006：152-154.

四、其他红色旧居

横浜路35弄11号甲。1929年2月,一个被称作"影响鲁迅的人"[1],冯雪峰迁入已去日本的茅盾家三楼,即多伦路景云里(今天的横浜路35弄11号甲)。茅盾也回忆道,"我去日本后,三楼空了出来,德沚就让冯雪峰来住,德沚知道雪峰家里很穷,没有要他的房租"[2]。搬到景云里后,冯雪峰和鲁迅的17号是斜对面。作为一名早期的共产党员,冯雪峰与鲁迅的接触多了起来。其中,既有组织的原因,也有个人的需要。

作为组织的原因,因为对鲁迅的深刻理解,冯雪峰被组织安排为当时的党组织与鲁迅的联系人,搬入德云里的第一个任务,就是接受时任中共中央宣传部干事兼文委书记潘汉年的命令,去同鲁迅沟通,建立左翼作家联盟。"1929年10月,冯雪峰去鲁迅家'做工作'去了,鲁迅表示完全同意成立'左联',说'左联'二字很好,旗帜可以鲜明一点。在冯雪峰的积极沟通和促成下,'左联'顺利地成立。他还把鲁迅在成立大会所发表的演说整理成《对于左翼作家联盟的意见》一文,经鲁迅过目后,发表在他主编的《萌芽月刊》第1卷第4期上,成了当时左翼文艺运动的重要文献。"[3]

作为个人的需要,据冯雪峰个人回忆:"我那时正在从日本文译本转译马克思主义的文艺理论作品,碰到的疑难,没有地方可以求教,知道鲁迅先生也在从事马克思主义文艺理论的翻译工作,所根据的也是日本文译本,所以我去见他,是想请他指教,并且同他商量编一个马克思主义文艺理论的翻译丛书。"[4]其后,两人就经常在鲁迅景云里的家里交流思想,商量工作到深夜。直至1930年,冯雪峰随鲁迅迁出此处。

正如前面所提及的,还是在横浜路35弄11号甲,为躲避国民党的通缉,中国现代文学巨匠之一,茅盾也曾隐居在此,从事文学创作。其间,他先后撰写了《幻灭》《动摇》《追求》三部曲,并开始正式使用"茅盾"这一笔名。不

---

[1] 张小红. 文坛之光:文化名人踪迹寻[M]. 北京:百家出版社,2000:115.
[2] 包子衍,袁绍发,郭丽卿,等. 茅盾回忆"左联"时期的冯雪峰[M]//冯雪峰纪念集. 北京:人民文学出版社,2003:467.
[3] 斯静吉. 20世纪30年代上海多伦路的文学现象[D]. 上海:华东师范大学,2010:40.
[4] 冯雪峰. 回忆鲁迅[M]//鲁迅博物馆. 鲁迅回忆录:中册. 北京:北京出版社,1999:551.

仅如此，在这一时期，茅盾还应叶圣陶之约，写了《鲁迅论》，并刊登在《小说月报》，树立了正确评价鲁迅的第一块界石。

同样是在横浜路35弄11号，作为五四文学作家的叶圣陶，也曾于1927年5月搬至此处。在此居住期间，叶圣陶在《小说月报》与商务印书馆专职编辑。通过"奖掖新人，提携后进"，一大批进步作家处女作经他手而发表，有丁玲、巴金、茅盾、施蛰存等。此外，寓居多伦路时期，也是他作品质量登上高峰的时期。其长篇小说《倪焕之》，无疑在我国现代文学史上占有重要地位。而短篇小说《多收了三五斗》，半个世纪以来也一直被选入语文教材。

多伦路189号，是一幢砖木结构的沿街房屋，坐西朝东假三层，二楼有阳台。1927年，中国共产党早期杰出的无产阶级革命家赵世炎居住在二楼。这位被李大钊所器重的"一把好手"，曾组织和领导上海工人三次武装起义，"创造性地把马列主义工运理论与中国的工人运动实践相结合，提出要坚持党对工人运动的绝对领导的原则，丰富和发展了我党的工运理论，在我党早期的工人运动中起了极其重要的指导作用"[①]。然而，就是这样一位伟大而睿智的革命者，却由于叛徒的出卖，将人生最后的精彩阶段留在了上海，留在了多伦路。

201弄89号，是郭沫若于1927年11月至1928年2月间的隐居之所。这是一幢朝西二层楼弄堂房子，因当时周围居住的大都是日侨，而郭沫若的妻子安娜正好也是日本人，为了便于隐蔽，在郭沫若来上海之前，安娜便携儿带女顺长江而下，在此租住了下来，之后郭沫若来到上海，便和家人生活在这里。

横浜路35弄23号，也曾经是柔石（1902—1931年）的故地，作为"左联五烈士"之一的他，因与家乡农民起义有牵连，于1928年逃至上海，并与鲁迅结识。同年9月，鲁迅便把自己曾经居住的景云里23号转让予他居住，而自己则搬到18号。此后，在鲁迅的指导下，柔石担任了《语丝》编辑，出版《朝华》周刊、旬刊及《艺苑朝华》，修改出版长篇小说《旧时代之死》，创作小说《为奴隶的母亲》《二月》，诗《血在沸》，出版小说集《希望》等作品。可以说，这个寓所是柔石的成长之地。

此外，多伦路上还有一些其他的名人住所。比如多伦路93号，一座砖混结构建筑，面朝南，沿街而造，建筑面积920平方米，在整条街中算是一栋体量较大的独立花园住宅，所附花园面积多达200平方米。此地就曾是社会活动家、

---

① 李燕. 坚持党对工人运动的绝对领导——赵世炎与上海工人运动［J］. 苏州职业大学学报，2002（4）：27-30.

著名民主人士王造时的住所。王造时早年曾在清华大学求学，1919年在北京参加五四运动，20世纪20年代出国深造，在美国威斯康星大学取得政治学博士学位。1930年返沪后，积极从事抗日救国运动，先后担任光华大学文学院院长和政治系主任、国难会议议员、中国民权保障同盟上海分会宣传委员、上海各界救国联合会常务理事、全国各界救国联合会常委、执行委员等社会职务。1936年11月，同沈钧儒等被国民党逮捕，是当时著名"七君子"之一。抗战胜利后至1950年，王造时都寓居于此，并创办了自由出版社和前进中学。

广东人陈仲篪于20世纪20年代建造的具有明显罗马风格的别墅——多伦路208号；广东商人李氏兄弟20世纪20年代建造的法国新古典主义建筑——多伦路210号，曾经的白崇禧寓所（人称"白公馆"）；由广东商人李观森于1924年建造的略带有地中海风格的建筑——多伦路215号，这三栋楼于1937年"八一三"战争后，被日军强占，先后成为汪伪中华民国南京维新政府行政院长梁鸿志官邸，及日本海军陆战队司令官宿舍。这三栋建筑，同样保存了是中国近现代民主革命斗争的鲜活记忆。

多伦路作为上海发展的缩影，曾有"一条多伦路，百年上海滩"的称誉。在其形成发展过程中，夹杂着中国的积贫积弱与外国入侵者的无尽贪欲，使得各方势力在不断地相互侵夺，又不断地相互促进的过程中，形成了以公共租界、华界和日本势力相互交错的，以多伦路为中心的独特地理空间。在此空间里，经济、文化、政治生态都得到了一定程度的发展，形成了一个较为开放的领域。而当时正处于弱小地位的中国共产党及其中国共产党人，也在此找到了发展自己、宣传革命、引导人民的活动场所。红色印记，也就在这样的发展、宣传、引导中不断产生、深化，并永久地留存下来，成了今天我们感受先烈精神、陶冶革命情操、坚定理想信念的红色阵地。

漫长的历史毕竟已经成为过去，辉煌的事迹也不再如往日那般清晰。如何将这条革命街道中的红色印记重新激活，使其不再只是静静地矗立在那里，无论是上海市，还是虹口区政府都付出了巨大的心力。可喜的是，多伦路文化的推广，如今已取得一定的成绩。

第二节　红色文化的继承与推广

传承红色文化，发扬光荣传统，用足用好多伦路的红色文化资源，这是一项长期课题。近年来，上海市政府及虹口区政府对多伦路及附近街道的红色文化资源保护推广的重视不断加强，工作成效明显并呈现良好发展态势。"以打造建党历史资源高地、建党精神研究高地、建党故事传播高地为抓手，增强品牌意识，抓好顶层设计，整合相关资源，加大工作力度，努力使上海成为彰显建党初心、弘扬建党精神的党员'朝圣地'和红色底蕴十分鲜明、多元文化交相辉映的旅游目的地。"[1] 这是上海市政协文史资料委员会在2020年三月的一项课题研究中，对上海红色资源开发与党建工作的精准定位。如果细加琢磨，将其用在多伦路的红色文化资源的保护利用宣传中，其实也是同样适合的。

一、以史为鉴，讲好故事

多伦路作为"中国左翼作家联盟"诞生地，文化名士的曾住地，红色文化的酝酿地，是中国共产党历史的伟大起点之一，也是中国共产主义革命的出发地之一。从某种意义上讲，它既安放着中国共产党人的精神家园，也积聚着中国共产党人的初心所在。因此，通过再现真实的历史场景，还原真实的革命故事，讲好革命先烈、志士仁人为中华民族独立和人民解放可歌可泣的奋斗故事，重塑共产党人宣传革命思想、播种理想信念，带领进步青年与各族人民奋力实现中华民族伟大复兴中国梦的不朽征程，也就自然成了多伦路红色文化宣传的题中应有之义了。

2019年3月3日，为纪念"左联"成立89周年，上海市虹口区在多伦路以"致敬左联，以戏剧之名"为题，举行了首届"多伦青春集"主题活动。活动当日，当代的新青年们，运用戏曲的形式致敬先贤，重新再现曾经在多伦路发生的光辉历史，借以体现新时代年轻人的爱国热情与革命情怀。

89年前的3月2日，一群心怀革命理想的热血青年，为拯救国家危难、民族危亡，聚集在中华艺术大学校舍（多伦路201弄2号），在鲁迅等革命导师的号召与引领之下，共同成立"中国左翼作家联盟"，以笔为戎，开展革命文学创作，宣传马列文学理论，使得红色文化这一新的文化形式得以在中国生根发芽，迅猛发展。不仅广泛地启迪了广大民众的救国热忱，而且极大地推动了中国革命的蓬勃发展。

而参加2019年"多伦青春集"的当代青年，装扮成历史角色，在多伦路上

---

[1] 上海市政协文史资料委员会课题调研报告. 用足用好上海红色文化资源[N]. 联合时报，2020-03-10.

徘徊、表演。通过沉浸式戏剧、环境戏剧等新颖的戏剧形式，演绎革命青年曾经的峥嵘岁月，再现革命时代曾经的激情澎湃。

作为"多伦青春集"主题活动最青春的力量，北虹高级中学的同学们，经过上海话剧艺术中心专业导演的精心培训和耐心指导，将殷夫、丁玲等8位在虹口斗争生活过的作者作品串联起来，在多伦现代美术馆内出演情景剧《海上初心》，诠释革命作家曾经的爱国情怀，展现了红色文化的独特魅力。这样的形式，不仅感染了欣赏的观众，也深化了小演员们心中的革命印记。一位同学在演出后感言道："通过学习、排练和演绎的全过程，'左联'这个词，对我们而言，再不仅仅是鲁迅、柔石、胡也频、殷夫、李伟森、冯铿这些往昔的人物，更化为了一股淌入我们心头的热血，一种九十年后少年们内心的怀念，一种新时代学生的家国情怀。"①

同学们表示："若不是这次演出机会，我可能亦如以往的自己，机械、无感地阅读这些纸上的文字，他们对我而言可能只不过是一篇阅读理解。而现在，我可以真诚地与同龄人说，表演是可以沟通你我，跨越时空，超越情感的桥梁，声音是可以从一个人的心直击另一个人的内心的。这种体验感观让我们比书本上体会到的深刻程度强烈了何止百倍。真的希望有更多的中学生们能参与到这种活动中，真切地感受表演带来的对历史的新认知。"②

由专业演员在左联会址纪念馆出演的环境戏剧《为了忘却的纪念》，通过脱离传统剧场和传统演出的模式，消除了演员与观众之间的界限，使观众从独立外化的观者，融入戏曲情境之中，在共享的活动中，形成一种体验化的真实感、卷入感。感受鲁迅写下这篇杂文时的悲愤之情，聆听他与五个烈士的灵魂交流。

此外，还有由大路剧社白领青年改编的沉浸式戏剧独幕话剧《咖啡馆一夜》的上映也取得了不错的成效。该剧最早是田汉在22岁时创作的，故事以两个青年的感情发展为线索展开，即盐商之子李乾卿对女主人公白秋英纯真爱情的背叛与亵渎，故事希望以小见大，使人见微知著，认清资产阶级特有的市侩嘴脸与丑恶本性，话剧又希望通过白秋英阶级观念的萌生与觉醒，启发时人以阶级觉悟，体现了作者"由颓废向奋斗之曙光"的理想。《咖啡馆一夜》演出结束后，多伦艺术空间内又举行了《作家在地狱！》剧本朗读会，该剧也以感人至深

---

① "北虹高级中学学生参演首届'多伦青春集'主题活动之《海上初心》"[EB/OL].
上海虹口政府门户网，2019-03-02.
② "北虹高级中学学生参演首届'多伦青春集'主题活动之《海上初心》"[EB/OL].
上海虹口政府门户网，2019-03-02.

的故事情节，酣畅淋漓的表现形式，赢得了观众的一致好评。

正是由于2019年初举办的"多伦青春集"的成功经验，虹口区再接再厉，又将这一活动打造成全区常态性的文化节日，运用这一创新型的宣传形式，用更具时代新风貌的戏曲方式，生动地讲述了革命故事，鲜活地演绎了志士热情，拓展了红色文化的表现形式。

二、沙龙为轴，深化认识

如果说以戏剧的形式讲好故事，是提升受众的感性认知。那么，以沙龙的形式举办讲座，就是深化观众的理性认识。就学习认识红色文化的全面性、系统性而言，对于红色遗址及附着于其上的红色文化进行宣传推广，不仅需要通过喜闻乐见的形式吸引观者，也需要经过寓教于乐的形式引导观者。只有这样，才能在真正意义上，运用好红色资源，宣传好红色文化，教育好广大群众，引导好社会风尚。

2018年，为了更好地建设虹口区的红色文化示范区，持续开发多伦路红色文化与海派文化资源，促进高质量的红色文艺创作和展演，加强红色文化传播和宣传力度。以多伦路丰厚的红色文艺历史传承为依托，以现当代的热点文艺现象、名家作品为主线，以左联研究的专家学者为骨干，集合众多中外红色文艺爱好者，在中共虹口区委宣传部指导下，经过虹口区文化局、上海长远文化集团、左联会址纪念馆、上海长远文化传媒有限公司、多伦路文化名人街建设管理委员会办公室等多方筹备，正式创办"多伦文艺沙龙"系列活动。以此开展相关学术的信息交流、成果展示、话题讨论、焦点剖析等研究探索，实现对多伦路红色文化的再认识、再开发、再利用，进一步深化对多伦路红色资源的宣传推广工作。

首届"多伦文艺沙龙"，在充满历史意义的左联会址纪念馆（多伦路201弄2号）举行。沙龙当时邀请到著名的鲁迅研究专家上海交通大学特聘教授王锡荣，以"'左联'与左翼文学运动"为题，分几个方面，向与会者深度剖析了"左联"与左翼文学运动的相关情况，重点讲述了"左联"会址纪念馆新版陈展主题的确立、史料的增减、重点的展示，用丰富的资料娓娓道来，一一阐述。比如，"左联"成立时的历史背景和成立过程；左联的组织系统和领导机构；通过对以往亲历者回忆录的分析、探查，为听众廓清了很多长期被误传的历史事实，梳理了大量被掩盖的历史真相。对人们进一步认识"左联"、认识左翼文学运动，提供了新的视角。

之后，与会专家开展了热烈的讨论，复旦大学中文系教授郜元宝、上海交通大学中文系教授张中良、上海戏剧学院教授曹树钧等十多位学者，就王教授的主讲内容，结合自身的研究阐述了各自的看法。

复旦大学郜元宝教授提出，在对"左联"进行研究时，要关注同时期国民党政府的文艺政策和文化运动，虽然和"左联"对立，但并不是相互隔绝，而是互有沟通的。其次，还要注意将左翼文艺运动放在整个中国现代文化运动中去思考，从文学到文艺是一种可能连接新文化的一个转变。上海社科院文学所研究员孔海珠认为，"左联"之后究竟又有多少联也值得关注，因为"左联"对整个时代的影响，具体的数字一直处在变动之中。比如妇女问题，在"左联"成立之初并没有特别的关注，但随着历史的推移，这个问题发展到一个很重要的位置。上海鲁迅纪念馆研究室副主任乔丽华提出，"左联"成立之初，成员的组成方方面面，所涉及的不仅仅是作家。左翼文艺运动，不仅仅关注文学、文艺，在当时，他们已经意识到要向大众去宣传普及的问题，并且有多种的形式，比如木偶人戏等。上海市委党史研究室一处处长吴海勇认为，一方面，有组织的文艺政策，与"左联"有很大的关系。甚至可以认为，有组织的文艺政策是由"左联"开始的。另一方面，在"左联"的研究中，要关注"左"的问题，即"左"的概念形成，以及它的历史内涵和情感色彩。另外，还有对各个领域种子干部的培养，在左翼文化运动中，涌现出很多复合型的人才，这些种子人才在以后的革命中起到了精神旗帜的作用。

正是有了这些专家的积极参与，给予了"多伦文艺沙龙"一个很高的起点，使之能够在多伦路的红色文化宣传中，蕴含丰富而深刻的理论内容，引领了红色文化的宣传方向，培养着红色文化的独特品格。以后的多期"多伦文艺沙龙"也秉承了这一传统，继续深入开展，取得了很好的研究成果。比如在当年第五期的"多伦文化沙龙"中，由上海鲁迅纪念馆研究员乔丽华主讲的《怒吼：新兴木刻与抗战记忆》，就结合鲁迅对新兴木刻运动的倡导、木刻讲习班的举办，延伸讲到淞沪抗战爆发后，新兴木刻运动与当时的抗日主题的结合问题。

除此之外，还有现代文学研究学者、北京鲁迅博物馆原副馆长陈漱渝先生的《真实与本色——左联盟主鲁迅》，复旦大学中文系教授郜元宝先生的《"拿来"与"送去"：鲁迅与法国文化》，中共上海市委党史研究室吴海勇处长的《〈风云儿女〉中的风云儿女》，同济大学人文学院副教授张屏瑾的《左翼文艺中的女性形象》，上海社科院文学研究所研究员孔海珠老师的《史料与追忆：上海左翼文化的点点滴滴》，以及上海师范大学历史系教授邵雍主持、陈占彪研究员主讲的题目《政党视野下的"五四阐释"》，复旦大学中文系教授郜元宝、华东师范大学中文系教授罗岗、上海师范大学中文系教授杨剑龙做主讲，由上海交通大学特聘教授王锡荣主持的"'五四'新文化运动与左翼文化运动"等学术研究、普及活动，不断地给这条历史名街赋予了生命力。

可以说，"多伦文艺沙龙"在各类多伦路革命遗址活动中，一直保持着高质量的红色品质，开展红色文化的宣传与引导工作，极富创造性，也极富吸引力。大量的参观者慕名而来，在学习多伦红色文化的同时，也漫步多伦路，实地感受曾经的革命气氛，领略往昔的红色情怀。

三、多措并举，交相辉映

近年来，随着科学技术与生产力水平的不断提升，我国的物质生产取得重大突破，社会消费需求已经由物质层面的单一性需求转向文化精神层面的多元化需求。文化和观念的消费逐渐取代了商品物理属性的消费，现代营销学称之为"后消费"[①]。"在此背景下，映射着社会生产关系的物质空间也表现出显著的文化转向，城市中涌现的大量具有文化符号特征的近现代风貌型消费空间成为备受青睐的消费场所。"[②] 多伦路正是作为这样的场所而存在的。在多伦路上，不仅有着丰富的红色文化资源，也有着独特的历史文化资源。这不仅体现在大量的名人故居、历史建筑，还充满上海近代特色的街道风貌。不仅如此，多伦路在其自身的发展历程中，还出现了与现代文化密切联系的艺术馆、展览厅。这些都与其红色资源交相呼应，叠相映衬。如何将其资源有效融合、扩大影响、形成合力，多伦路进行了大量的探索与尝试。

首先，是通过现代大众媒体，扩大其知名度与影响力。在前一段的热播剧《何以笙箫默》中，何以琛和赵默笙回老家的一幕，对于现代从追求剧情到追求场景细节的观众而言，不难发现，其取景的场地，正是多伦路。这里，也曾被设定为赵默笙的故乡——"宜市"。此外，剧中人物何以琛和赵默笙也曾一起在这条充满街趣的路上漫步。此外，电影《第三种爱情》中，剧中主角也一起走

---

① 李和平，杨宁，张玛璐. 后消费时代城市文化资本空间生产状况解析［J］. 人文地理，2016（2）：50-54.

② 张京祥，邓化媛. 解读城市近现代风貌型消费空间的塑造——基于空间生产理论的分析视角［J］. 国际城市规划，2009（1）：43-47.

过这片名人墙。而在电影版《何以笙箫默》中,多伦路上的汤公馆,也曾作为"壁咚"的场景而存在。

以城市情感为主题的暖心大剧《老闺蜜》,讲述了同住在一条街道上,五个性格迥异的退休老太太,因为一场打假活动相识,在齐心协力解决彼此生活困难的过程中结成闺蜜,在共同经历彼此生活里的点点滴滴中,开启寻觅生命新价值的现实故事。而这同住的街道,其取景地就是多伦路,其开拍的地点正是多伦路的著名历史建筑——老电影咖啡馆。

其次,以多伦路现代美术馆为媒介,提升其文化层次与艺术品位。多伦路现代美术馆作为当代艺术服务的专业化美术馆,其前身是一个菜市场。2003年经过改造后,转变为一座"红黑门框+玻璃屋顶"的七层现代艺术风格的美术馆。它以"原创性、学术性、国际性"为办馆理念,以"传承历史文脉、创新当代艺术"为办馆宗旨,以展示当代艺术创新成就,促进中外文化艺术交流,从事当代艺术学术研究,普及现代艺术教育为办馆目的,兼具了展览、研究、教育、收藏、交流五大特色功能,为多伦路这条古朴的文化名街注入了全新的时代内涵,成为很多现代年轻人的所谓"打卡圣地"。

为不断发挥其作为现代美术馆的艺术价值,促进多伦路的文化发展,提升多伦路的知名度与吸引力。多伦现代美术馆结合自身特色开展了各式各样、喜闻乐见的展览活动。比如2019年,为喜迎国庆,并纪念中国与匈牙利建交70周年所举办的"匈牙利当代艺术展览——当艺术走进生活"就是其中一例。通过与匈牙利驻上海总领事馆的共同合作,多伦路现代美术馆得以出展69件由四位匈牙利重要艺术家创作的摄影和绘画作品。这些作品不仅彰显了匈牙利当代艺术家极具地方特色的创作灵感和形式多样的表现样式,也向中国观众展示了匈牙利别具特色的人文风尚和历史风貌。四位艺术家,班·萨拉尔塔(Bán Sarolta)、巴拉克依·容博(Barakonyi Zsombor)、博尔希·芙拉(Borsi Flóra)、马克斯·戈尔德松(Marcus Goldson),分别从多彩世界、超现实梦幻、年轻一代、生活情趣等方面,展示了各自眼中的现代世界和匈牙利风情,受到了大量文艺青年和艺术爱好者的热情追捧。

此外,还有"步履不停1995—2019年中国当代艺术的城市叙事"展览,通过绘画、摄影、影像、雕塑、装置等不同艺术形式,将公共空间和当代艺术实践的交叉点作为其探讨对象,展示20世纪90年代中期以来,以充满时代特征的城市街头场景为主题的中国当代艺术实践,展现了在快速发展的城市中,艺术家独特的时代视野和敏锐的艺术嗅觉。该次展览同时作为2019年上海城市空间艺术季的联展之一，以"艺术美育再升级"为联展特色，通过"1+16"美术馆市民共享计划，使市民和美术馆走得更近，收获更多，体验更完美，从而吸引了大量的游客和观众。还有就是多伦路上的各种创意活动。其中较有特色的，当属在多伦路52号举办的"52仲夏"首个沉浸式国风市集。此集市是"曲径寻香"香道文化活动展的一个部分。该活动展由上海市工艺品珠宝首饰进出口有限公司与有关部门和相关专业机构共同筹划，分为大大小小11个不同的区域，每个区域都有各式各样的特色主题。比如，"翰林院"，通过模拟"私塾—翰林"的形式，让游客参与各种文化私塾课，亲身了解中国历史，感受中国文化。"珍宝馆"，展示各种珠宝金器、石刻玉雕，游客在感受古董风采的同时，还有机会淘得心仪珍品。其他还有"薄酒肆""云韶府""光禄坊"等等，也各具特色，趣味盎然。因为是国风集市，很多喜欢汉服的青年，还身着各式美丽的汉代服饰，走街串巷，在欣赏多伦风景的同时，也成为多伦独特的一景。

总的来说，被丰富多彩的展览、别具特色的活动所吸引，多伦路日渐繁荣。在欣赏艺术、参与活动的同时，走进街道，浏览名人故居，感受红色文化，怀旧峥嵘岁月。传统与现代，革命与浪漫，红色文化在艺术展览中得以宣扬，艺术展览在红色文化中得以升华。

第三节 现场教学经典路线的启示

作为上海红色文化整体中极为重要的组成部分，多伦路区域红色文化以其高效、成熟的开发被人熟知已久。相对来说，南昌路区域红色文化资源也相当丰富，但开发却相当不足，这与南昌路的近代史、革命史上的地位极不相符。"他山之石，可以攻玉"，多伦路区域红色文化的推广其实对于南昌路区域红色文化挖掘与推广具有很好的借鉴意义。虽两者情况不尽相同，但开发与推广的内在逻辑可以是一致的。

一、现场教学助力文化推广

在文化资源的推广上，"现场教学"是一种越来越应该被重视的手段。2018年10月，中共中央印发的《2018—2022年全国干部教育培训规划》强调，要"加强现场教学和案例教学等实践性课程资源的开发，建立高水平的现场教学基地和教育管理案例库"。所谓现场教学,就是将教学活动搬到文化现场,通过现场体验的方法,实现理论与实践的结合,学习与感悟的交融,推动价值知识的具象化与内在化,最终提升学习的效果。

目前,教育学界对作为教学方法的"现场教学"的讨论,已经形成了不少积极的共识,而且已经投入许多专业课程的教学中去,并取得了不少有价值的效果。在党员教育领域内,积极引入"现场教学法",其必要性与迫切性,目前看来也都非常现实。

现场教学不同于课堂教学,有其自己的教学规律与教学方法。实现现场教学,大体要注重四个关键要素,即文化现场、教学设计、师资素养、路线规划。这四个方面只有做到协同并进,才能将现场教学的优势发挥到淋漓尽致。

目前现场教学规模较大的,要属河北省的社会主义学院现场教学点,基本覆盖了河北全省,形成了所谓"东西南北中"的布局。东部涉及沿海经济隆起带,形成以唐山、沧州、秦皇岛三地串联起来的东线;西部以太行山系为主轴,囊括了西柏坡、李家庄、城南庄、前南峪、涉县等红色统战历史主题;南部是以临漳邺城博物馆,邢台前南峪生态区与抗大遗址,衡水安平第一个农村党支部等为主轴的南线;北部以张家口、承德等为中心,突出泥河湾、三祖文化、避暑山庄、外八庙等河北特色的文化统战资源;中部以石家庄地区、保定地区为中心,包括"开国第一城"、红色平山、唐县白求恩纪念馆、总书记从政起步的地方正定、最后的人民公社晋州周家庄、君乐宝牧场产业园、留法勤工俭学运动纪念馆、清苑的地道战纪念馆、白洋淀雁翎队纪念馆、雄安新区等重要资源。① 当然,如此庞大规模的现场教学不是一次性完成的,而是根据不同的情况选择不同的路线。但是,每条路线都涉及城市之间的通勤,因此规模仍然是惊人的,在实施过程中,尤其要注重教学细节的环环相扣。比如杨旭教授提出了一些比较现实的操作性的问题,如教学内容理论性不够,教学设计灵活性欠缺,师资综合素质不足,教学评估实效性欠佳。② 当然,此外还有学员的主动性不够,现场资源无法充足利用等问题,这些的确都是目前现场教学操作中会遇到的现实难题。徐田华、孙立新在提出一些常规的解决方法外,还提出了一些较新的解决之道,比如要建立与现场教学点的利益联结机制,从而提高现场教学

---

① 唐奎. 社会主义学院现场教学:现状、探索及思考[J]. 河北省社会主义学院学报,2020(3):85-91.
② 杨旭. 增强现场教学有效性的路径建议[J]. 重庆行政,2020(3):103-104.

基地的教学积极性；加强师资队伍建设，注重培养教学点有点评老师、固定师资、颁发聘书、深挖主题等。①

总的来说，目前在党员教育领域内，现场教学的运用已经比较流行，而且深入反思的教学研究也已经较为自觉。南昌路区域教学资源丰富，历史底蕴深厚，在红色文化推广的过程中，应该积极地以已有的现场教学研究为基础，进一步纵深下去，把南昌路红色历史文化发扬光大。

二、多伦路区域红色文化现场教学的经典路线

南昌路区域的面积不大，现场教学点分布密集，所涉及的历史背景主要是近代史与革命史，而且涉及的内容极为重要，包括开天辟地、国共合作；涉及的人物，有中共的陈独秀、毛泽东等，国民党的孙中山、陈其美等，还有众多的文化名人，如梅兰芳、徐志摩、林风眠等。经过一系列的比对与研究，与南昌路区域基本情况类似，并且现场教学开展得非常成功。

多伦路区域红色文化现场教学，最早是由虹口区委党校张家禾教授规划并建设而成的，张教授目前是虹口记忆传讲工作室首席串讲人，是多伦路区域红色历史文化专职研究与推广专家。为了对多伦路区域红色文化"现场教学"的开发进行深入研究，我们专门采访了张家禾教授，了解了一系列的做法与经验。

多伦路本身非常短，因此，多伦路区域的现场教学路线建构需要向外辐射一定范围，比如需要延伸到四川北路、黄渡路、山阴路等。四川北路在多伦路附近，呈L形走向，是一条主动脉型的道路；多伦路（南北走向）与四川北路的南北段部分紧密相连；与四川北路南北段平行的西边，是黄渡路；与四川北路南北段平行的东边，是山阴路。黄渡路、山阴路、多伦路与四川北路四条路，正好构成一个"中"字形。

根据实际情况，张教授设计了5个教学点位，开发了山阴路沿线—四川北路—多伦路—黄渡路这样一条教学线路，其中兼顾了三个基本原则，即历史线索上保持先后顺序，教学内容上保证紧凑高效，教学路线上尽量少走回头路。这5个点位分别是：

1号点位——鲁迅故居（山阴路132弄"大陆新村9号"）。鲁迅来到上海时，最早是住在多伦路南端的景云里，20世纪30年代搬入大陆新村9号，最

---

① 徐田华，孙立新. 干部培训院校现场教学的实践与思考——以农业农村部管理干部学院为例[J]. 农业部管理干部学院学报，2018（9）：24-28.

后，鲁迅将自己最终的足迹留在了这里，也留下了海婴最无忧无虑的时光。海婴曾记载过一件小事：有一次，鲁迅卧病在床，突然有人敲门，来者是一位年轻人，表示要拜访鲁迅。用人告诉他，先生身体不舒服，不方便见客。那人二话不说，转身就走。过了一会，又有人敲门，原来还是那个年轻人，此时他手上抱了一束鲜花。这次，他招呼也不打，径直进屋上楼。许广平听见陌生的脚步声，企图下楼阻止，但那个年轻人仍径自走到鲁迅塌前，放下鲜花，转身便走了。两人只是互相看了，都一言未发。① 这个年轻人，就是梵文研究家徐梵澄先生。鲁迅在这里，最后接待过的人是萧军、萧红。1936年10月19日，鲁迅去世，萧军前来吊唁，一个东北汉子哭成了泪人。原来是前一夜傍晚，因稍感舒适，鲁迅便去拜访了日本友人鹿地亘，回来时天气转冷，当晚气喘不止，引发气胸，仅逾半日，便不幸离世。

2号点位——"左联三角"和"情报对角线"（山阴路沿线）。"左联三角"指的是鲁迅、茅盾和瞿秋白交往的故事。鲁迅正是在居住大陆新村期间结识瞿秋白，并惺惺相惜。一开始，冯雪峰告诉鲁迅，瞿秋白谈到了一些他从日译本转译的几种马克思主义文艺理论著作的意见，鲁迅如触电似的说道："我们抓住他！要他从原文翻译这类作品！以他的俄文和中文，确是最适宜的了。"对于瞿秋白的杂文，鲁迅曾评价说，"尖锐，明白""真有才华""明白畅晓，是真可佩服的！"② 茅盾所写的《鲁迅论》，则成了后世正确评价鲁迅的第一块界石；"情报对角线"讲的是中西功、尾崎秀实开展情报工作的故事。中西功是日本共产党中央委员，1937年还曾是中国共产党党员；尾崎秀实则是有《朝日新闻》记者身份的共产国际远东情报局的成员。在尾崎秀实的影响下，以及自身的反战意识，中西功积极协助中国人民抵抗日本侵略。这两位友人本着国际主义、和平主义的精神，为人类的和平事业做出了卓越的贡献，他们在山阴路上的革命活动，也应该被我们铭记。

3号点位——内山书店（四川北路2050号，现为工商银行）。内山书店的主人，就是著名日本友人内山完造。内山完造受基督教的影响很深，内山书店在1917年开张后，他通过参加基督教青年会（YMCA）在上海地区的活动，最早认识的是汪精卫、施存统、陈望道、李汉俊等名人，之后又认识了郭沫若、田汉、郁达夫等。直到1927年，鲁迅搬到景云里生活后，首次造访内山书店，两

---

① 周海婴. 我与鲁迅七十年［M］. 海口：南海出版公司，2001：45.
② 孟昭庚. 鲁迅与瞿秋白之间的交往［N］. 人民政协报，2013-23-05.

人才由此结识。内山书店在中日开战后被迫关门，1947年12月，内山完造被国民政府遣返回国，书籍与房产则被国民政府接收。然而，因为鲁迅的原因，内山书店在中国近代史与文学史上影响特别重大，因此也是不能错过的红色旧址。

4号点位——赵世炎寓所（多伦路189号）。赵世炎（1901—1927年），1915年考入北京高等师范学校附中，受《新青年》的影响投入新文化运动。1920年5月赴法国勤工俭学，次年春，与张申府、周恩来等发起成立旅法中国共产党早期组织。1922年，与周恩来等发起成立旅欧中国少年共产党，任中央执委会书记、中共旅欧总支部委员和中共法国组书记。1924年回国后寓居于多伦路上，随后参与并领导了上海工人三次武装起义。他主编的《政治生活》，积极宣传马克思主义。1927年7月2日，大革命失败，不幸被捕，19日在枫林桥畔英勇就义，年仅26岁。

5号点位——李白烈士故居（黄渡路107弄15号）。李白，原名李华初，曾用名李朴，化名李霞、李静安。于1925年加入中国共产党，1927年参加秋收起义，1930年8月参加中国工农红军，加入红四军通信连，后任通信连指导员。抗战爆发后，化名李霞，赴上海负责党的秘密电台工作。由于上海沦陷，工作异常艰难。1942年9月，遭日军逮捕，幸而经党组织营救获释。抗战胜利后，李白回到上海继续从事秘密电台工作。1948年12月30日凌晨，不幸被国民党特务机关逮捕。1949年5月7日，在上海解放前夕，被国民党特务秘密杀害，年仅39岁。

三、多伦路红色文化现场教学的取舍权变

多伦路上的文化资源极为丰富，红色文化旧址、近代史文化旧址，不胜枚举。所以，除了教学路线上的五个点位外，其实还有不少无法纳入教学路线的重要旧址。张教授根据多伦路的特点，坚持"重点必到，当舍则舍"，抓住关键，抓住特色。

比如说，多伦路的最南端，有一条相当小的里弄，虽然小，却是一个文化名人汇聚的里弄——景云里。该弄建造于1924年，有坐北朝南的3排三层小楼，在20世纪二三十年代鲁迅、陈望道、茅盾、叶圣陶、冯雪峰、周建人、柔石等一大批名人居住在此。1927年，鲁迅来到上海，本不打算久留，然而当时住在景云里的周建人告诉他，叶圣陶、茅盾等都居住于此。10月8日，鲁迅和许广平欣然搬入，竟住了2年多。

但是，这么重要的小里弄只有30米长，而且其准确位置已经到了多伦路最南端的横浜路上。从现场教学规划的合理性看，首先，如果把这处旧址纳入教学路线，就会造成走较长的回头路的情况；其次，这里居住的主要都是文学界的名人，与山阴路上鲁迅故居走访易形成重复教学；最后，过多突出文学名人，又容易把原来的红色历史主线内容冲淡。因此，在多方面的权衡下，张教授便不得不将景云里点位忍痛割爱。

多伦路最南端的横浜路上，还矗立着王造时旧居。王造时是著名爱国人士，五四运动的领导人之一。1935年底，他与马相伯、沈钧儒等共同组织了上海文化界救国会并担任执行委员，主持《上海文化界救国会会刊》和《救国情报》，主张停止内战，一致对外。1936年11月被国民党逮捕，为著名的"七君子"之一。但基于与景云里同样的原因，王造时旧居也不得不舍去。

在多伦路的中间位置，还有孔公馆（孔祥熙旧居）、白公馆（白崇禧旧居，著名作家白先勇从小居住于此）、汤公馆（汤恩伯旧居）、薛公馆（抗战时期，被强占为日本海军武官府驻地）。这几处建筑同样是涉及历史人物或历史事件的旧址，然而这几处建筑与作为主线的红色历史主题没有产生过多的交集，为了避免偏题，故而不得不舍去。

经过反复计算、实践，山阴路沿线—四川北路—多伦路—黄渡路这样一条教学路线，实现了教学内容的集中，教学主题的鲜明，教学时间的合理（全程大约两个小时）。由此，该路线成了上海市红色文化推广教育的经典路线。

此外，张教授告诉我们，现场教学设计中，还有一些重要注意事项不能忽视，如路线设计中必须要注意厕所的位置、停车的场所，这不是小事；其次，每次教学的人数安排不可超过30人，频次不可过繁，因为旧址一般都在居民区内，现场教学要特别注意不能打扰到居民日常生活，如果给当地居民造成生活不便，现场教学本身的意义就会大打折扣。

第六章

以南昌路为中心的区域红色文化推广策略

南昌路区域地处彼时法租界的中心，又正值全球政治动荡的关键时期，历经一百年的风风雨雨，到如今，历史旧址已经颇为丰富。从早期光复会、中华革命党的活动，到中国共产党的酝酿、国共合作的成功与失败，历史文化名人的云集与交锋，致使这里极其重要的近代史文化旧址得到了集中呈现。然而，南昌路区域的近代史、革命史作为历史教育素材的巨大价值，却远远没有得到开发。它与多伦路历史情况类似，但开发与推广的情况却颇不同。本章将借鉴多伦路的成功经验，尝试对南昌路区域红色历史现场教学进行路线的开发与推广，努力补齐南昌路区域红色历史教育大众化这块短板。

第一节 南昌路区域内的近代旧址

南昌路区域，包括南昌路这条主体道路，与其平行的北边的淮海中路、南边的香山路、皋兰路，相垂直的思南路、雁荡路等，至今，保存了大量的已被认定或未被认定的历史文化旧址。以下将对南昌路区域的近代史、革命史主要文化旧址进行梳理。

表6-1 南昌路区域近代史、革命史主要文化旧址统计

片区	序号	门牌号	原门牌号	旧址内容	是否开发为教育资源	目前使用情况	备注
南昌路北片	1	南昌路22号前后	陶尔斐斯路24号	孙中山先生葬事筹备处	未开发	里弄内普通民居	原址建筑有较大改动
	2	南昌路48号	陶尔斐斯路56号	大同幼稚园	未开发	沿街闲置	挂牌黄浦区文物保护点

续表

片区	序号	门牌号	原门牌号	旧址内容	是否开发为教育资源	目前使用情况	备注
南昌路北片	3	南昌路56号		中国农工民主党驻沪秘密办事处旧址（农工民主党创建人之一邱哲旧居）	未开发	沿街商铺	
	4	南昌路68号		新四军驻沪秘密据点及李一氓旧居	未开发	沿街普通民居	
	5	南昌路100弄2号（老渔阳里）	环龙路100弄2号	陈独秀旧居暨《新青年》编辑部旧址	已开发	石库门里弄内对外开放	挂牌黄浦区文物保护点
	6	南昌路100弄5号（老渔阳里）	环龙路100弄5号	陈其美故居及中华革命党上海机关部	未开发	石库门里弄内普通民居	挂牌黄浦区文物保护点
	7	南昌路100弄7号（老渔阳里）	环龙路100弄7号	杨杏佛故居	未开发	石库门里弄内普通民居	挂牌黄浦区文物保护点
	8	南昌路136弄1号		巴金旧居（1932—1933年）	未开发	石库门里弄内普通民居	
	9	南昌路136弄11号		徐志摩与陆小曼旧居	未开发	石库门里弄内普通民居	挂牌黄浦区文物保护点
	10	南昌路136弄39号		傅雷旧居	未开发	石库门里弄内普通民居	挂牌黄浦区文物保护点
	11	南昌路136弄48号		应云卫旧居（中国民主同盟盟员）	未开发	石库门里弄内普通民居	
	12	南昌路148弄1号		沈尹默旧居	未开发	石库门里弄内普通民居	挂牌黄浦区文物保护点

续表

片区	序号	门牌号	原门牌号	旧址内容	是否开发为教育资源	目前使用情况	备注
南昌路北片	13	南昌路180号	环龙路44号	第一次国共合作时期国民党上海执行部旧址	未开发	沿街闲置	挂牌黄浦区文物保护点
	14	南昌路212弄2号		生活书店旧址	未开发	石库门里弄内普通民居	
南昌路南片	15	南昌路59号	环龙路63号	孙中山上海旧居		科学会堂新大楼	原建筑被拆
	16	南昌路53号	环龙路69号	林风眠旧居	未开发	沿街普通民居	挂牌黄浦区文物保护点
	17	南昌路63号		陈群旧居（汉奸，汪伪政府教育部长）	未开发	沿街普通民居	
	18	南昌路65号		杨虎城旧居	未开发	沿街普通民居	挂牌黄浦区文物保护点
	19	南昌路83弄10号		吴艺五旧居（反对蒋介石的组织"三民主义同志联合会"联络点）	未开发	石库门里弄内普通民居	
	20	南昌路83弄		陈铭枢旧居（三民主义同志联合会领导人之一，民革创始人之一）	未开发	石库门里弄内普通民居	
	21	南昌路203号		吴蕴初旧居	未开发	上海市化工学会	

续表

片区	序号	门牌号	原门牌号	旧址内容	是否开发为教育资源	目前使用情况	备注
南昌路南北外围区域重要旧址	22	淮海中路650弄3号	宝昌路408号	孙中山上海行馆	先开发后关闭	石库门里弄内闲置	
	23	淮海中路567弄6号（新渔阳里）		外国语学社	已开发	石库门里弄内对外开放	
	24	皋兰路1号		张学良旧居	未开发	闲置	挂牌黄浦区文物保护点
	25	香山路7号	莫利爱路29号	孙中山故居	已开发	沿街别墅对外开放	
	26	思南路73号		周公馆（民盟上海马斯南路办事处旧址）	已开发	沿街别墅对外开放	
	27	思南路87号	马斯南路121号	梅兰芳故居	未开发	沿街别墅闲置	
	28	雁荡路80号		中华职业教育社	未开发	沿街闲置	
	29	雁荡路82号		洁而精川菜馆	未开发	沿街商铺对外营业	挂牌黄浦文物保护点
	30	雁荡路109号		复兴公园侧门	已开发	对外开放	

由表6-1可知，在如此丰富又集中的文化旧址之中，目前已开发完成并成熟运营的是淮海中路上的新渔阳里、思南路上的周公馆，以及香山路上的孙中山故居；刚修缮完成并对外开放的是南昌路100弄2号的陈独秀故居暨《新青年》编辑部；开发后又因不明原因关闭的是淮海中路上的孙中山上海行馆。也就是说，在扎堆的重要历史旧址中，被真正开发并投入大众历史观教育的可谓屈指可数。

对于以南昌路为中心的区域红色文化的整体性推广，目前学术界已有所倡议，但主要集中在以渔阳里为核心的早期共产党人的马克思主义传播活动场所。比如有学者认为，渔阳里具有原生态、完整性、内涵丰富、样态多重等特性，在上海众多红色史迹中有着非常独特的地位和作用。倡议推出"渔阳里街区",主张应在"资源整合,统筹规划,整体保护"原则下进行保护、开发和利用。[①]与此同时,渔阳里所在的黄浦区,则于2018年6月12日正式实行"革命遗址保护项目",帮助原居民从老渔阳里2号(南昌路100号)搬迁出来,重新安置。整个搬迁在当年10月完成。如今的老渔阳里2号已经修整一新,作为重要的红色革命旧址对外开放。随着国内形势的发展,老渔阳里将会越来越被社会重视。

但除此之外,还有更多的重要旧址,虽有明确的挂牌认定,却尚未被有效重视。比如第一次国共合作国民党上海执行部、大同幼稚园旧址、孙中山上海行馆,虽然被挂牌认定,但始终处于闲置状态,大门紧闭,尽管作为沿街的建筑物,有极佳的利用优势,但完全没有被开发开放。又比如中华革命党上海机关部、杨杏佛旧居、林风眠旧居、徐志摩旧居、傅雷旧居、巴金旧居等,虽然被挂牌认定,但仍作为普通民居被使用,且未采取任何保护措施。至于孙中山先生葬事筹备处、张学良旧居则并未被挂牌认定。

图 6-1　徐志摩旧居,南昌路 136 弄 11 号

[①] 李瑊. 关于老渔阳里 2 号开发与保护的历史考察 [J]. 上海党史与党建,2019(11):9-14.

图 6-2　张学良旧居，皋兰路 1 号

第二节　南昌路区域现场教学规划分析

现场教学就必须带领学员进入现场，通过对历史现场的亲历，让学员产生感性认识，获得历史共鸣。因此，我们必然要思考如何处理与历史现场所在地当下环境发生的关系，包括处理与当地居民的关系、处理与当地交通的关系。由于南昌路环境的复杂，也就是使得现场教学设计面临复杂局面。

一、人口稠密，空间狭小

与多伦路相比，南昌路上的普通民居较为密集。这里集中了大量的石库门里弄，比如老渔阳里、淮海坊、人民坊等。"《新青年》编辑部暨陈独秀旧居""中华革命党上海机关部"与"杨杏佛故居"三处重要旧址，均集中在老渔阳里，且"《新青年》编辑部暨陈独秀旧居"在中国近代史、革命史的地位又是重中之重，必须对外开放，不断提升其影响力，也就必然吸引大量的参观者到来。巴金旧居、徐志摩与陆小曼旧居、傅雷旧居,均在老式石库门里弄内。

目前南昌路上有户籍人口约 1950 户,5427 人,实际人口可能略少一些,但 60 岁以上老人占总人口的 23%。这一情况,意味着举行比较大规模的现场教学很容易发生扰民问题。尤其老渔阳里(南昌路 100 号)是石库门居民小区,居民众多,弄堂狭小。《新青年》编辑部暨陈独秀旧居在 2020 年已经修整一新并对外开放。然而为了重新修整并开放该处旧址,当地街道共计置换搬离了 4 户居民。现在对外开放,每天的参观者络绎不绝。

试想,如果再进一步腾出"中华革命党上海机关部"与"杨杏佛故居"旧址中的普通住户,并进一步对外开放,经济成本还在其次,对旧址中的住户与老渔阳里中的居民的日常生活,必然会造成一定的影响。

图 6-3　南昌路 136 弄内狭小空间

图 6-4　中华革命党上海机关部旧址，老渔阳里 5 号

二、主干要道，车辆密集

南昌路紧邻繁华的淮海中路，虽闹中取静，但毕竟毗邻商业街。此处行人虽少，但汽车不少。因为整个黄浦区都算是上海的老城区，因此它也不得不患上全世界老城区都有的通病，即因道路狭小，停车困难，成为商业街的露天停车场。南昌路全长 1690 米，宽 14 米到 15 米，由于宽度较窄，一旦停满汽车，便显得相当拥挤，现场教学将犹如在停车场中穿梭。

与此同时，因为毗邻淮海中路，南昌路也算是该地区的一条主干要道，早晚高峰时，穿梭其间的汽车也不计其数。

当然，除早晚高峰以外的时间里，这里还算是比较清净的，谓之闹中取静并不为过。

图 6-5 南昌路上的晚高峰

图 6-6 成为露天停车场的南昌路

三、旧址众多，路线不短

从香山路到南昌路，直线距离约 200 米；淮海中路到南昌路，直线距离也只有 200 米。然而，淮海中路、南昌路、香山路是平行的，三条路自东向西分别被雁荡路、思南路、瑞金二路、茂名南路、陕西南路贯通，革命旧址主要分布在雁荡路与思南路之间，然而雁荡路与思南路之间距离约 400 米，所以要走完三条平行的道路上的革命旧址，便不得不走 S 型。所以，革命旧址虽然比较集中，但所谓分布紧凑主要是相对意义上的，现场教学必须通过徒步进行，一旦我们选择步行时，便会感到一定的吃力。

假设我们只设计一条不考虑任何历史意蕴的纯粹串联起主要革命旧址的路线，如孙中山故居纪念馆（香山路 7 号）—复兴公园皋兰路大门—复兴公园雁荡路大门—大同幼稚园（南昌路 48 号）—老渔阳里（南昌路 100 号）—第一次国共合作时期国民党上海执行部（南昌路 180 号）—孙中山上海行馆（淮海中路 650 弄 3 号）—新渔阳里（淮海中路 567 弄 6 号），这里构成了一个大 S 型的路线，并保证不走回头路，全程约 1.2 公里，所以走起来并不轻松。

职此之由，在南昌路区域设计现场教学时，我们必须兼顾几个原则，即每次教学的人数不宜超过二十人，在狭小空间里穿梭，既要注意人员安全，也要注意不打扰当地居民；在路线规划上，应根据主题设计路线，虽革命旧址众多，但当舍应舍，不宜面面俱到。

第三节　南昌路区域现场教学规划设计

根据南昌路区域革命旧址分布情况，兼顾历史顺序与交通合理性，我们专门设计了两条现场教学路线，其中包括旧址简介与路线设计思路。

路线一：革命道路寻访——"星火初燃，革命道路的正反合"

——→上海孙中山故居纪念馆（香山路 7 号）

——→中国共产党发起组成立地（《新青年》编辑部）旧址（南昌路 100 弄 2 号）

——→中国社会主义青年团中央机关旧址纪念馆（可选）（淮海中路 567 弄

6号）

——→孙中山环龙路 63 号临时寓所（南昌路 59 号）

——→第一次国共合作时期国民党上海执行部旧址（南昌路 180 号）

涉及旧址简介：

1. 上海孙中山故居纪念馆（香山路 7 号）

上海孙中山故居纪念馆位于上海香山路 7 号，占地面积 2500 余平方米，展示面积 1100 平方米，是一幢欧洲乡村式小洋房，由当时旅居加拿大的华侨集资买下赠送给孙中山的。孙中山和夫人宋庆龄于 1918 年入住于此，1925 年 3 月孙中山逝世后，宋庆龄继续在此居住至 1937 年。抗日战争爆发后，宋庆龄移居香港、重庆，1945 年底，宋庆龄回到上海将此寓所移赠给国民政府，作为孙中山的永久纪念地。纪念馆主要有孙中山故居和孙中山文物馆两个展示场所。孙中山文物馆毗邻孙中山故居，是由一幢欧式洋房改建而成的。文物馆共有三层、八个展区（其中第三层是临时展览），展览面积七百多平方米，共展出文物、手迹、资料三百余件，这些珍贵的文物向人们展示了孙中山先生为中华民族的伟大振兴所做出的不朽功绩。

2. 中国共产党发起组成立地（《新青年》编辑部）旧址（南昌路 100 弄 2 号）

南昌路 100 弄 2 号，是宣传马克思主义的主阵地——《新青年》编辑部，以陈独秀为代表的先进知识分子在这里出版刊物，翻译马克思主义著作，推动了马克思主义在全国范围内的传播。这里也是第一个中国共产党早期组织的诞生地，在这里提出了"按照共产主义者的理想，创造一个新社会"的革命目标，推动了各地共产党早期组织的建立。这里还是中国社会主义青年团的孵化地，为党储备了一批年轻有为的后备力量。这里更是中国共产党第一次全国代表大会的发起地，在中国共产党的创建过程中，上海共产党早期组织实际上起着中国共产党发起组的作用。中共一大之后的一年多时间里，这里作为中共中央局机关，是当时中国共产主义运动的中心。

伴随着南昌路 100 弄 2 号这幢百年石库门的原貌重现，"星火初燃"——中国共产党发起组成立地（《新青年》编辑部）旧址史迹陈列展得以举办，2020 年 7 月 1 日起对外开放。陈列展运用了大量珍贵历史照片、史料、文物，围绕"思想启蒙——《新青年》杂志办刊地""革命火种——中国共产党发起组成立地""星星之火——中共中央政治局机关办公地"三块内容展开，通过图文展板、实物陈列、场景复原、多维视频、艺术创作、互动查询等布展手段，在有限的空间内，立体化呈现了旧址中发生的重要事件。

3. 中国社会主义青年团中央机关旧址纪念馆（可选）（淮海中路567弄6号）

1920年8月22日，上海社会主义青年团正式发起成立。最早有八名团员：俞秀松、李汉俊、陈望道、叶天底、施存统、袁振英、金家凤、沈玄庐。俞秀松担任上海社会主义青年团第一任书记。团的机关就设在当时上海法租界的一个普通民居里——霞飞路新渔阳里6号（今上海市淮海中路567弄6号）。在新的社会主义青年团临时章程中明确规定：在"正式团的机关未组成时，以上海团的机关代理中央职权"。上海社会主义青年团在当时对全国各地社会主义青年团的建立起到了发动和指导的作用。

为了联系和团结进步青年，上海共产主义小组和青年团组织在新渔阳里6号开办了外国语学社，这是中国党团组织第一所培养青年的革命干部学校，并在学员中发展青年团员。中国共产党第一代领导集体成员的刘少奇、任弼时就是从这里踏上革命征途的。

4. 孙中山环龙路63号临时寓所（南昌路59号）

孙中山在环龙路63号寓所居住的时间非常短，1916年6月中旬至1917年7月初，总共一年出头。在这里，他除了与段祺瑞政府对抗外，还在构思民权建设的理论，与民生未来的规划，这也是这片寓所的深厚底蕴所在。

1917年2月21日，孙中山写成《会议通则》（又名《民权初步》），是为《建国方略》之三"社会建设"，同年4月出版。同年6月19日，又发表了《实业计划》的第一计划的英文版。环龙路63号寓所是一个革命圣地，而它蕴含的价值又远比武装斗争丰富，因为这里还是东方第一个共和国现代治国理念雏形的诞生地。可以说，孙中山的革命实在超出了军事争胜，更致力于整个民族的现代化转型。

然而可惜的是，环龙路63号寓所原址建筑已不复存在，现址为科学会堂的新大楼。

5. 第一次国共合作时期国民党上海执行部旧址（南昌路180号）

第一次国共合作时期国民党上海执行部旧址，是一排坐北朝南三幢砖木结构西式楼房。

1924年1月，国民党"一大"在广州召开，标志着第一次国共合作正式建立。国民党中央从上海迁往广州，在上海、北京、汉口等处设立执行部。上海执行部主要统辖苏、浙、皖、赣四省和上海市的国民党党务。该部由胡汉民、汪精卫、于右任、叶楚伧、茅祖权分任组织、宣传、工农、青年妇女、调查等部部长。毛泽东、恽代英、邵力子、何世桢分任各部秘书。毛泽东还代理文书科主任，罗章龙、邓中夏分别为组织部、工农部干事，林焕廷为会计科主任。参加工作的共产党人还有施存统、沈泽民、向警予等。

因与胡汉民意见相左，毛泽东于7月底辞去组织部秘书之职，专一负责文书科工作，具体负责旧国民党党员重新登记，指导和帮助各区基层建立国民党区党部和党员发展工作。各部实际工作，多由毛泽东、恽代英、向警予等共产党人负责。所设妇女、青年、宣传、教育、工人等委员会，也大多由共产党员和共青团员组成，积极贯彻中共中央方针和孙中山的联俄、联共、扶助农工政策，推动上海等地革命形势。民国十三年3月（1924年），执行部联合上海80多个团体举行追悼列宁大会。1924年末，发动国民会议促成会活动。次年，执行部及各区党部举行大规模追悼孙中山逝世活动。"五卅"运动前，宣传委员会在恽代英主持下，多次召开会议，培训宣传干部。民国十四年（1925年）夏，国民党右派逐渐控制执行部，排挤共产党人和国民党左派。叶楚伧和戴季陶参加了西山会议派活动，由此成为国民党右派。12月中旬，西山会议派伪中央强占部址。1925年末，国民党中央四次全会决定停止执行部行使职权。

1926年1月，国民党"二大"正式决定撤销上海执行部。

现场教学设计思路：感悟中国革命道路的正反合

1. 资产阶级革命的弊端所在

孙中山所领导的革命在中国近代史上屡遭失败，可是，作为一种信念的象征孙中山却永远活在世人心中，甚至在今天乃至未来发挥着重要影响。然而回顾历史，孙中山或者说以他为代表的革命势力失败的原因，或许正如研究孙中山的著名学者史扶邻评价的那样，孙中山的革命屡屡失败是因为"他是个勉为其难的革命家"，"在致力革命时，他宁愿选择最少使用武力的措施达其目的。这是环境及其气质使然。外国人造成的恐惧，使他阻止与帝国主义直接对抗。只是到了最后，他才支持这种对抗。他反对鼓励阶级斗争，也不愿用暴力手段去消除本国的不公正根源。他虽具有大无畏的精神，但缺乏真正革命家所持有的冷酷。简言之，他宁愿谈判而不从事杀伐，求和解而不想进行旷日持久的斗争。这些品质使他看起来仿佛是堂·吉诃德式的而不是革命家的奇怪人物，但更显出他是个纯粹的人"①。

孙中山的政治生涯始终是作为革命的推动者，首先针对清王朝，其后以袁世凯和袁世凯军阀继承者为对象，但是他的努力大多都没有"如愿以偿"。按照史扶邻的说法，就致力于追求革命的大目标而言，孙中山表现出了革命者不屈不挠的坚定意志，但却缺乏革命者所应有的革命（暴力的或军事的）手段。他虽曾经发动并参加军事行动，但都考虑过有无其他可行的办法；他不止一次放弃使用武力改以谈判，作为达到目的的途径。为此，有人评价孙中山并不注重军事问题，可能是他不熟悉相关事务，也可能是他厌恶暴力，或者是特别崇拜西方民主宪政模式，也许这也正好说明了他所撰写的《建国大纲》中，就实行"军政"时期一项仅用了短短的两行文字来阐明。而这一点也恰恰暗示了在由无产阶级领导的新民主主义革命前，旧式民主革命或者说是资产阶级革命的软弱性。

同时，在中国也没有哪位政治人物像孙中山那样一直容易受到外部（主要是外国势力）的影响。史扶邻说："日本为他提供了迅速实现现代化理想的先例；英国和美国提供了现代化的制度模式；俄国则提供了组织方式，而此方法他只部分地吸收……"② 然而这些虽在一定程度上"改变"了中国，但其最终的结果仍走向了失败。可是，与其说孙中山是一个"失败者"，倒不如说，是他企图与之友好的外国人失败了。"尤其是西方，不肯与中国的民族主义者妥协，与最温和的民族主义领袖为敌。具有讽刺意味的是，西方的侮辱，反而给孙中山的形象增光：他从来没有像在其情绪失去控制、向英国和美国挥舞拳头、演戏似的表现整整一代中国民族主义者的挫折和反抗时那样深受人们的爱戴。"③这是史扶邻给予孙中山的评价，这种评价阐明了一点：尽管孙中山的革命屡遭失败，但他仍不愧是个民族英雄，因为在他活动的四分之一多的世纪，正是中国近代史上最黑暗的时刻，如果没有他，也许会更黑暗。但是，史扶邻的评论也从另一个侧面阐明了这样一个事实：不仅仅是孙中山个人，以其为代表的革命者或资产阶级革命在拯救中国道路中具有"天然"的妥协性。

---

① ［美］史扶邻. 孙中山与中国革命：下卷［M］. 太原：山西人民出版社，2010：442.
② ［美］史扶邻. 孙中山与中国革命：下卷［M］. 太原：山西人民出版社，2010：442.
③ ［美］史扶邻. 孙中山与中国革命：下卷［M］. 太原：山西人民出版社，2010：442.

2. 共产主义初登革命舞台

1920年6月，陈独秀、李汉俊、俞秀松、施存统、陈公培5人在环龙路老渔阳里（今南昌路100弄）2号陈独秀寓所开会，决定成立共产党，明确建立的是共产主义的政党，初步定名为社会共产党。8月，陈独秀写信给李大钊，征求对于党的名称的意见，李大钊建议定名为"共产党"，陈独秀表示同意，于是不再称"社会党"或"社会共产党"。初建的组织，不是上海地方性的党组织，而是中国共产党发起组（简称"中共发起组"）。

1920年9月，上海共产党早期组织将《新青年》改为组织的机关刊物。为扩大马克思主义的宣传，该刊第八卷第一号开辟了《俄罗斯研究》专栏。11月，上海共产党早期组织创办内部理论刊物《共产党》月刊，阐明了中国共产党人的基本主张，第一次在中国竖起共产党的旗帜。与此同时，上海共产党早期组织还出版了一些宣传马克思主义的著作，如《社会主义史》《俄国无产阶级的十月革命》《阶级斗争》和《一个兵的说话》，其中最为著名的要数陈望道翻译的《共产党宣言》。这些工作，有力地促进了马克思主义的传播，初步完成了我们所说的"思想建党"，同时这种思想的传播与中国工人运动的结合，使得一个新生的政党开始孕育而生。

不过，尽管上海的早期组织从一开始就叫"中国共产党"，但它与各地共产党早期组织一样，并不是具有严密组织和统一纲领的全国性政党，从而限制了它实际所能发挥的作用和产生的影响。为此，李大钊进一步呼吁："中国现在既无一个真能表现民众势力的团体，C派（指共产主义派）的朋友若能成立一个强固精密的组织，并注意促进其分子之团体的训练，那么中国彻底的大改革，或者有所附托。"

故而，在老渔阳里近一年的孕育后，1921年7月23日晚，中国共产党第一次全国代表大会在上海法租界望志路106号（今兴业路76号）召开。国内各地的党组织和旅日的党组织共派出13名代表出席大会。他们代表着全国的50多名党员。这些代表是：上海的李达、李汉俊，北京的张国焘、刘仁静，长沙的毛泽东、何叔衡，武汉的董必武、陈潭秋，济南的王尽美、邓恩铭，广州的陈公博，旅日的周佛海，以及受陈独秀派遣的包惠僧。在广州的陈独秀和在北京的李大钊因有其他事务未出席会议。出席党的一大的上述人员，平均年龄为28岁。共产国际代表马林和尼克尔斯基出席了这次大会。终于，党的第一次全国代表大会宣告了中国共产党正式成立。

中国共产党诞生在20世纪20年代初的中国，不是偶然的。它是近代中国历史发展的必然产物，是中国人民在救亡图存斗争中顽强求索的必然产物，也是中华民族在追求复兴的道路上不断觉醒的必然产物。之后的历史也证明了这样一个道理："自从有了中国共产党，中国革命的面目就焕然一新了。"

3. 革命道路的"同盟者"

1922年6月，中共第一次公开发表《中国共产党对于时局的主张》，指出："中国现存的各政党，只有国民党比较是革命的民主派，比较是真的民主派。"7月，党的二大提出了最高纲领和最低纲领，为中国共产党解决了如何将共产主义的远大目标与民主革命的现实任务相结合的问题，为实现反帝反军阀的民主革命目标、组成"民主主义的联合战线"奠定了基础。

1923年1月，共产国际执行委员会根据马林的提议，作出《关于中国共产党与国民党的关系问题的决议》，认为中国唯一重大的民族革命集团是国民党；国共合作是必要的；中共党员留在国民党内是适宜的；中共应当支持国民党的正确政策，反对国民党与中国军阀勾结，但绝对不能与它合并……该决议成为中共三大制定革命统一战线策略的依据。6月，中共三大在广州恤孤院后街31号召开。中共三大的核心任务，就是讨论全体共产党员加入国民党、建立国共合作统一战线的问题。大会通过《关于国民运动及国民党问题的议决案》，决定共产党员以个人身份加入国民党，同时保持党在政治上、思想上和组织上的独立性。

中共三大提出了"党内合作"的国共合作方式，解决了联合革命力量、扩展政治舞台的问题。1924年1月，中国国民党第一次全国代表大会在广州举行。大会对三民主义做出新的解释，在事实上确立了联俄、联共、扶助农工的三大革命政策。大会选举共产党员李大钊、谭平山、毛泽东等10人担任国民党中央执委或候补执委，约占委员总数的1/4。第一次国共合作正式形成。1924年3月1日，国民党上海执行部在上海法租界环龙路44号（今南昌路180号）正式办公，统辖苏、浙、皖、赣四省和上海市的国民党党务。然而看似"友好合作"的开始，实则暗流涌动。而此时，历经3年多的艰辛探索，中共仍只是一个党员人数不足千人、政治经验相对缺乏的党。中国的革命环境虽然推动实现了国共合作，但在联合战线中共产党仍是相对弱势的一方，从合作中占主导权的仍是国民党；同时，随着共产党人在国共合作中逐渐扮演起重要角色后，统一战线内部的矛盾和分歧也不断扩大了。

面对合作中的种种问题，年轻的"中共"又一次陷入了沉思：在坚持和发展国共合作统一战线的前提下，党又如何在各方势力的博弈中争取更多的话语权？面对国民党右派对革命领导权的争夺，党如何以正确的姿态予以有力回击？面对瞬息万变的革命形势，党如何加强对日益高涨的工农群众运动的领导？而对这些问题的解答，在中共四大上逐渐展开且趋于明朗。

总而言之，路线一从孙中山香山路故居纪念馆起步，到第一次国共合作国民党上海执行部旧址结束，这条路线恰好呼应了这样一段历史顺序，即孙中山及其革命党发起了最早也是最重要的反帝反封建的革命运动，而中国共产党在资产阶级革命缺乏实效的关键阶段崛起，但是由于经验不足与形势复杂，最终大革命陷入失败的泥淖。因此，这条路线可以有效地帮助学员从大历史的角度建构整体历史观，理解中国革命的复杂性，理解中国共产党的必然诞生，甚至中国革命早期的艰难曲折，此为中国早期革命的正反合。

路线二：革命精神探求——"毛泽东与南昌路的不解之缘"

——▶1920年毛泽东旧居（可选）（安义路63号）

——▶中国共产党发起组成立地（《新青年》编辑部）旧址（南昌路100弄2号）

——▶第一次国共合作时期国民党上海执行部旧址（南昌路180号）

——▶复兴公园（雁荡路109号）

——▶大同幼稚园旧址（南昌路48号）

——▶上海茂名路毛泽东旧居陈列馆（茂名北路120弄）

涉及旧址简介：

1. 1920年毛泽东旧居（可选）（安义路63号）

安义路63号，以前叫"哈同路民厚南里29号"。这处甲级楼宇嘉里中心包围下的石库门保护建筑，有一段光辉历史：1920年毛泽东旧居。当年，毛泽东在这里居住了2个月。这幢沿街的坐南朝北砖木结构两层楼房，楼下是客堂间，放着一张方桌和几把椅子，用来会客和吃饭。楼上是卧室，当年毛泽东就睡在靠北的落地长窗旁的板床上。

从1920年5月5日抵沪至7月初离沪，毛泽东一直居住在这里。其间，他完成了"四件大事"。毛泽东以"驱张"代表团成员身份，从北京来上海，在安义路住所发起成立"湖南改造促成会"，倡议并发表了《湖南改造促成会发起宣言》《湖南建设问题商榷》《湖南人民的自决》等文章；在此期间，他列席

"半淞园会议"，讨论新民学会的任务、活动原则、入会手续等；当年 5 月 9 日，他还到洋泾浜法国码头，欢送 6 名新民学会的湖南青年赴法勤工俭学；他还多次前往老渔阳里 2 号拜访正在酝酿创建中国共产党的陈独秀，一起探讨马克思主义。

2. 中国共产党发起组成立地（《新青年》编辑部）旧址（南昌路 100 弄 2 号）

同路线一

3. 第一次国共合作时期国民党上海执行部旧址（南昌路 180 号）

同路线一

4. 复兴公园（雁荡路 109 号）

19 世纪 80 年代，在今雁荡路、重庆南路、复兴中路、思南路一带原是一片肥沃的良田，有一小村名顾家宅，当时有个姓顾的人家在此建造了一个私人小花园，人称"顾家宅花园"。清光绪二十六年（1900 年），八国联军入侵北京时，法租界公董局以 7.6 万两规银买下了顾家宅花园及其周围的土地 10.13 万平方米，并将其中 7.47 万平方米租给法军建造兵营，作为法军屯兵之用，此地被称为"顾家宅兵营"。清光绪三十年（1904 年），法军逐渐撤去，法国俱乐部等租用部分土地建造网球场、停车场等。清光绪三十四年（1908 年）7 月 1 日，法租界公董局决定将顾家宅花园改建为公园。清宣统元年（1909 年）6 月公园建成，同年 7 月 14 日法国国庆日对外开放，时称"顾家宅公园"，俗称"法国公园"。汪伪政权于 1944 年，改顾家宅公园为大兴公园。抗战胜利后的 1946 年元旦，公园改名为复兴公园，当时总面积已有 7.93 万平方米，面向广大市民开放。

5. 大同幼稚园旧址（南昌路 48 号）

大同幼稚园建筑是坐北朝南的三开间两层小洋房，建筑面积为 440 平方米，其外形颇特殊，两边如两个半六棱柱，与周围建筑风格完全不同，但环境幽静，光线充足。

大同幼稚园由中共中央政治局周恩来提议创办。1929 年秋，鉴于一些烈士遗孤需要抚养，一些为革命四处奔走的干部的子女也需要照料，决定让党的外围组织互济会出面开设一个儿童福利机构。1930 年 3 月，大同幼稚园在上海戈登路（今江宁路）附近狭小的石库门房屋里诞生，园名寓意"世界大同"，即向往共产主义。不久，该园迁今址。

大同幼稚园的创办人董健吾牧师，为了收留毛泽东的三个儿子，并最终帮助毛岸英和毛岸青兄弟去苏联，付出了巨大的牺牲。与此同时，董健吾还是在第一次国共合作破裂后，最早进入红区沟通国共的第一人；也是将斯诺送入延安，使中国共产党的真实状况得以公布于世界的关键人物。

6. 上海茂名路毛泽东旧居陈列馆（茂名北路120弄）

上海毛泽东旧居位于茂名北路120弄7号（原公共租界慕尔鸣路甲秀里），建筑面积约576平方米，是一幢石库门房子，有天井、客堂、前楼和厢房等。

1924年1月，毛泽东在广州出席国民党第一次全国代表大会并当选为国民党中央候补执行委员，2月中旬来到上海。同年6月，他的夫人杨开慧偕同母亲携带孩子岸英、岸青来到上海，全家寓居于此。当时，一楼前厢房是毛泽东与杨开慧的卧室兼书房，后厢房是杨开慧母亲的房间，客堂则是一家人吃饭和会客的地方。毛泽东一生多次来到上海，甲秀里是他在上海居住时间最长的居所。在上海期间，毛泽东继续担任中共中央局秘书，负责组织工作，协助陈独秀主持中共中央日常工作，担任《向导》周报编委。同时，在国民党上海执行部任组织部秘书和文书科主任等职，先后负责国民党党员的重新登记、黄埔军校在上海地区招生的复试、上海各界追悼列宁大会的组织筹备以及平民教育的指导等工作，并同国民党右派进行尖锐斗争。同年12月，由于积劳成疾，毛泽东带全家回湘疗养，开始了领导工农运动的新征程。

现场教学设计思路：南昌路是中国革命的引擎

这条现场教学路线主要是突出毛泽东在上海的足迹与早期理想的逐渐放飞，感悟伟人的为民族独立而奋斗的心路历程。

老渔阳里（南昌路100弄）是毛泽东正式转变为马克思主义者的初心之地，后来毛泽东又在此参与了中国共产党发起组的成立。因此，这里承载了伟人开天辟地、敢为人先的首创精神。

第一次国共合作时期国民党上海执行部（南昌路180号）是毛泽东投入极大热情的地方，他在这里工作时，积极投入农民工作，真正弄清了中国革命成功的根本动力。因此，这里承载了伟人坚定理想、百折不挠的奋斗精神。

大同幼稚园（南昌路48号）是毛泽东托付三个儿子的地方，小儿子岸龙最后是在这里去世的，而岸英与岸青从这里进入了董健吾的家庭，最后在董健吾的帮助下长大并得以远赴莫斯科。与此同时，毛泽东在江西瑞金经历着一场场艰苦卓绝的斗争，父子四人，分隔两地，共同遭受着时局的煎熬。因此，这里承载了伟人立党为公、忠诚为民的奉献精神。

总而言之，开发现场教学是开发南昌路区域近代史、革命史大众教育资源的重要路径之一。就目前的情况而言，南昌路作为推动中国革命发展的根本引擎，中国共产党最初的酝酿之地，中国共产党的创始人与中国国民党的创始人皆在这条街上进行过意义非凡的活动，因此，当前的开发程度与其不同寻常的历史地位并不匹配。

其实，现场教学的设计只是抛砖引玉，我们按照一定的逻辑和实际交通的限制，尽可能地策划出能呈现历史原貌的教学路线，引导学员领悟中国近现代艰难的奋斗史。然而，路线设计总是会挂一漏万，取舍在所难免。所以说，除了在现场教学之外，南昌路区域的众多旧址能保护则应当保护，能开放则应当开放，有关部门应尽最大的努力将这条路的近代史、革命史大众教育资源发扬光大，这恐怕是我们能为先贤与后来人做的最力所能及的工作了。

主要参考文献

[1] 毛泽东. 毛泽东文集 [M]. 北京：人民出版社, 1993.

[2] 邓小平. 邓小平文选 [M]. 北京：人民出版社, 1994.

[3] 习近平. 习近平谈治国理政：第1卷 [M]. 北京：外文出版社, 2014.

[4] 习近平. 习近平谈治国理政：第2卷 [M]. 北京：外文出版社, 2014.

[5] 习近平. 习近平谈治国理政：第3卷 [M]. 北京：外文出版社, 2020.

[6] 毛思诚. 民国十五年以前之蒋介石先生 [M]. 北京：人民出版社, 1937.

[7] 周佛海. 往矣集 [M]. 北京：古今出版社, 1943.

[8] 中山大学历史系. 孙中山年谱 [M]. 北京：中华书局, 1980.

[9] 蔡和森. 蔡和森的十二篇文章 [M]. 北京：人民出版社, 1980.

[10] 徐咏平. 民国成英士先生其美年谱 [M]. 台北：台湾商务印书馆, 1980.

[11] 浙江省辛亥革命史研究会. 辛亥革命浙江史料选辑 [M]. 杭州：浙江人民出版社, 1981.

[12] 中国人民政治协商会议全国委员会. 回忆辛亥革命 [M]. 北京：文史资料出版社, 1981.

[13] 王健英. 中国共产党组织史料汇编——领导机构沿革和成员名录 [M]. 北京：红旗出版社, 1983.

[14] 孙中山. 孙中山全集：第1—10卷 [M]. 北京：中华书局, 1982.

[15] 包惠僧. 包惠僧回忆录 [M]. 北京：人民出版社, 1983.

[16] 陈独秀. 陈独秀文章选编：第1卷 [M]. 上海：上海三联书店, 1984.

[17] 罗章龙. 椿园载记 [M]. 上海：上海三联书店, 1984.

[18] 瞿秋白. 瞿秋白文集 [M]. 北京：人民出版社, 1985.

[19] 中国共产党第二、三次代表大会资料. "二大"与"三大" [M]. 北京：中国社会科学出版社, 1985.

[20] 中国人民政治协商会议全国委员会. 孙中山三次在广东建立政权 [M].

北京：中国文史出版社，1986.

[21] 尚明轩，王学庄，陈崧. 孙中山生平事业追忆录 [M]. 北京：人民出版社，1986.

[22] 唐宝林，林茂生. 陈独秀年谱 [M]. 上海：上海人民出版社，1988.

[23] 孙中山. 孙中山自述 [M]. 长沙：湖南出版社，1991.

[24] 陈锡祺. 孙中山年谱长编：上下卷 [M]. 北京：中华书局，1991.

[25] 逄先知. 毛泽东年谱（1893—1949）[M]. 北京：中央文献出版社，1993.

[26] 胡适. 胡适口述自传 [M]. 唐德刚，译. 上海：华东师范大学出版社，1993.

[27] 汪之成. 上海俄侨史 [M]. 上海：上海三联书店，1993.

[28] 金冲及. 毛泽东传 [M]. 北京：中央文献出版社，1996.

[29] 竞鸿，吴华主. 毛泽东生平实录 [M]. 长春：吉林人民出版社，1998.

[30] 中共中央党史研究室经一研究部. 共产国际、联共（布）与中国革命档案资料丛书（1920—1925）卷1 [M]. 北京：书目文献出版社，1997.

[31] 张国焘. 我的回忆：第1册 [M]. 北京：东方出版社，1998.

[32] 宋庆龄. 宋庆龄书信集：上中下 [M]. 北京：人民出版社，1999.

[33] 王光远. 红色牧师董健吾 [M]. 北京：中央文献出版社，2000.

[34] [美] 菲力普·肖特. 毛泽东传 [M]. 北京：中国青年出版社，2004.

[35] 鲁迅. 鲁迅全集 [M]. 北京：人民文学出版社，2005.

[36] 赵大义. 毛泽东 [M]. 北京：中央文献出版社，2006.

[37] 蒋建农. 毛泽东传 [M]. 北京：红旗出版社，2009.

[38] 孙中山. 建国方略 [M]. 北京：中国长安出版社，2011.

[39] 姚金果. 秘密档案中的孙中山 [M]. 北京：东方出版社，2011.

[40] [美] 爱德加. 红星照耀中国 [M]. 董乐山，译. 北京：作家出版社，2008.

[41] 唐宝林. 陈独秀全传 [M]. 北京：社会科学文献出版社，2013.

[42] [美] 罗斯·特里尔. 毛泽东传 [M]. 北京：中国人民大学出版社，2013.

[43] 丁晓平. 硬骨头陈独秀五次被捕记事 [M]. 北京：中国青年出版社，2014.

[44] [俄] 亚历山大·潘佐夫. 毛泽东传：上 [M]. 北京：中国人民大学出

版社，2015.

[45] 中共上海市委党史研究室. 环龙群英会：国民党上海执行部研究 [M]. 上海：上海人民出版社，2017.

[46] 中共上海市委党史研究室. 上海党史资料汇编 [M]. 上海：上海书店出版社，2018.

附录一

"大同幼稚园"陶尔斐斯路旧址门牌号辨正

摘要：大同幼稚园是上海红色旧址中非常重要的一个，坐落在"南昌路48号"，但提到它的原址时，所有正式出版物，包括权威媒体，都会说是"原陶尔斐斯路341号"，然而这个数字具有颇多疑点，很不可信。经过考证发现，大同幼稚园原址的真正门牌号应该是"陶尔斐斯路56号"。门牌号虽然是一个很小的历史元素，但作为重要的革命旧址的门牌号，弄清它的原委，具有很重要的历史意义与政治意义。

关键词：大同幼稚园；陶尔斐斯路56号；陶尔斐斯路341号

一、"大同幼稚园"的来历

1930年2月，陈赓和王弼来到上海的爱文义路（今北京西路）圣彼得堂，找到在该堂担任牧师的董健吾。他们委托董牧师创办一所幼稚园，专门收养革命烈士和党的领导人留在上海的子女，这就是大同幼稚园。

为了完成陈赓、王弼交代的任务，董健吾牧师一面通过募捐，一面卖掉了青浦老家的全部田产，筹得大洋500多块，租了戈登路（今江宁路）与武定路拐角处两幢石库门房子（旧址已不复存在），作为幼稚园活动场所。一种说法是，董健吾通过关系，邀请了国民党元老于右任题写了匾额"大同幼稚园"；另一种说法是，董健吾特意邀请宋庆龄为大同幼稚园题写的匾额。大同幼稚园在公开的名义上，由基督教"互济会"赞助，以避人耳目。

1930年3月，大同幼稚园正式开办，工作人员除了部分教友外，多数都由转入地下的共产党有关的人员担任，其中有李立三的前妻李崇善（化名李文英）、李求实的妻子陈凤仙、董健吾的妻子郑兰芳、朱剑凡的儿媳妇陶锡琪，皆担任保育员工作；行政事务由谭筱影、姚亚夫等共产党派来的人担任。

然而，北京西路的房子有两个缺点：一个是场地特别狭小，孩子们不得不终日待在屋子里，这对孩子们的身心健康不利；另一个缺点更为严重，就是园址距离戈登路巡捕房特别近，潜在的安全隐患特别强烈。在毛泽民的提议下，董健吾牧师想尽一切办法,将幼稚园搬到了今天南昌路的一幢两层楼小洋房里。这里毗邻复兴公园(法国公园),占地面积367平方米,环境幽静,场地开阔,是不错的选择。1930年底,杨开慧英勇就义,为了保护毛泽东的儿子,毛泽民几经周转,把年幼的岸英、岸青、岸龙送到了这里,并在这里度过了一年时光。1931年4月,他们还在隔壁的复兴公园(法国公园),留下了三人唯一一张合影。

由于顾顺章的叛变,上海地下党组织遭到严重破坏,1932年3月,地下党决定解散大同幼稚园。但是,这幢两层小洋房保存完好,至今仍矗立在南昌路的最东端,成为重要的上海红色历史旧址,它的门牌号是南昌路48号。

图一 今天的大同幼稚园,南昌路48号

二、旧址门牌号的疑点

今天的南昌路由原来的环龙路(雁荡路以西)与陶尔斐斯路(雁荡路以东),于1942年合并而来,大同幼稚园就在原陶尔斐斯路(北面)上。

但凡讲到大同幼稚园,目前不论何种正式出版物,包括官方史志、辞典、权威媒体,都会习惯性地提到其原址是"陶尔斐斯路341号",至今没有一种著作或文章对这个门牌号码提出疑义,但其实这个号码很有问题。

其一,陶尔斐斯路是南昌路的东段,它是今天的雁荡路至重庆南路之间很短的一段路,全长150米左右,这段路(北面)今天最后一个门牌号码是"南昌路64号",上百号都不足的一段路,即使回溯到陶尔斐斯路时期,"341号"这个号码也是难以置信的。

其二,中国农工民主党驻沪秘密办事处旧址,位于今天的南昌路56号,即

249

陶尔斐斯路68号①，大同幼稚园今天的门牌号是南昌路48号，两地今天仅相差4个门牌号，实际距离十米以内，怎么会在陶尔斐斯路时期会相差136个门牌号呢？因此，"341号"这个号码不可信。

其三，南昌路从东到西的门牌号应是由小变大，但大同幼稚园（靠东）到中国农工民主党办事处（靠西）在陶尔斐斯路时期的号码却是从341号到68号，竟然变小了，而且急剧变小，又说明这个号码不可信。

其四，南昌路或陶尔斐斯路北面的门牌号一直是偶数，独大同幼稚园的门牌号是单数，因此"341号"这个号码也不容置信。

总而言之，大同幼稚园是上海革命旧址中极为重要的一个，将它的准确信息弄清楚，具有非常重要的史学意义与政治意义。

三、"国立音乐院"旧址照片里的线索

在蔡元培的筹划下，国立音乐院于1927年成立，当时的选址是陶尔斐斯路56号②，这个门牌号被明确写在《国立音乐院择定地址》公告中，刊登在1927年11月3日的《申报》上。

之所以要提到这个门牌号，是因为《国立音乐院国立音乐专科学校图鉴（1927—1941）》所公布的两张老校址照片中的建筑，和今天大同幼稚园的建筑高度相似，即都是两个半六棱柱的建筑样式。但遗憾的是，图鉴中并没有把陶尔斐斯路56号所对应的南昌路门牌号标记出来。

然而，凭借建筑的高度相似性，与建筑样式在南昌路上的唯一性，我们有理由怀疑，大同幼稚园旧址的真正门牌号是否与国立音乐院的旧址有关系呢？

---

① 苏智良. 初心之地［M］. 上海：上海人民出版社，2020：279.
② 洛秦，钱仁平. 国立音乐院国立音乐专科学校图鉴（1927—1941）［M］. 上海：上海音乐学院出版社，2013：13.

<<< 附录一 "大同幼稚园"陶尔斐斯路旧址门牌号辨正

图二 国立音乐院开院典礼后师生与各界代表合影

(《国立音乐院国立音乐专科学校图鉴(1927—1941)》,上海音乐学院出版社,2013年版,第14页)

与此同时,我们找到了1942年的老地图。图三是1942年法租界中央区的陶尔斐斯路地图局部,我们可以看到,"56号"建筑被赫然标记。

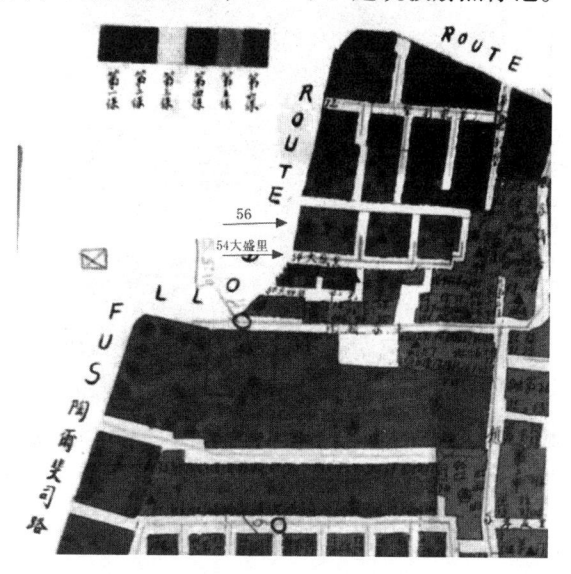

图三 1942年陶尔斐斯路局部图

(上西下东,上海市黄浦区档案馆藏《上海市法租界中央区保甲档案(1942年)》)

251

那么图三中的"56号"建筑是否就是国立音乐院成立时的旧址呢？应该没有错，因为图中"56号"的东部赫然写着"54大盛里"。

根据《上海市卢湾区地名志》（1990年）"大盛里"条记载，南昌路46弄，建于1912年到1936年，有砖木结构三层楼房4幢，占地面积7万平方米，建筑面积812平方米。现有居民17户，47人。[①] 30年后的今天（2020年），南昌路46弄仍然被称作"大盛里"。"大盛里"今天边上的建筑，即"南昌路48号"，就是与国立音乐院外观高度相似的"大同幼稚园"建筑。所以，我们可以初步判断，"南昌路48号"就是原"陶尔斐斯路56号"。

四、"卢湾区中心小学"旧址的线索

《国立音乐院国立音乐专科学校图鉴（1927—1941）》还提供了另一张旧址老照片，这张照片中，国立音乐院旧址建筑的大门上，赫然写着"上海市卢湾区中心小学"的字样。

图四 国立音乐院成立时的校址，摄于20世纪50年代

（《国立音乐院国立音乐专科学校图鉴（1927—1941）》，上海音乐学院出版社，2013年版，第17页）

---

① 上海市卢湾区人民政府. 上海市卢湾区地名志［M］. 上海：上海社会科学院出版社，1990：90.

根据资料可知，南昌路东段，即原陶尔斐斯路上，的确曾经有过类似的学校。据《卢湾区志》记载：私立务本学校于"民国27年（1938年）迁陶尔斐斯路（今南昌路东段）48号，名私立务本小学。抗战胜利后，名第六区务本国民学校。1956年名卢湾区中心学校。1957年迁今址（皋兰路31号），改今名（卢湾区第二中心小学）"①。

根据这一段话，我们可以肯定的是，国立音乐院旧址上的"卢湾区中心小学"的确是真的，并且延续到今天。只是《卢湾区志》中叫作"卢湾区中心学校"，但记载中的时间与图四的拍摄时间相吻合。又据《上海通志》"卢湾区第二中心小学"条记载："1934年，独立建校改私立务本小学，1956年改卢湾区中心小学。"由此可见，它们的确是同一所学校。

然而另一个重要问题也浮现出来了，即《卢湾区志》提供的门牌号是"陶尔斐斯路48号"，同一幢建筑竟然出现了两个门牌号。

那么《国立音乐院国立音乐专科学校图鉴（1927—1941）》中的"陶尔斐斯路56号"和《卢湾区志》中"陶尔斐斯路48号"，哪个门牌号码出错了呢？应该说，《卢湾区志》中"陶尔菲斯路48号"是有误的。因为《国立音乐院国立音乐专科学校图鉴（1927—1941）》中的"陶尔斐斯路56号"这个门牌号，不仅写在了吴伯超所撰的《国立音乐院成立记》②中，还刊登在《申报》（1927年11月2日）上的招生通告里了，绝无出错的可能。而《卢湾区志》中，将卢湾区第二中心小学（务本小学）的原址误作"陶尔斐斯路48号"的原因，应该是与"南昌路48号"相混淆了。

幸运的是，我们还可以找到"卢湾区中心小学"的前身"私立务本小学"明确的南昌路地址地图。

---

① 上海市卢湾区志编纂委员会. 卢湾区志［M］. 上海：上海科学院出版社，1998：843.
② 洛秦，钱仁平. 国立音乐院国立音乐专科学校图鉴（1927—1941）［M］. 上海：上海音乐学院出版社，2013：16.

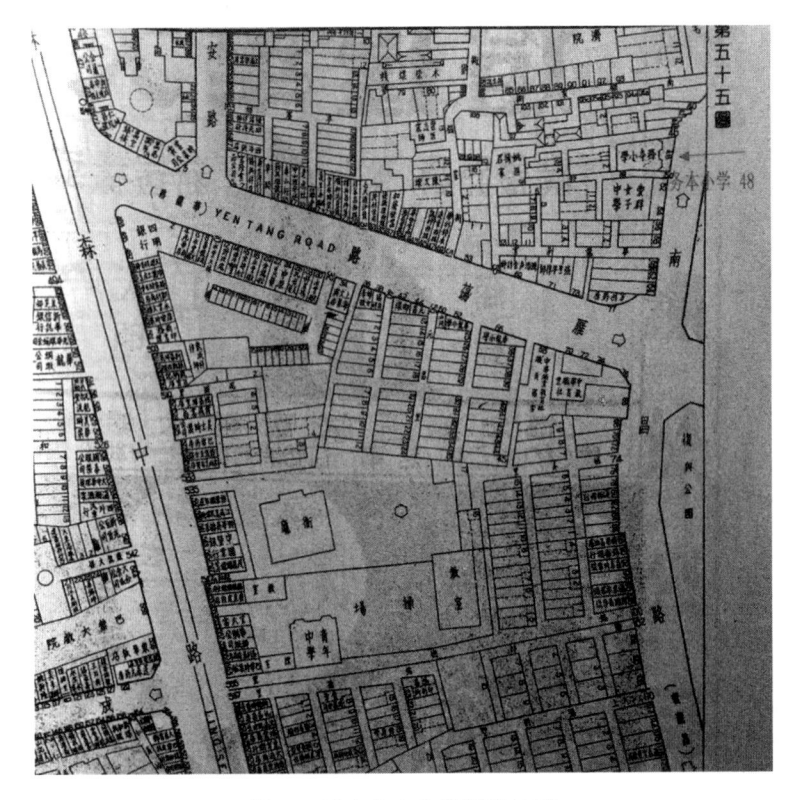

图五 私立务本小学旧址地图

(《老上海百业指南——道路机构厂商住宅分布图》，上海社会科学院出版社，2000年版，第55图)

由图五可知，"私立务本小学"的准确地址是"南昌路48号"。更有趣的是，该图把南昌路48号建筑物的俯视图也勾勒了出来，正好是两个半六棱柱的建筑。这也再次说明，今天在南昌路48号的大同幼稚园，就是曾经的卢湾区中心小学，也就是私立务本小学，还是国立音乐院的旧址，即陶尔斐斯路56号。

由此，我们也可以更正《卢湾区志》中"卢湾区第二中心小学"条目中的错误，即"卢湾区第二中心小学"旧址不是"陶尔斐斯路48号"，应该是"陶尔斐斯路56号"。由图三可知，"陶尔斐斯路48号"对应的是"南昌路38号"，这幢建筑其实是基督教信义会的礼拜堂，是一幢坐落在陶尔斐斯路凹曲处的不规则的建筑，今天被作为居民楼使用。

五、"341号"与"324号"的流行

广为流传的"陶尔斐斯路341号"是从什么时候流行起来的呢？我们尝试从三类著作中进行考察。其一为直接涉及大同幼稚园事务的较早的几个当事人的文字；其二为具有权威性的官方史志、传记类著作；其三为私人著作。

早期直接涉及大同幼稚园事务的几个人中，留下文字线索的有李崇德、钱希钧、陶锡琪，以及董健吾的儿子董寿琪、董云飞。

李崇德是毛氏兄弟的舅妈，她的《从板仓到上海》（《人民日报》，1978年1月25日）一文，是最早提到大同幼稚园往事的文章。该文专门讲了送毛氏兄弟去上海的过程，但她是在霞飞路的"天生祥酒行"里把孩子交给毛泽民的，所以作为当事人，没能留下陶尔斐斯路的最早门牌地址。同样地，钱希钧是毛氏兄弟的婶婶，她写过《从岳麓山下到西北边陲》（载《革命回忆录》，人民出版社，1980年版，第12卷）一文，在纪念毛泽民时，特别讲到了他们当时是如何与毛氏兄弟的外婆向老太太和舅妈李崇德交接的，又是如何把孩子送进大同幼稚园，并含泪告别的。但把孩子交给董健吾的具体过程，发生在法国公园（今复兴公园）内，时间点又在大同幼稚园搬到陶尔斐斯路之际，因此文中也没提到陶尔斐斯路的具体门牌号。

当时在大同幼稚园里做保育员的人中，有一位叫陶锡琪。她当时是由中共中央专门介绍来做保育员的，但董健吾并不知道她也是共产党员。陶锡琪有写日记的习惯，她留下了8本日记。《春露润我》中大同幼稚园内的故事便主要来源于陶锡琪的日记。陶锡琪是朱剑凡的儿媳妇，朱仲丽是她的小姑子，朱仲丽也是王稼祥的妻子。朱仲丽后来写了一部自传体长篇小说《春露润我》，小说中的人物大多用了真名真姓。其中"赤色托儿所"一节写的就是大同幼稚园里孩子们的生活，后来人们口耳相传的大同幼稚园内的许多生活故事，主要都来自这部小说。

陶锡琪作为大同幼稚园的亲身参与者，日记应该是可靠的，因此小说中的内容大部分也应该是可靠的，但是关于大同幼稚园的地址，却有问题。书中说："党为了抚养和教育烈士们的后一代，在上海法租界的环龙路建立了自己的托儿所，这是中国共产党创办的第一个托儿所。"① 尽管环龙路和陶尔斐斯路紧密相连，但在1942年以前，它们就是两条路，不能混淆。

---

① 朱仲丽. 春露润我[M]. 长春：北方妇女儿童出版社，1987：125.

再要细数大同幼稚园的当事人，就要说到董健吾的儿子们了，其中和毛岸英、毛岸青兄弟最要好的数董寿琪，他在20世纪八九十年代写过两篇回忆毛氏兄弟的文章，其一是《我和毛岸英、毛岸青兄弟》（《文史精华》1994年，第6期），但是该文没有提到陶尔斐斯路；另一篇作于1980年，是董寿琪、董云飞合作的《岸英三兄弟在沪始末》，该文提到大同幼稚园在"陶尔斐斯路（现南昌路48号雁荡路二小）"①，但没有讲到具体门牌号。董氏兄弟董霞飞、董云飞后来在2001年出版的《神秘的红色牧师董健吾》一书则提到了具体门牌号，书中说："大约在1931年的春天，董健吾又求人帮忙，将幼稚园搬到法租界陶尔菲斯路341号一幢坐北朝南的三开间楼房（现为南昌路48号）。"② 这是当事人中最早提到具体门牌号的地方，并且直接出现了"341号"。由于一文一书的参与者都有董云飞，可以推测，或许在1980年时，"陶尔斐斯路341号"这个说法就已经有了。当然，他们也有可能是参考别人的说法，毕竟在1932时，他们也才10岁左右，而其余的当事人完全没有提到过具体门牌号。

在官方出版的史志、传记里，"341号"这个说法，最早在1989年开始出现。出版于1989年的《上海全书》"大同幼稚园"条提道："园长董健吾，始建于戈登路（今江宁路）441号，1931年春迁至陶尔斐斯路341号（今南昌路48号）。"③ 同样出版于1989年的《上海人民革命史画册》延续了这个门牌："中国革命互济会于1930年3月在上海戈登路（今江宁路）441号开办了大同幼稚园。次年春，迁至陶尔斐斯路341号（今南昌路48号）。"④ 1990年出版的《卢湾区地名志》在"革命旧址简介"中说："1931年春在陶尔斐斯路341号（今南昌路48号）设大同幼稚园，收养革命者的子女入院，先后收养了儿童20余人，其中有毛泽东的三个儿子毛岸英、毛岸青、毛岸龙。"⑤ 1998年的《卢湾区志》记载："陶尔斐斯路341号（今南昌路48号）。两层楼砖木结构小洋房，坐北朝南。"⑥ 1993年出版的《毛泽东在上海》也延续了这一说法："1931年

---

① 董寿琪，董云飞.岸英三兄弟在沪始末［J］.党的生活，1980（6）：38-41.
② 董霞飞，董云飞.神秘的红色牧师董健吾［M］.北京：北京出版社，2001：85.
③ 《上海全书》编纂委员会.上海全书［M］.上海：学林出版社，1989：305.
④ 中共上海市委党史资料征集委员会.上海人民革命史画册［M］.北京：知识出版社，1989：144.
⑤ 上海市卢湾区人民政府.上海市卢湾地名志［M］.上海：上海社会科学院出版社，1990：213.
⑥ 上海市卢湾区志编纂委员会.卢湾区志［M］.上海：上海社会科学院出版社，1998：454.

春,大同幼稚园迁至法租界陶尔斐斯路341号(今南昌路48号)。这是一幢坐北朝南的二层楼房子。"① 官方的史志、传记都是直接使用这个数字,并无说明引用出处。

在私人撰文与著作中,最早提到陶尔斐斯路的始于1980年,而明确"341号"的则在1988年。1980年徐啸的《革命后代的红色摇篮——记三十年代的大同幼稚园》(《学术月刊》,1980年,第6期)与董寿琪、董云飞合作的《岸英三兄弟在沪始末》,两篇文章最早提到陶尔斐斯路,但都未提具体门牌号。然而,出版于1988年的《宋庆龄的足迹》一书的注中,在解释"中国济难会"时说:"大同幼稚园地址上海陶尔斐斯路341号,今南昌路48号。"② 这是"341号"出现的最早时间点,但没有说明来源。

总的来说,1988年出版的《宋庆龄的足迹》一书,是目前找到的最早明确提出"陶尔斐斯路341号"这个门牌号的出处。该书作者是蒋洪斌,曾于1956年调到上海人民出版社,历任编辑室主任、副总编辑、副编审、编审及党组成员等职,编辑工作30多年,著有几种党史人物传记并获得奖项,因此具有相当的权威性,造成长期的影响是必然的。然而,他的"341号"说法从哪里来的,就不得而知了。而这个说法最终在1989年时被官方确定下来,20世纪90年代至今,各类正式出版物、权威著作,以及重要媒体上的文章,都沿用了这个说法。

然而,问题还没有这么简单。因为出版于2000年的王光远的《红色牧师董健吾》一书出现了另一个门牌号。书中说,董健吾"想方设法把幼稚园搬到了环龙路(今南昌路)324号,这里又靠近法国公园(今复兴公园)"③。同时出版于2000年的,毛新宇的《我的伯父毛岸英》一书,也用了这个门牌号,"董健吾以为毛泽民讲得有道理,马上托人找关系,想方设法弄到了环龙路(今南昌路)324号的一座房子,这儿比较僻静安全。"④ 这个错误在20世纪90年代也有一些文章或著作使用,但数量明显少于"341号"的说法。

我们推测,这一错误可能与1994年刘益涛的《毛岸英、毛岸青、毛岸龙的辛酸童年》及1982年李静峰的《毛岸英、毛岸青、毛岸龙在上海时的情况》两篇文章有关。

---

① 中共上海市委党史研究室. 毛泽东在上海[M]. 北京:中共党史出版社,1993:274.
② 蒋洪斌. 宋庆龄的足迹[M]. 哈尔滨:黑龙江人民出版社,1988:440.
③ 王光远. 红色牧师董健吾[M]. 北京:中央文献出版社,2000:79.
④ 毛新宇. 我的伯父毛岸英[M]. 北京:长城出版社,2000:148.

刘益涛说："过了一年的时间，在 1931 年 3 月至 4 月间，大同幼稚园迁往南昌路 324 号一幢三开间的房子里（现为雁荡路小学校址）。"① 刘益涛写过两篇文章，另一篇是《毛岸英、毛岸青、毛岸龙落难上海前后》（《党的文献》，1994 年 3 月），但是那篇对大同幼稚园的门牌号只字未提。刘益涛因为澄清了毛岸龙病逝于 1931 年 6 月底 7 月初（端午）而非四五月间这个问题被广为熟知，故影响力比较大。因此他"324 号"的说法对后世产生影响，是有可能的。

而刘益涛的错误又源于 1982 年的李静峰，李静峰说："1931 年三四月，幼稚园迁往南昌路三二四号一幢三开间的楼房（现在是雁荡路小学校址）。"② 其实李静峰的影响也是很大的，李崇德最早在 1978 年的《从板仓到上海》一文说毛岸龙失踪了，造成了一定的社会影响。而李静峰则是最早澄清毛岸龙病逝而非失踪这一问题的。刘益涛与李静峰有明显的承袭痕迹。其实，南昌路 48 号在 1987 年就已经改为"卢湾区大同幼儿园"了，刘益涛不知道，仍然延续了李静峰 1982 年的说法。因此，不仅门牌号延续错了，连当时地址上的机构变化也搞错了。至于李静峰的"南昌路 324 号"又是从何而来，就不得而知了。

总的来说，最早传错的门牌号其实是李静峰 1982 年的"南昌路 324 号"，1980 年的董云飞和徐啸两文已经提到陶尔斐斯路，但他们互不相知。不久后，有人发现大同幼稚园时期的南昌路主体应是环龙路，于是出现了大同幼稚园在环龙路上的说法；后来人们弄清了南昌路与陶尔斐斯路的关系，接着在 1988 年出现了"陶尔斐斯路 341 号"的说法，因为提出者本身有一定的权威性，于是 20 世纪 90 年代初被官方史志、传记正式确定下来，并流传至今。

---

① 刘益涛. 毛岸英、毛岸青、毛岸龙的辛酸童年 [J]. 炎黄春秋，1994（6）：52-56.
② 李静峰. 毛岸英、毛岸青、毛岸龙在上海时的情况 [J]. 党史研究，1982（4）：42-80.

附录二

南昌路红色文化手绘地图

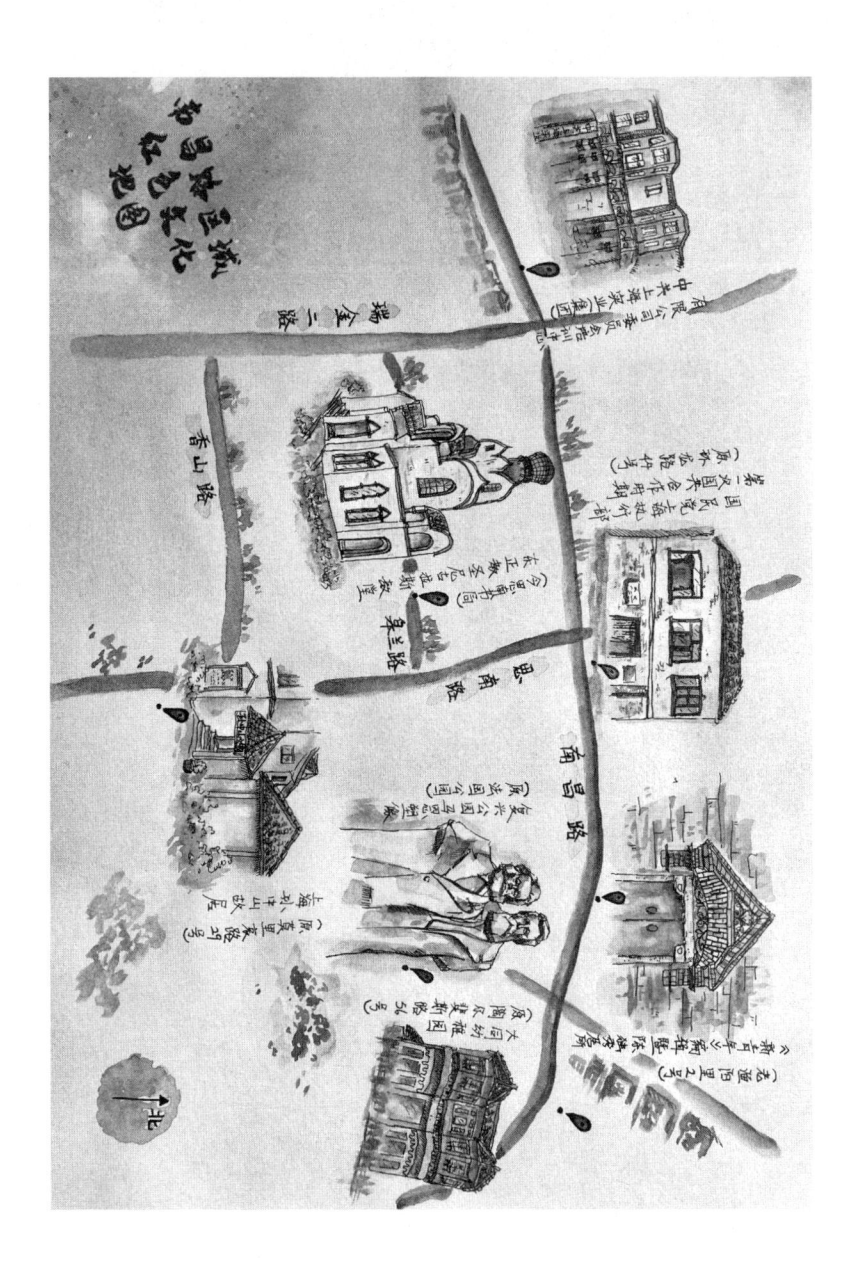

俞周和懿绘

(上海应用技术大学 艺术与设计学院)

<<< 附录二 南昌路红色文化手绘地图

王豪斌设计

跋

我从小就住在思南路上,周公馆隔壁的花园洋房里,但那可不是我们家的独栋别墅。20世纪80年代,那里的每一幢洋房里,都要住五六户人家。我们住的那个房间,是原来老洋房里的厨房。

住房虽然拥挤,但是特别热闹,更不要说那一带还特别好玩。每天,外公的"必修课",就是带我去复兴公园兜一圈。我还记得,有一次,我缠着他在公园里给我买玩具,他无奈地笑着说:"小鬼头又要来敲我竹杠了!"

同样让我记忆犹新的是,有一次和外婆去买菜,结果我在菜市场里东看西看后,把外婆跟丢了。吓得我沿着南昌路哭着就回来了,因为那段路太熟悉了,不用费脑子就能找到家,但跟丢了大人还是让我感到恐惧。

后来长大了,搬出了南昌路一带,而我的同学王豪斌却到南昌路来工作了。成年人到底是理性的,他很快就对这里的历史产生了浓厚的兴趣,于是他就一直孜孜不倦地给我絮叨南昌路的悠久历史。也就是那个时候,他不仅激活了我脑中封存已久的回忆,也把那一段风云激荡的红色岁月植入了我的脑海中。于是我们决定,要好好整理一下这里的历史。

其实聊起近代史,我们两个都是半路出家的,把目光聚焦到南昌路,心心念念地要挖掘南昌路的红色文化资源并将它广而告之,完全是出于纯粹的情怀与情结的。尤其是了解这段激动人心的历史后,每次再踏足这里,我就总会时不时地告诉自己,我现在脚下的路上,可是镌刻着陈独秀、孙中山、毛泽东、鲁迅、巴金、徐志摩、林风眠、梅兰芳等无数先贤与伟人的脚印。一想到这里,我顿时就倍感激动。

这本《南昌路:孕育之地的红色文化资源研究与推广》撰写过程中,我负责史料研究,王豪斌负责推广设计与现场教学开发。其中还要感谢我师兄孙卓先生,他在闲暇之时,为我做了不少资料整理的工作。上海应用技术大学的俞周和懿同学,则参与了南昌路红色文化地图的设计。在创作之前,我们也带她重走了一遍南昌路，给她讲述了一遍南昌路上的革命历史。所以她的两幅南昌路红色文化手绘地图，其实也是浸润着她对南昌路的理解与情感，我想，这样的创作本身，也不啻为一种红色文化教育吧。当然，我要特别感谢的是郭庆松教授，在我介绍了本书内容后，他便欣然答应为这部小书作序。作为党史研究的后辈，能得到学界前辈的提携，令我们倍感荣幸。

终于，这本书要付梓了，纪念那段不能忘却的历史，也怀念曾经孕育我的地方。

周赟

南昌路

2021 年 7 月 1 日